JN493519

Early Childhood Program Development and Evaluation

영유아프로그램
개발과 평가

이신주 김대라 김민경 김진희 김태경 이자현 이정아 공저

양 성 원

머리말

영유아 프로그램은 특정 이론에 의해 조직된 교육과정의 모델로서 교육철학과 교육내용에 따라 다양한 형태로 나타날 수 있다. 현대사회는 여성의 사회진출이 증가함에 따라 출산율 저하, 맞벌이 가정 증대, 다문화 사회, 생태적 환경 위기 등으로 인하여 다양한 영유아 프로그램이 요구되어지고 있는 실정이다. 이 책은 영유아 교육기관, 학부모, 교사, 영유아 특성과 요구에 따라 프로그램을 개발하기 위한 이론을 제시하였으며, 다양한 국내 · 외 영유아 프로그램의 이론적 기초와 특성을 분석하여 영유아 프로그램을 어떻게 개발하고 평가하는지에 대한 이해를 돕고자 하였다.

교사는 영유아들에게 양질의 교육을 실시하기 위하여 질 좋은 프로그램을 개발하고 프로그램의 철학적 근거를 바탕으로 영유아들과 상호작용하고 즐겁게 활동할 수 있도록 안내해야 한다. 현재 우리나라 영유아 교육기관에서는 제4차 표준보육과정과 2019 개정 누리과정이 국가수준 교육과정으로 적용되고 있다. 영유아 교육기관은 국가수준 교육과정을 바탕으로 각 기관의 상황과 요구에 적합한 영유아 프로그램을 개발하고 재구성하는 과정이 반드시 필요하다.

이에 따라 다양한 영유아 프로그램들이 지닌 특성을 살펴보고, 각 프로그램이 어떠한 방향으로 발전해 오고 있는지 살펴볼 필요가 있으며, 현재 우리나리의 질 높은 영유아 프로그램 개발과 평가에 중요한 시사점을 마련해 줄 수 있을 것이다.

이상의 취지와 함께 이 책의 내용은, 1부 영유아 프로그램의 기초, 2부 국내 · 외 영유아 프로그램, 3부 영유아 프로그램의 평가로, 총 10장으로 구성되어 있다. 1부 영유아 프로그램의 기초(1~2장)는 영유아 프로그램의 개발 배경, 영유아 프로그램 개발로 구성되어 있다. 2부 국내 · 외 영유아 프로그램(3~8장)은 프로젝트 접근법, 레지오 에밀리아 접근법, 발도르프 프로그램, 생태유아교육 프로그램, 다문화 교육 프로그램, 장애 영유아 프로그램으로 구성되어 있다. 3부 영유아 프로그램 평가(9~10장)는 영유아 프로그램의 평가, 우리나라 기관 평가로 구성되어 있다.

끝으로 책이 출판될 때까지 아낌없이 지원해 주신 양성원 강철원 사장님과 직원분들께 감사의 말씀을 드립니다.

2021년 8월

저자 일동

차례

PART 3 영유아 프로그램의 평가

PART
1

영유아 프로그램의 기초

CHAPTER 01

영유아 프로그램의 개발 배경

영유아에게 적합한 프로그램 개발하기 위해서는 이론적, 심리적, 사회 · 문화적 배경을 이해하는 것이 뒷받침되어야 한다. 본 장에서는 영유아 프로그램 개발을 위한 배경으로 이론적, 심리적, 사회 · 문화적 기초로 구분하여 살펴보고, 최근 영유아 프로그램 개발 동향을 통해 영유아 프로그램의 이해를 돕고자 한다.

1. 이론적 배경

인류의 역사가 시작된 이래로 많은 교육사상사와 철학자들이 영유아 본성에 대하여 탐구하고 다양한 견해를 제시하였다. 본 장에서는 고대, 중세, 근대, 현대 시기로 구분하여 다양한 교육자나 철학자들의 사상과 이론을 살펴보기로 한다.

1) 고대

고대의 대표적인 철학가 플라톤(Platon)과 아리스토텔레스(Aristotles) 등을 중심으로 발달되었으며, 인간의 인지능력이 향상되면서 영유아의 보호와 교육에 대한 필요성과 중요성을 강조하는 아동존중 사상이 마련되었다.

(1) 플라톤(BC. 427~327)

그림 1-1 플라톤

플라톤의 교육사상은 이상주의(이데아, idea)로 대표되며, 이데아가 모든 사물의 실체(reailty)라고 보았다. 이러한 철학사상은 이성에 의한 통치를 위해 교육이 필요하며, 교육은 인간에게 잠재된 능력을 개발하는 것으로 학습은 자신의 마음속에 있는 진리를 회상할 수 있는 탐구과정이라고 하였다. 그리고 교사는 도덕적으로나 문화적으로 바람직해야 하며, 인간성장과 발달의 가장 모범적인 가치체계를 가져야 한다고 하였다. 플라톤은 『국가론(Republic)』을 통해서 영유아는 태어나면서부터 국가에 의해서 교육이 이루어져야 함을 강조하였다. 우리가 추구해야 하는 것은 정의가 실현되는 이상적인 국가건설이며, 동화, 놀이, 체육, 음악 등을 통해서 전인발달을 도모해야 한다고 하였다.

그는 사람이 가지고 태어난 본성을 존중하며, 본성은 아름다움, 선함, 유능함으로 가득 차 있어 외부로부터 주입하는 지식보다는 내재적 능력을 바람직한 방향으로 발현시키는 교육을 강조하였다. 특히, 플라톤은 놀이를 통해 필요한 규칙과 준법정신을 기를 수 있으므로 초기 건강 습관, 성격 형성 등 영유아기 교육이 중요하다고 하였다. 또한, 교사는 안내자의 역할로 성숙한 인격 육성을 교육목표로 정하고, 남자와 여자 모두 평등한 교육의 기회를 제공해야 한다는 사회교육의 모델이 되기도 하였다.

(2) 아리스토텔레스(BC. 384~322)

그림 1-2 아리스토텔레스

플라톤의 영향을 받은 아리스토텔레스는 7세까지 영유아의 교육공간은 보호자나 어머니가 양육하는 가정교육을 강조하였고, 그 이후에는 공교육이 필요하다고 하였다. 아리스토텔레스는 교육의 궁극적인 목적을 국가의 힘은 곧 시민의 힘, 즉 탁월한 시민 양성으로, 이를 위해서는 개별화 학습이 중요하다고 보았다.

아리스토텔레스의 교육관은 인간의 자유를 바탕으로 교육제도를 정착시켰으며, 교육의 순서는 먼저 신체 단련부터 출발하여 좋은 습관형성 단계를 거쳐 지성의 도야에 이르게 된다고 하였다. 그는 놀이를 통하여 가장 기본적인 신체훈련과 정신훈련이 이루어져야 한다고 강조하였다.

2) 중세

중세의 특징은 영유아를 '성인의 축소판'으로 보았으며, 영유아기의 개념이 존재하지 않았다. 기독교 사상이 모든 면에서 영향을 주었던 시기이기 때문에 교육은 종교교육, 부모나 도제에 의한 교육이 전부였으며, 일부 소수의 상류층 자녀만이 교육의 혜택을 받을 수 있었다. 중세는 영유아를 성인에 비하여 모든 것이 부족한 성인의 축소물로 취급하였고, 5~6세만 되어도 군사활동과 노동활동에 참여시켰다. 중세의 교육목적은 군사적인 용맹과 충성심을 갖춘 기사로 키우는 것으로 영유아를 군사력과 경제력 확보 수단으로 간주하였다(하정연 외, 2017).

3) 근대

반중세적 운동의 르네상스와 종교개혁, 자연과학 발달은 영유아를 성인과 다른 하나의 독립된 존재로 인식하는 계기가 되었다. 대표적인 교육사상가로는 코메니우스(Comenius), 로크(Locke), 루소(Rousseau), 페스탈로찌(Pestalozzi), 프뢰벨(Fröbel) 등이 있다.

(1) 코메니우스(1592~1670)

그림 1-3 코메니우스

코메니우스는 1632년, 모든 영유아들이 교육을 받을 권리, 교육원리, 교수법 등에 대한 내용을 담은 세계 최초의 체계적인 교육학서 『대교 수학』을 발표했다. 그의 저서인 『대교 수학』에서 인간발달을 네 단계로 나누어 설명하였는데, 유아기(6세까지) 모친학교, 아동기(12세까지) 모국어 학교, 소년기(18세까지) 라틴어 학교, 청년기(24세까지) 대학 및 외국 여행이다. 그중 유아기(출생~6세까지)의 모친학교는 '어머니에 의한 가정교육'을 강조하였다(박찬옥 외, 2018). 코메니우스는 엄마들이 유아학교(nursery school)를 조직해야 한다고 가르쳤으며, 유아학교는 형식적인 교육을 제공하기보다는 놀이, 노래, 게임을 통해 학교생활을 준비해야 한다고 하였다. 또한 그는 모든 학교는 사회의 거울이여야 하며, 학습에 사용되는 사물을 실생활에서 사용해야 한다고 하였다(김수영 외, 2019).

코메니우스는 놀이를 통한 교육을 강조하고 감각 교육이 모든 학습의 기초가 된다는 생각에서 최초로 그림이 들어간 『세계도회』를 편찬하였다. 『세계도회』 서문에서는 '감각에 존재하기 않고 지성에 존재하는 것은 하나도 없다'라고 하여 감각적 직관을 강조하였다.

코메니우스는 교육방법으로 기억하고 판단하며 창조하는 과정을 거쳐 쉬운 것으로부터 어려운 것으로 나아갈 것, 언어 이전에 사물이나 모형을 먼저 제시하고 사물에 대한 언어적용은 나중에 할 것, 학습은 직관에서 출발하여 감각에 호소하도록 할 것 등을 제시하였다(심성경 외, 2009). 또한 그는 인간의 내재적 가능성을 믿고 영유아를 선한 존재로 보았으며, 가능한 일찍 교육을 시작해야 하지만 영유아의 준비가 되기 전에 강요하거나 체벌을 사용해서는 안된다고 하였다(문혁준 외, 2014). 영유아의 자연적 발달 순서에 따라 교육활동을 제시하는 자연성 개발에 적합한 교육방법을 강조하였다.

(2) 로크(1632~1704)

로크는 인간의 성격과 학습은 타고난 것이 없는 백지와 같다는 '백지설'을 주장하였다. 이러한 견해는 인간의 본성이 이미 정해진 것이 아니라 출생 이후 경험하는 환경의 영향에 의해 형성되기 때문에 유아기 학습이 중요하다는 것이었다. 즉, 영유아의 선천적인 능력이나 소질보다는 후천적인 교육의 역할을 강조하여 외부로부터의 사회적 · 물리적 환경과 자극을 강조하였다.

그림 1-4 로크

로크는 영유아의 흥미를 유발시키기 위해 자연물에 초점을 둔 놀잇감을 처음 도입하였으며, 영유아가 바르게 생각하고 생동하는 습관을 만들어 주는 교육 방법을 중요시했다.

그는 영유아가 즐겁게 학습할 수 있도록 엄격한 훈육과 체벌보다는 격려를 통해 합리적인 지식과 도덕적인 행동을 형성해 나가도록 해야 한다고 주장했다.

유전보다 환경을 중요시한 로크의 교육사상은 헤드 스타트 프로그램과 같이 불리한 환경의 영유아를 위한 보상프로그램 개발에 영향을 미쳤다(하정연 외, 2017).

(3) 루소(1712~1778)

그림 1-5 루소

루소는 18세기 대표적인 계몽주의 사상가이다. 그는 아동 존중 사상과 자연주의 사상을 강조하였다. 루소가 말하는 자연주의 사상은 아이들을 교육시키기 위해서 사회의 인위와 허세를 버리고 간섭이 없어야 한다는 것을 의미한다. 그는 아이의 본성은 타고난 성장시간표에 따른 성숙의 결과로 전개된다고 하였으며, 이러한 루소의 교육사상은 영유아의 성장을 잘 관찰해 적절한 시기에 적합한 경험을 제공해야 함을 의미한다.

교육이란 성인의 사고나 도덕을 영유아에게 강제적으로 주입시키는 '적극적인 교육'이 아니라 영유아를 보호하는 '소극적 교육'이어야 한다고 주장하였다. 소극적 교육은 영유아의 자연스러운 발달을 보장해 주며, 이를 위해서는 바람직한 환경에서 자유로운 활동이 이루어질 수 있도록 해야 한다. 또한 루소는 인간에 의한 교육과 실존 사물을 관찰하는 교육이 서로 조화로울 때 완전한 교육이 될 수 있다고 하였다.

이러한 루소의 교육사상을 구체화한 저서가 『에밀』이다. 『에밀』은 자연주의 교육사상을 담은 교육소설로 한 고아가 이상적인 교사에 의해 교육을 받아 성장되어 가는 과정과 미래 부인이 될 소피의 여자교육을 내용으로 담고 있다. 『에밀』은 5편으로 구성되었으며, 1편은 총론과 1~5세 유아기, 2편은 6~12세 아동기, 3편은 13~15세 소년기, 4편은 16~20세 청년기, 5편은 소피의 교육을 다루고 있다.

『에밀』에 나타난 루소의 교육사상을 요약하면 다음과 같다(김수영 외, 2019).

첫째, 영유아는 태어나면서부터 학습 능력이 있으므로, 자기 경험에 의해 자유로이 배우도록 한다.

둘째, 학습은 자연의 발달 순서에 따라 행한다.

셋째, 언어보다는 실물과 사실을 통한 학습을 하도록 한다.

넷째, 감각은 일찍 발생하여 지식을 육성하는 힘이 되므로 감각적 연습에 충분히 힘쓴다.

다섯째, 영유아의 천성은 선이므로 선행능력을 양성한다.

여섯째, 영유아의 현재 생활을 경시하고 장래 생활만 중시하지 말아야 한다.

일곱째, 영유아에게 고통, 복종, 명령을 주지 말고 자연의 제한에 따르게 한다.

여덟째, 자연의 힘을 느끼도록 한다.

(4) 페스탈로찌(1746~1827)

페스탈로찌는 루소의 사상을 이어받아 합자연의 원리를 바탕으로 인간중심, 아동중심 교육을 실천하고자 노력한 자연주의 교육 실천가이다. 페스탈로찌는 교육의 출발점으로 가정교육과 어머니에 의한 교육을 중요하게 생각하였다. 그는 어머니와 자식 사이 사랑의 대화가 이루어지는 가정을 중요한 교육의 장으로 여겼으며, 자녀교육은 어머니의 사랑이고 모든 교육은 모성애로부터 출발한다고 하였다(황해익 외, 2018).

그림 1-6 페스탈로찌

페스탈로찌 자연주의 사상은 아동과 접해 있는 환경을 중요시하고 아동의 자발적 활동과 관찰, 체험에 의한 창조적 활동을 강조하였다.

페스탈로찌는 인간의 세 가지 욕구 3H(지적(Head) · 도덕적(Heart) · 신체적(Hand)) 충족을 위한 전인교육으로 나가야 한다고 하였다. 그의 교육신념은 노이호프 빈민학교 운영을 통해 잘 나타나고 있다. 그는 부랑아들을 모아 농경, 방직 등의 기술을 가르쳤으며, 노이호프 빈민학교 운영 시기에 장남을 낳아 4년간 관찰일기를 작성하였다. 그는 실제 양육한 내용을 기록하였고, 양육을 통해 영유아에 대한 체험적 발견을 하였다. '사물교육이 언어교육보다 선행되어야 하고, 보는 것 · 듣는 것 · 행하는 것이 판단이나 추리보다 선행한다' 등의 직관교육 원리를 도출하였으며, 이와 같은 교육원리는 합자연의 원리로 불리고 있다.

페스탈로찌의 합자연의 원리는 다음과 같다.

표 1-1 페스탈로찌 합자연의 원리

합자연의 원리	내용
자발성의 원리	교육의 중심은 영유아의 능력을 내부로부터 계발시켜야 한다는 원리이다. 따라서 영유아 내부에 존재하는 자연적인 힘을 자발적으로 전개시켜야 하며, 교육은 영유아의 자발성을 보조하는 수단으로써 기능해야 한다.
방법의 원리	인간본성의 자기계발은 일정한 질서 있는 단계를 거쳐 이루어진다는 원리이다. 따라서 영유아는 특별한 규범적 의식 없이 행동하는 무율(Anomie)의 단계에서 타인의 명령, 사회제도, 관습을 규범으로 하여 행동하는 타율(Heteronomie)의 단계를 거쳐, 스스로 사회규범에 맞추어 행동하는 자율(Autonomie)의 단계에 이르게 되므로, 교육은 이 단계의 진행에 따라 행해져야 한다.
직관의 원리	직관은 모든 인식의 절대적 기초로서 외계의 인상을 결합하여 능동적으로 개념을 구성하도록 작용하는 원리이다.
조화적 발달의 원리	인간의 선천적인 기능인 3H(지적(Head) · 도덕적(Heart) · 신체적(Hand))를 조화롭게 발달시키도록 하는 원리이다.
사회의 원리	개인교육은 사회생활을 통해서만 가능하며, 사회의 발전은 개인의 향상에 의해서만 이루어진다는 원리이다.

출처: 박찬옥 외(2018).

(5) 프뢰벨(1782~1852)

프뢰벨은 독일의 철학자이며 교육가로 교육사상 처음으로 '유치원'이라는 말을 창안하여 전 세계에 보급하였다. 프뢰벨은 낭만주의 영향으로 인간의 정신 영역을 식물적 생명에 비유하여, 영유아는 미숙한 인간이 아니라 자신의 개별적인 성향을 내부에 지닌 존재로 인식하였다. 영유아의 정신능력은 자신의 내부에 주어져 있는 법칙에 따라서 자연적으로 형성되는 것으로 보았다. 이에 따라 그의 교육론은 '영유아 스스로의 자연적 필요에 의해서 사고가 일어나도록 돕는 교육'으로 유아 자신의 능력을 자연스럽게 전개(unfolding)해 주어야 한다고 주장하였다.

프뢰벨의 교육목적은, 만물의 본질을 신성으로 보고 만물의 사명은 자기 내부의 신성을 표현하는 것이라고 하였다. 이러한 목적을 달성하기 위하여 다양한 교육내용을 강조하였고, 교육의 실천을 위해서는 간섭이나 명령을 피하고 보상과 격려의 교육방법을 권장하였다. 교육내용으로는 종교, 자연, 언어, 수학, 예술 등을 제시하였으며, 특히 놀이를 통해 학습한다고 주장하였다. 그는 은물과 작업을 개발하여 영유아 교육 프로그램의 내용과 교수방법을 체계화하고, 현장학습을 통한 자연 세계의 심도 있는 이해를 중요시하였다(문연심, 2019).

그림 1-7 프뢰벨

프뢰벨은 세계 최초의 교육용 놀잇감인 '은물(gift)'을 가지고 놀이함으로써 유아들에게 스스로 내적동기에 의한 '자기활동'을 가능하게 하고 자신이 가지고 있는 내면의 힘을 기르도록 하였다. 그러나 프뢰벨은 은물의 사용 시 교사의 역할을 지나치게 강조하여 영유아의 자발성과 창의성을 제한했다는 비판을 받기도 하였다.

프뢰벨의 유치원 교육은 성인 중심적인 교육에서 벗어나 놀이중심 교육의 장을 열었으며, 유아에 대한 존중과 놀이를 통한 신체적 움직임이 중요한 노작교육의 기초를 마련하였다. 또한, 유치원은 유아기 어린이들에게 또래 집단과의 상호작용을 통한 사회성 발달과 같은 새로운 유아교육 모형을 가장 먼저 제시하였으며, 유아의 자발성과 자연적 흥미를 중요시하는 교육내용과 교수방법을 체계화시켰다(강란혜, 곽미영, 2011).

4) 현대

현대 시대에는 영유아 발달에 있어서 경험의 중요성을 강조하기 시작하였고 유아가 어떻게 학습하고 어떠한 모습으로 성장하게 되는가에 중점을 두었다. 또한 인간발달에서 유아에게 내재적 능력보다는 주변 환경이 더 중요하다고 이해하기 시작하였다. 지금까지 이루어진 형식적 교육이나 상징성을 지닌 교수방법에 의문을 제기하였고 다른 교육을 실행하려고 노력하였다. 대표적인 교육사상가로는 듀이(Dewey)와 몬테소리(Montessori) 등이 있다.

(1) 듀이(1859~1952)

그림 1-8 듀이

듀이는 실용주의에 근거를 두고 진보주의 교육사상을 펼친 교육실천가이다. 실용주의는 미국의 대표적인 사상으로 도구주의 혹은 실험주의라고도 한다. 듀이의 교육사상은 유아 스스로 성장의 가능성이 있다고 보았고, 성장의 가능성은 주변환경과의 상호작용을 통해 변화하면서 교육이 이루어진다고 하였다(이기숙 외, 2008).

듀이는 교과중심 교육과정보다 아동의 흥미중심 교육이 중요하다고 강조하였다. 교육에 있어 중요한 것은 '영유아가 어떠한 환경에서 어떠한 경험을 하느냐'이다. 유치원에서 모든 활동은 놀이의 형태로 제공되고, 그러한 과정에서 유아들은 경험을 재구성하게 된다고 보았다. 유아들에게 의미 있는 활동을 제공하기 위해서 경험의 선택 기준을 '지금 여기'에 두었다.

듀이의 아동중심 교육의 기본 원리는 다음과 같다.

첫째, 교육은 경험의 계속적인 개조이다.
둘째, 교육은 현재의 생활 그 자체이며, 생활을 위한 준비가 아니다.
셋째, 학습은 영유아의 흥미에 직접적으로 관련되는 것이어야 한다.
넷째, 지식은 능동적 활동을 통해 얻어지며 행동으로 옮겨져야 한다.
다섯째, 학교는 영유아 간에 경쟁보다는 협동을 장려하는 곳이어야 한다.

진보주의 교육은 아동에게 인지적 갈등을 유발시키는 교육환경을 제공함으로써 아동의 발달을 도와줄 수 있다는 입장이다. 듀이는 교육목적이 교육과정 자체에 포함되어 있으며, 교육은 아동의 경험을 재구성하도록 돕는 것이며, 아동의 욕구에 의해 자발적 활동을 통하여 이루어지는 것이라 하였다. 즉, 아동의 흥미와 아동 자체에 관심을 둔 듀이의 교육과정을 아동중심 교육과정이라고 하며, 교육은 아동중심, 경험중심, 활동중심, 생활중심이 되어야 한다고 주장하였다(문연심, 2019).

(2) 몬테소리(1870~1952)

몬테소리는 이탈리아 최초의 여의사로서 1906년 3~7세를 위한 어린이집(casa dei Bambini)을 세웠다. 몬테소리는 아동은 누구나 그 자신을 발달시킬 수 있는 능력을 가지고 있으며, 발달은 단계적으로 이루어진다고 주장하였다.

그림 1-9 몬테소리

몬테소리는 단계별 최적의 발달시기인 민감기에 유아는 환경으로부터 무엇인가를 빨아들이는 흡수능력을 가지고 독립적이며 능동적으로 각 단계마다 독특하게 발달한고 하였다. 이때 준비된 환경이 중요하며 이를 위해서 고안해 낸 것인 몬테소리 교구이다(문연심, 2019).

몬테소리의 교육사상은 유아존중, 민감기, 준비된 환경, 흡수정신, 자동교육, 정상화 등이 대표적이다.

① 민감기

영유아가 발달해 가는 동안 특정 행동과 기술을 더욱 쉽게 익힐 수 있는 최적의 시기를 말한다. 이 시기에는 내부에 잠재된 흡수정신을 통해 환경을 빨아들이듯 강하게 학습하며 스스로 경험을 통해 배운다.

② 준비된 환경

민감기에 나타나는 영유아의 관심과 욕구를 충족시켜 줄 수 있는 교재 · 교구를 제공하고, 영유아가 선택한 활동이 잘 이루어지도록 조성된 환경을 의미한다. 몬테소리는 준비된 환경을 위해 몬테소리 교구를 고안했다. 몬테소리 교구는 시간, 미각, 촉각, 청각 등을 발달시켜 주는 감각교구와 자조 능력을 키워 주는 일상생활 훈련교구, 인지발달을 도모하는 수 교구와 언어 교구 등으로 구성되어 있다.

③ 흡수정신

유아가 준비된 환경에 몰두하여 교재 · 교구가 갖는 개념과 의미를 흡수할 수 있는 능력을 말한다.

④ 자동교육

영유아가 스스로 교재 · 교구에 몰두하여 상호작용하는 동안 의미 있는 개념을 형성하기 때문에 자동교육이라고 한다.

⑤ 정상화

영유아가 준비된 환경과 상호작용을 통해 자동교육이 이루어지면서 갖게 되는 내적 변화로 안정감, 행복, 만족, 평화 등을 의미한다.

2. 심리학적 배경

20세기 이후에 유아의 발달에 대하여 다양한 학자들의 주장이 영유아 교육현장에 적용되어 왔으며, 이를 통하여 영유아 프로그램들이 개발되었다. 본 장에서는 성숙주의, 행동주의, 구성주의, 생태학적 이론에 대해 살펴보고자 한다.

1) 성숙주의

성숙주의는 인간발달의 결정적인 힘은 유전적 요인에 있다는 관점이다. 즉, 영유아의 발달은 이미 정해진 내용과 순서에 따라 일어나는 과정이라고 인식하는 것이며 대표적인 학자는 게젤(Gesell)을 들 수 있다.

게젤은 영유아가 성장하는 데 유전적 요소에 따라 성장 방향이 결정되어 있으며, 환경요인은 결정된 성장 방향을 약간 수정할 뿐 큰 영향력을 미칠 수 없다고 하였다. 또한, 어느 환경문화권에서나 연령 증가에 따라 유사한 성장과 발달 양상을 보이는 '표준성숙목록'을 제시하였다. '표준성숙목록표'는 게젤이 미국 예일대학교 아동발달연구소에서 40년간 아동발달을 연구한 결과의 목록으로서 영유아의 월령별 행동발달 특성을 표로 나타낸 것이다. 이러한 '표준성숙목록표'는 영유아의 성장이 정상적으로 진행되고 있는지 비교할 수 있는 기준을 제공하였으며 그 자체가 영유아 프로그램 내용으로 활용되기도 하였다(김수영 외, 2019).

게젤의 성숙주의에서 주장하는 발달의 원리는 다음과 같다(박찬옥 외, 2018).

첫째, 발달에는 순서가 있으며, 이러한 순서는 일정하게 이루어진다.

- 영유아의 몸은 머리에서 발의 방향으로 발달한다.

- 영유아의 몸은 중심에서 말초 부분으로 발달한다.

둘째, 발달은 계속적으로 이루어지지만, 발달의 속도가 항상 일정한 것은 아니다.

- 영유아는 나이가 들수록 계속 변화가 일어나고 있지만, 신체 각 부분이나 정서적 기능에 따라 발달의 속도가 빠른 시기가 있고, 느린 시기가 있다. 예를 들어, 신체발달은 생후 5년 동안 출생 시의 2배까지 키가 자라며, 심리적 변화는 청소년기에 급격하게 발달한다.

셋째, 발달에는 개인차가 있다.

- 모든 영유아에게 표준성숙목록표대로 정확히 적용되는 것은 아니다.

넷째, 성숙도 환경에 의한 영향을 받는다.

- 영유아의 성장과 발달에 성숙이 중요하나, 환경의 영향을 완전히 배제할 수는 없다. 예를 들어, 태아 발달에 있어 성숙은 자궁 내의 양수 온도와 모체로부터 들어오는 산소의 양에 의해 영향을 받는다.

2) 행동주의

행동주의는 인간발달에 미치는 환경의 영향력을 중요시한다. 즉, 인간발달은 어떤 환경에서 어떤 경험을 했느냐에 따라 달라진다는 견해이다. 따라서 영유아의 발달을 이해하기 위해서는 내면의 감정이나 마음을 연구하기보다는 직접 관찰하고 측정할 수 있는 행동을 연구해야 한다는 입장이다.

행동주의 이론을 대표하는 학자는 파블로프(Pavlov), 왓슨(Watson), 스키너(Skinner), 반두라(Bandura) 등이 있으며, 본 장에서는 스키너와 반두라를 중심으로 살펴보고자 한다.

스키너의 행동주의 이론을 조작적 조건형성이라고 한다. 영유아의 특정 행동이 강화를 받으면 행동의 발생빈도가 높아지는 반면에 처벌을 받게 되면 행동의 발생빈도가 낮아진다는 것이다. 이와 같이 조작적 행동은 강화나 벌에 의한 조건형성에서 나오며, 조작적 학습 경험의 결과로 습관이 생긴다. 따라서 교사나 부모는 영유아의 적응 행동의 빈도를 높이기 위해서 직접적인 교수, 구체적인 보상, 칭찬과 사회적 인정 등의 방법을 활용하는 것이 바람직하다.

반두라는 행동주의 학자이기는 하나 사회적 상황 속에서 나타나는 인간의 행동을 모방이라는 기제를 활용하여 설명하였으며, 인간의 학습 과정은 직접적인 강화를 받은 경험을 통해 학습하고 억제한다고 하였다(이순형 외, 2005). 영유아의 행동은 다른 사람의 행동을 관찰하고 주의를 기울여 기억하며, 인지적으로 재현을 통해 모방함으로써 발달한다고 보았다. 학습은 직접적인 강화와 처벌의 경험을 통해 이루어지기도 하지만 다른 사람의 행동을 관찰하면서 새로운 행동을 학습하고 억제하기도 한다(전남련 외, 2008). 반두라의 이론은 사회적 상황에서 모방을 통하여 학습하기 때문에 사회학습이론이라고도 한다. 또한, 반두라는 영유아 발달이 영유아와 환경과의 계속적인 상호작용에 의해서 이루어진다고 주장하였다. 특히, 영유아 발달에 있어서 교사나 부모는 애착의 대상자이며 영향력 있는 모델임을 강조하였다.

3) 구성주의

구성주의는 영유아의 발달이 유전과 환경의 상호작용을 통해 이루어진다고 보는 입장으로 자신의 경험에 대한 반성적 사고를 통해 정신적으로 지식을 구성한다는 것이다. 즉, 영유아는 주변의 환경과 상호작용을 통하여 자발적이고 능동적으로 학습한다고 보았다. 구성주의 이론을 대표하는 학자로는 피아제(Piaget)와 비고츠키(Vygotsky)가 있다.

피아제는 영유아가 새로운 환경에 적응하기 위하여 자신의 도식을 평형상태로 유지하고자 동화(assimilation)와 조절(accomodation)을 사용한다고 하였다. 동화와 조절은 적응(adaption)을 통해 도식이 변화하는 과정이다. 동화는 새로운 환경 자극에 반응하면서 기존 도식을 사용해 새로운 자극을 이해하는 것이고, 조절은 기본 도식으로 새로운 사물을 이해할 수 없을 때, 기존 도식을 변경하는 것이다. 평형은 동화와 조절의 균형을 의미하는 것이며, 인지구조는 동화와 조절이 상보적으로 작용할 때 평형상태를 이루며 환경에 잘 적용하게 된다(하정연 외, 2017).

피아제는 지능을 생물학적 적응으로 정의하고 어른과 아동은 지식의 양에 차이가 있다기보다는 지식을 얻는 질적인 차이에 있다고 주장하였다. 인지발달은 감각운동기(0~2세), 전조작기(2~7세), 구체적 조작기(7~11세), 형식적 조작기(11세 이후)의 네 단계로 분류한다. 또한, 각 단계의 인지구조는 질적인 차별성을 가지며 정해진 순서대로 진행되고, 단계가 높아질수록 복잡성이 증가하고 점차 안정된 적응구조로 발달한다고 하였다. 따라서 교사의 역할은 인지적 갈등이 생길 수 있는 환경을 조성해 주고, 영유아들이 갈등을 느낄 때 자신이 생각하는 것을 재검토하도록 격려하고 도움이 되는 방법을 제공하여 지식을 재구성할 수 있도록 지원해 주는 것이다.

비고츠키는 인간의 인지발달에 사회문화적 요인이 크게 작용한다는 입장이다. 그는 영유아 발달의 결정 요인으로 사회문화적 배경을 강조하였다. 모든 영유아가 사회문화적 맥락 속에서 태어나고 성장한다고 할 때, 영유아는 자신이 속한 사회문화가 형성한 생활방식, 언어, 신념, 가치, 전통문화, 사고방식 등을 배우게 된다. 비고츠키는 영유아가 특정 문화에 대해 적절히 사고하고 행동하는 방법을 습득하는 데 부모, 교사 및 또래와의 협동과 지지가 중요한 영향을 미친다고 착안하여 근접발달영역(Zone of Proximal Development)과 스케폴딩(Scaffolding)의 개념을 제시하였다. 근접발달영역은 영유아가 스스로 문제해결을 할 수 있는 수준인 실제적 발달 수준과 성인이나 유능한 또래로부터 도움을 받아 문제를 해결할 수 있는 수준의 잠재적 발달 수준 중간영역을 말한다. 비고츠키는 근접발달영역에서 사회적 상호작용은 영유아 발달에 매우 중요한 영향을 미치며, 이를 비계설정(Scaffolding)이라고 정의하였다.

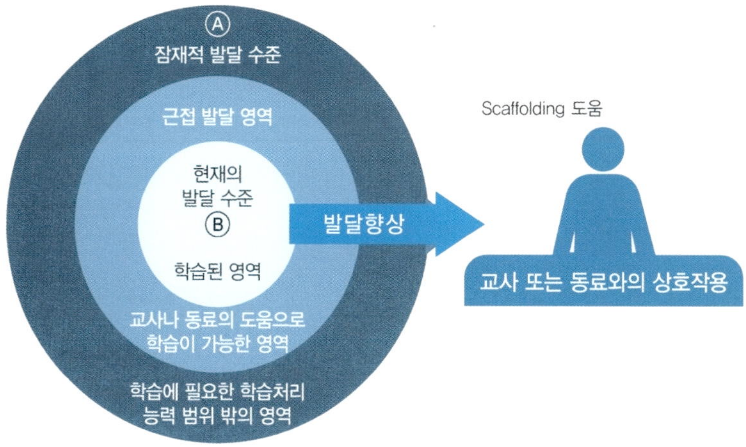

출처: 강순희 외(2017).

그림 1-10 비고츠키의 근접발달영역

4) 생태학적 이론

브론펜브레너(Bronfenbrenner)의 생태학적 이론은 환경을 형성하는 복잡한 관계 체계 속에서 영유아가 발달한다는 입장이다. 브론펜브레너의 생태학적 환경은 미시체계, 중간체계, 외체계, 거시체계, 시간체계 등의 동심원적 구성으로 이루어져 있다. 미시체계는 영유아에게 직접적으로 영향을 미치는 근접환경으로 영유아의 가족, 친구, 학교, 이웃 등이 해당된다. 중간체계는 미시체계들 간의 상호관계로 부모와 교사와의 관계, 형제 관계, 이웃 간의 관계 등이다. 외체계는 영유아가 직접 참여하지는 않지만 영향을 받게 되는 사회적 환경을 의미한다. 거시체계는 미시체계, 중간체계, 외체계에 포함된 모든 요소에 개인이 살고 있는 문화적 환경까지 포함한다. 각 문화의 신념, 태도, 가치관, 관습, 법 등이 거시체계에 해당하며, 부모의 양육 태도가 영향을 받게 되어 영유아에게 영향을 주게 된다. 시간체계는 전 생애에 걸쳐 일어나는 변화와 사회역사적인 환경을 포함한다. 예를 들어, 이혼, 동생이 태어나는 것 등이 여기에 포함된다(김수영, 2019).

브론펜브레너의 생태학적 특징은 다음과 같다(황해익 외, 2008).

첫째, 발달하는 개인을 단순히 환경의 영향을 받는 백지상태가 아니라 성장하는 역동적 실체로 간주한다. 즉, 영유아는 점차적으로 자기가 속한 환경 속으로 이동해 들어와서 그 환경을 재구성하는 존재다.

둘째, 개인과 환경 간의 상호작용은 상호 호혜성의 특징을 가진다. 즉, 환경이 개인의 발달에 영향을 줄 뿐만 아니라 개인이 환경에 영향을 주기도 하고 그 결과가 다시 개인에게 영향을 미친다.

셋째, 발달과 관련된 환경의 개념은 단일하고 즉각적인 장면으로 국한되는 것이 아니라, 더 확장되어 그런 장면들 간의 통합된 상호 연결은 물론 더 넓은 환경에서 전달되는 외적 영향까지도 포함한다.

브론펜브레너의 생태학적 이론은 영유아를 둘러싼 환경을 이해함을 의미한다.

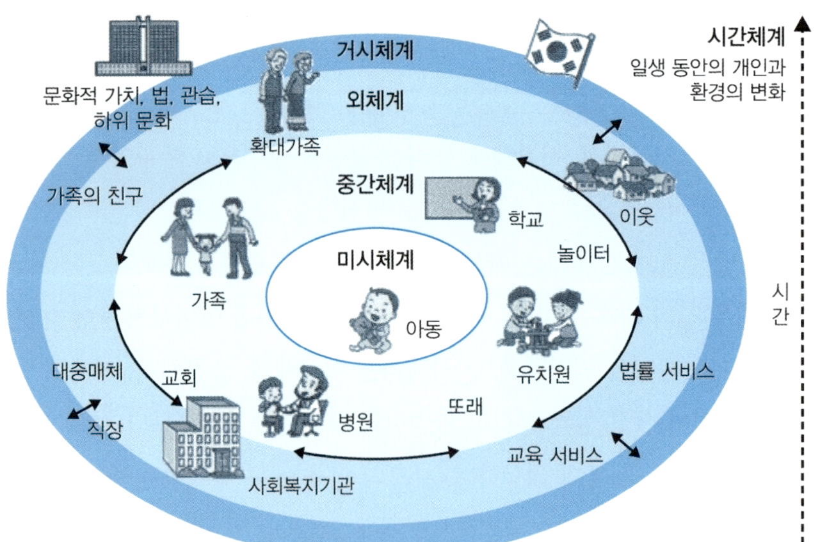

출처: 강순희 외(2017).

그림 1-11 영유아에게 영향을 주는 사회 · 문화적 환경체계

3. 사회문화적 배경

영유아 프로그램을 계획하고 실천하려면 그 시대의 사회문화적 배경을 이해하는 것은 필수적이다. 최근 저출산으로 인한 여성의 사회경제적 참여로 가족구조와 기능이 다양화되었고, 그로 인한 부모와 자녀를 지원할 수 있는 프로그램이 요구되어진다. 본 장에서는 영유아 교육의 방향 설정에 중요한 영향을 미치는 사회문화적 배경에 대해 살펴보고자 한다.

1) 가족구조의 다양화

가족은 사회적 요구와 시대가 변화함에 따라 변화한다. 21세기 가족은 다음과 같이 생각할 수 있다. 먼저, 전통적 핵가족과는 다른 새로운 형태의 가족구조가 등장하고 있다. 편부모 가족, 재혼이나 입양으로 새로운 가족이 구성되어 확대되는 가족이 있다. 조부모나 사촌, 그 외 친척 또는 혈연관계가 아닌 사람들과 함께 사는 형태의 가족도 있다. 가족구조가 변화하면서 그 구성원의 역할도 변화하게 된다. 점점 많은 부모들이 일을 하게 되고 가사나 자녀를 위한 시간이 줄어들고 있다. 조부모나 가족 구성원이 아닌 사람이 새로운 양육 역할을 배워야 할 필요성이 대두되기도 한다(김수영 외, 2019).

이처럼 다양한 가족구조의 변화를 알고 이해하는 교육을 통해, 영유아 교육 프로그램은 사회 가족구조와 변화를 반영하여 개발해야 한다. 예를 들면, 핵가족 구조에서 야기되는 영유아의 사회성 결여, 심신의 나약함, 개인주의 성행을 극복할 수 있는 활동을 제공할 필요가 있으며, 가정이나 이웃에서 경험할 수 없는 다양한 또래나 성인과의 관계를 경험하고 바른 인성을 기를 수 있는 내용을 강화할 필요가 있다. 그리고 더불어 사는 공동체 의식을 기르는 활동을 통하여 사람들과의 관계 속에서 다양성을 존중할 수 있는 프로그램이 운영되어야 한다. 또한 한부모 가족을 위한 프로그램도 개발되어야 한다. 한부모 가족의 부모는 자녀의 양육에 대한 어려움을 호소하고 도움을 구하게 되는데, 한부모 가족의 부모가 자녀 양육에 지원을 받고 있다고 느낄 수 있도록 개발되어야 한다.

현대사회는 아버지도 공동의 양육자로 양육에 적극적인 참여를 하고 있다. 아버지의 적극적인 양육 참여는 가족 구성원 모두에게 긍정적인 영향을 미친다. 하지만 자녀양육에 참여하는 아버지가 양육방법을 잘 몰라 힘들어 하고 있기 때문에 구체적인 양육방법에 대한 정보와 프로그램이 필요하다.

2) 여성의 사회참여

현대사회의 두드러진 변화 중 하나로 여성들의 사회적 참여가 증가하고 있다. 여성들의 사회적 참여가 증가함에 따라 자녀의 양육과 교육은 우리 사회의 현안 문제로 대두되어 왔다. 현대사회에는 여성의 사회참여에 따른 육아 지원의 필요성과 요구가 증대되었고, 영유아의 입학 연령은 점점 하향화되었다. 이러한 결과 육아를 지원할 수 있는 시설이 많이 확충되었지만, 여성의 경제활동 참여 비율이 증가함에 따라 맞벌이 부모의 요구에 부응할 수 있는 종일제 프로그램과 영유아 프로그램에 대한 책임을 사회와 국가가 함께 나누어야 한다. 맞벌이 부모를 위한 영유아 프로그램 개발로 장시간 직장에서 일하는 어머니를 위해 효과적인 의사소통을 할 수 있는 방법을 제공할 필요가 있다.

또한, 여성의 사회적 참여는 출산율 감소의 주요 요인으로 지목되어 왔다. 이는 여성이 경제활동에 참여하면서 자녀의 기회 비용이 상승하고 초혼 연령 및 출산 연령이 상승하면서 출산율이 감소한 것에 기인한다. 저출산은 장기적으로 생산 가능 인구 비중을 축소시키고, 고령화 문제를 심화시켜 경제성장을 저해하는 요인이 되므로 심각한 사회문제로 인식되고 있다. 이러한 이유는 영유아 교육기관에서도 저출산을 대비한 프로그램 개발과 제공에 많음 관심을 기울여야 할 필요성이 있음을 시사한다(하정연 외, 2017).

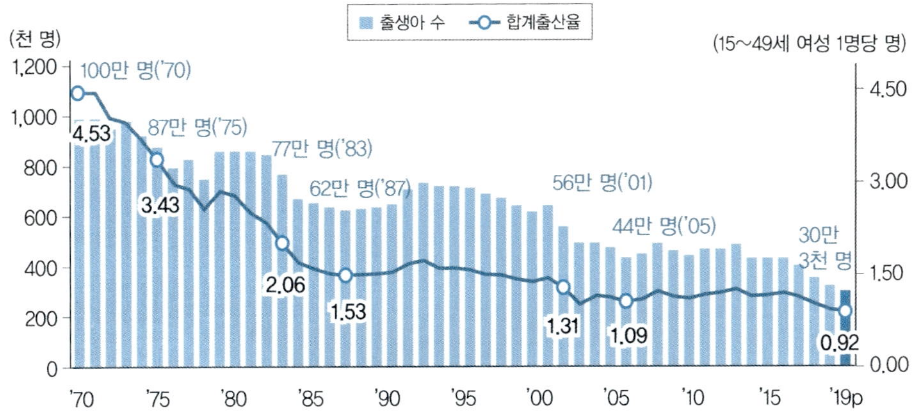

출처: 통계청(2019).

그림 1-12 연도별 출생아 수 및 합계출산율 현황(가임 여자 1명당 명)

3) 다문화 사회

다문화 가족이란「다문화가족지원법」제2조에 의하면 결혼이민자와 대한민국 국적을 취득한 자로 이루어진 가족을 말한다. 행정자치부(2015)에 따르면 2006년 이후 한국에 살고 있는 외국인 주민 수는 계속적으로 늘어나 10년 동안 3배 이상 증가하였으며, 한국 사회는 국내 거주 외국인의 수가 이미 174만 명을 넘어서 빠르게 다문화 사회로 이루어지고 있다.

다문화 사회의 언어와 문화는 영유아 발달에 중요한 영향을 미치므로 영유아 교육 프로그램에서 영유아의 언어와 문화를 고려해야 한다. 다문화 가정의 자녀의 경우 외국인 어머니가 한국어에 미숙하여 자녀의 언어발달 지체 가능성이 크고, 언어발달 지체로 기초학력 및 학교 적응력 저하 가능성이 있다. 가정과 영유아 교육 프로그램의 언어적 문화적 불연속성이 영유아의 학교에서의 적응에 실패하는 원인이 되기 때문에 다문화 가정 영유아를 위한 적절한 서비스가 요구되고 있다(이영자 외, 2017). 이 외에도 언어와 문화의 차이에 의한 가족 갈등, 자녀 양육 및 교육의 어려움, 사회의 편견과 차별, 배우자의 폭력이나 아동학대 등 많은 문제를 안고 있으나 이들을 도와줄 사회적 지원체계가 부족한 실정이다. 특히, 다문화 가족이 많은 농촌의 경우에는 다문화 영유아에 대한 특별한 관심과 배려뿐만 아니라 부모교육 등 이들 가족에 대한 지원이 필수적이다(문혁준 외, 2016). 따라서 인종, 성, 언어, 사회적 지위, 문화적 특징 등이 다른 사람들을 존중하는 태도를 기를 수 있으며, 영유아가 다양한 문화 환경에서 효율적으로 기능을 습득할 수 있도록 다문화 가정을 위한 영유아 교육 프로그램이 요구되어진다.

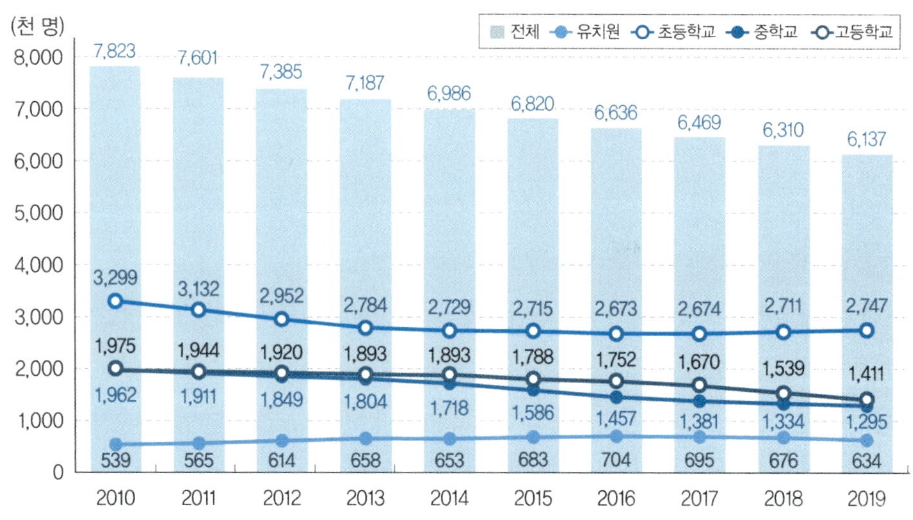

출처: 교육부(2019).

그림 1-13 다문화 학생 현황

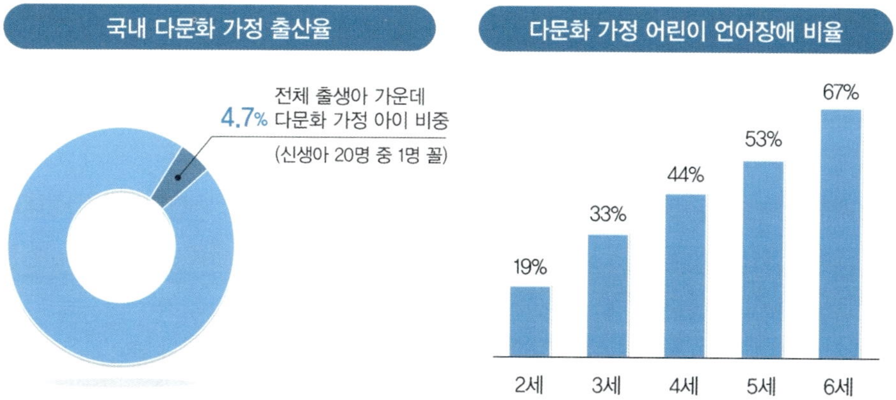

출처: 보건복지부(2018).

그림 1-14 국내 다문화 가정 출산율 및 다문화 가정 어린이 언어장애 비율

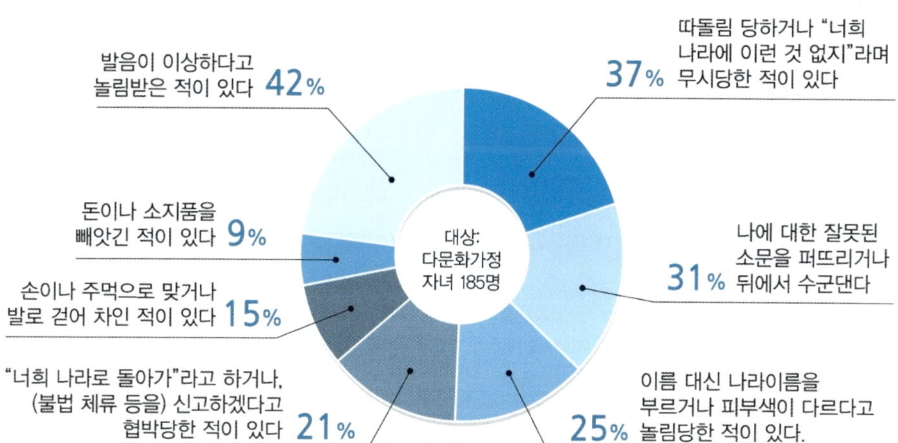

출처: 국가인권위원회(2016).

그림 1-15 다문화 가정자녀 학교생활 차별 실태조사

4) 정보화 사회

우리 사회는 21세기 초에 맞닥뜨린 지식정보 사회에 충분히 적응하기도 전에 지능정보 사회라고도 불리는 4차 산업혁명 사회를 맞이하고 있다. 지식정보 사회가 인터넷으로 대표되는 디지털 정보기술이 발달되어 '물질'보다 '지식'의 부가 가치가 증대되는 사회 변화를 의미한다면, 다가오는 지능정보 사회는 무형의 디지털 정보 기술에 물리학과 생물학이 결합되면서 인공지능, 유전자 편집 등 실제화된 물질적 변화를 일으키고 있다. 지식정보 사회가 물질에서 정보와 지식으로 사회 패러다임을 전환시켰다면, 지능정보 사회는 그러한 정보와 지식 중심의 디지털 기술이 실제 세상으로까지 회귀하여 우리의 삶에 급격한 변화를 일으키고 있는 것이다(서영숙 외, 2019). 인공지능, 가상현실, 로봇과 실제 현실의 연결 등을 특징으로 하는 4차 산업혁명 사회는 어느 한 나라만의 문제가 아니라 전 세계적 흐름으로 귀결되고 있다(임종헌 외, 2017). 4차 산업혁명은 인공지능, 사물인터넷, 3D 프린트, 첨단로봇공학, 빅데이터 등 더 빠른 속도로 우리 사회 전반에 걸쳐 우리 삶을 변화시킬 것이다.

이러한 사회에 직면하면서 영유아 프로그램은 사회적 상상력을 바탕으로 영유아가 미래사회에서 잘 살아갈 수 있고 변화에 대응을 할 수 있는 역량의 프로그램을 개발해야 한다. 그렇다면 4차 산업혁명 시대를 대비하기 위한 영유아 교육 프로그램은 어떠한 부분에 초점을 두어야 할까? OECD에서 미래사회에 요구되는 핵심역량을 규명하는 프로젝트(DeSeCo: Defining and Selecting Key Competencies)를 실시하였으며, DeSeCo는 자율적인 행동 능력, 양방향 소통 능력, 사회적으로 이질적인 집단에서 기능하는 능력의 세 가지 핵심역량을 제시하였다(Rychen, 2003).

① 자율적인 행동 능력

- 사회에서 효과적으로 활동하고 기능하는 능력
- 의미 있는 방식으로 자신의 업무를 실행할 수 있는 능력
- 인생의 중요한 영역들인 가정과 직장, 시민으로서의 생활과 정치적 생활에 활

동적으로 참여하는 능력

- 취직, 주택구입, 학업 등 개인적 영역을 관리하는 능력
- 상황, 시스템, 관계를 분석하는 능력

② 양방향 소통 능력

- 기술적 능력
- 지식과 정보를 수집, 분석, 사용하기 위한 정보 문해력
- 효과적인 언어 사용과 의사소통 능력

③ 사회적으로 이질적인 집단에서 결합하고 기능하는 능력

- 소통, 협력, 갈등조정 능력

이와 같이 개인의 사고력과 판단력 등을 기초로 사적 영역과 공적 영역에서 문제를 해결하는 능력과 다른 사람과 소통하고 협력할 수 있는 능력이 미래사회에서 필요한 핵심역량으로서 중요하게 부각되고 있다. 미래사회에서 요구되는 이러한 능력들은 영유아를 위한 프로그램의 성격에도 의미 있는 변화를 요구하고 있다.

4차 산업혁명 시대의 영유아 교육 프로그램을 요약하면 다음과 같다(박정자, 2019).

첫째, 최대한 많이 놀게 해야 한다.

어린 시절의 자유로운 놀이경험은 타인과의 상호작용을 촉진시켜 공감능력과 표현능력을 기르게 한다. 재미있는 놀이를 하는 과정에서 '몰입(Flow)'의 상태를 경험하게 되고 이러한 몰두의 경험은 창의력과 문제해결력을 증진시킬 수 있다. 또한 몰입의 순간에 유아들은 기쁨과 성취감을 느끼게 되고 집중력을 향상시킬 수 있다.

둘째, 도전할 수 있는 기회를 많이 줘야 한다. 예를 들어, 유아가 혼자의 힘으로 숟가락을 잡으려 한다면 음식을 흘리고 숟가락을 떨어트린다 해도 손에 숟가락을 계속해서 쥐여 줘야 한다. 실패를 알아야 성공의 기쁨을 알게 되고 도전과 용기를 배우게 된다. 어리다는 이유로 모든 걸 부모나 교사가 다 해결해 주려 하는 순간 앞으로 아이는 아무것도 하지 않을 것이다. 새로운 도전을 많이 하도록 기회를 주고, 아이가 실패해도 느긋하게 지켜보며 응원해 줄 수 있는 인내력을 발휘해야 한다. 4차 산업혁명 시대에는 스스로 직업을 만드는 역량을 갖춘 창의적인 인재를 필요로 한다. 이러한 창의성 발휘는 끊임없는 도전정신이 뒷받침돼야 가능하다.

셋째, 일상생활에서 유아가 스스로 결정(선택)할 수 있도록 해야 한다. 비가 오는 날 어떤 우산을 쓰고 갈 것인지, 어떤 색의 양말을 신을 것인지 등등 사소한 것에서부터 스스로 결정할 수 있도록 기회를 줘야 한다. 작은 일 하나라도 본인이 선택하게 되면 책임감과 의사결정능력이 발달한다. 또한 선택의 과정에서 '생각하는 힘'이 향상된다. 세계 명문대학들은 학생을 선발할 때 '스스로 생각할 줄 아는 능력'을 평가하는데, 이 '생각하는 힘'이야말로 모든 학문 탐구의 기초라고 할 수 있다.

4. 영유아 프로그램의 최근 동향

영유아 교육에 대한 사회적 변화와 관심은 지속적으로 증가되었고, 영유아 프로그램 성격도 시대적 요구와 맥락을 반영하면서 변화되어 왔다. 최근 취업모의 증가와 저출산 대책 방안으로 영유아 교육기관은 영유아의 전인적 발달을 위한 포괄적 프로그램을 운영하고 있으며 종일제 프로그램을 운영하면서 교육과 더불어 보호의 기능을 수행하고 있다(박찬옥 외, 2018). 이러한 시대적 요구와 사회문화적 변화 속에서 논의되고 있는 내용들을 통해 영유아 프로그램의 최근 동향을 몇 가지로 나누어 살펴보고자 한다.

1) 종일제 프로그램

여성의 사회적 참여 증가로 인하여 가족구조가 변화하였고, 영유아들을 사회적 차원에서 양육하고 담당해야 할 대상 연령의 범위가 점점 확대되고 있다. 연령 범위는 어린 영아에서부터 초등학교 아동까지 대상이 확대되었으며 취업모 자녀를 위한 종일제 프로그램에 대한 요구가 증가되었다. 취업모 증가, 가족구조의 변화, 영유아 교육의 중요성 등의 사회적 변화와 요구로 영유아교육기관의 종일제 프로그램의 운영과 운영시간에 따른 다양한 종일제 프로그램이 확산되었다. 영유아 프로그램의 질은 부모의 기관 선택과 취원율에 중요한 영향을 미친다. 따라서 영유아 가정의 요구를 이해하고 기관의 특성을 고려한 다양한 프로그램을 개발해야 할 것이다.

2) 다양한 보육 프로그램

종일제 프로그램 외에도 영유아 교육기관은 대상 연령뿐만 아니라 운영시간도 다양해졌다. 유치원의 경우 반일제, 종일제, 시간연장제 교육 프로그램을 운영할 수 있으며, 어린이집의 경우 기본보육, 연장보육, 시간연장제, 야간보육, 24시간 보육, 방과후 아동지도교실 등을 운영하고 있다.

3) 방과후 프로그램

취업모의 증가와 가족구조 및 기능의 변화로 인하여 특히 초등학교 저학년 아동을 보살펴 줄 수 있는 적절한 시설과 프로그램의 필요성이 대두되었다. 또한 성인의 보호 없이 긴 시간을 지내야 하는 아동이 겪게 될 소외감이나 외로움, 안정상의 문제 등이 제기되면서 다양한 방과후 프로그램이 활성화되고 있다. 우리나라에서는 「영유아보육법」에 의거하여 어린이집에서 방과후 교실이 가능하도록 되어 있으며, 방과후 프로그램에서 이루어지는 활동은 아동의 안전한 보호와 부모 역할을 대신하는 활동뿐만 아니라 아동의 흥미와 욕구를 충족시키는 활동, 학교 교육을 보충하는 활동(숙제지도, 자율학습 지도, 특별활동, 기본생활습관지도)등을 포함한다(황해익 외, 2008).

4) 영아 프로그램

기혼여성의 사회적 참여로 인하여 사회적 차원에서 어린 연령의 아이들을 양육해야 할 필요성이 증가되고 있다. 특히, 영아 프로그램은 생후 2~3년 이전 이루어지는 경험이 영유아의 성장과 발달에 중요한 영향을 미치기 때문에 양질의 영아기 보육에 대한 인식이 증가하였다. 영아 프로그램의 특징은 영아의 신체적 · 생리적 욕구로 일상생활 활동을 주요 보육내용으로 다루며, 영아의 발달적 특성을 고려하여 융통성 있게 적용해야 한다(이기숙 외, 2018).

5) 다양한 목적을 반영한 프로그램

최근 생태교육 프로그램, 다문화 교육 프로그램, 장애영유아 통합보육 프로그램 등 다양한 목적을 가진 영유아 프로그램이 개발되고 있다. 생태교육 프로그램은 20세기 산업문명의 발달로 인해 자연 생태계가 파괴되고 이로 인해 지구 온난화와 오존층 파괴, 수질오염, 생물 종의 감소, 환경 호르몬 폐해 등 자연 파괴 현상이 나타나고 있는 생태 문제를 고민하는 데서 출발했다(박찬옥 외, 2018). 이에 따라 프로그램의 목적은 인간과 자연은 분리할 수 없는 공생관계로 자연을 접하고 경험한 영유아에게 있어서 자연은 하나의 생명이며, 자연과 인간은 하나라는 의식을 갖게 된다. 영유아는 자연환경에 대한 긍정적인 태도와 가치를 획득하게 되어 삶의 질을 높이며, 성인까지의 삶 전체에 영향을 미치게 되어 궁극적으로 몸과 마음과 영혼이 건강하고 행복하도록 하는 데 목적을 두고 있다. 다문화 교육 프로그램은 영유아기부터 성, 인종, 장애, 문화, 민족 등의 차이점을 인정하고 존중하며 인간의 다양성을 수용하고 편견에 대응할 수 있는 능력을 길러 주기 위한 프로그램이다. 다문화 교육 프로그램은 문화의 다양성을 존중하고 세계 공동체를 위한 역할을 수행하는 것을 목적으로 하며 문화, 편견, 협력, 평등성, 다양성, 정체성 형성 등이 주요 내용으로 이루어진다(김영옥, 2002). 특히, 최근 다문화 가족에 대한 영유아를 위한 프로그램 개발에 대한 관심이 증가되고 있으며, 이들의 문화를 이해하고 반영하여 삶의 중요성과 태도를 기르기 위한 프로그램 개발이 요구된다. 장애영유아 통합프로그램은 장애영유아가 정규학급에서 일반 영유아들과 함께 교육받는 것으로, 장애영유아가 동일한 소속감과 동등한 가치를 인정받고 동등한 선택과 자유를 가질 수 있는 권리를 가지는 것을 의미한다. 장애영유아 통합프로그램은 장애영유아가 가진 개별적 욕구를 기초로 전문화된 특수교육 프로그램의 지원이 함께 이루어지도록 구성한다(문연심, 2019).

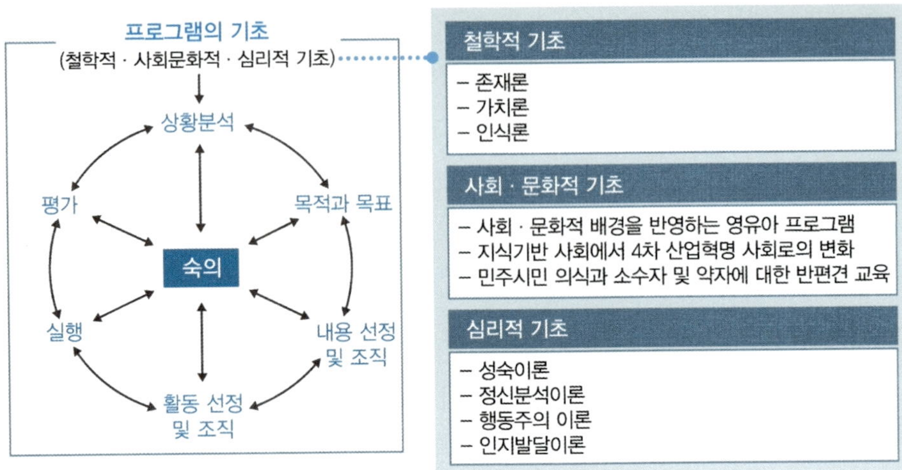

출처: 서영숙 외(2019).

그림 1-16 영유아 프로그램 개발의 기초

CHAPTER 02

영유아 프로그램의 개발

영유아를 위한 교육 프로그램을 개발하기 위해서는 프로그램 개발이 어떤 의미인지, 어떤 과정을 거쳐 프로그램이 개발되는지, 프로그램을 개발할 때 고려해야 할 점은 무엇인지 등을 이해하는 것이 우선되어야 한다. 프로그램 개발이란 영유아의 발달에 적합한 것이어야 하며, 영유아의 경험과 관련이 있고, 영유아의 관심을 포함하는 교육내용을 체계적이고 지속적으로 운영할 수 있는 과정이다. 따라서 영유아 프로그램 개발은 명확한 교육 의도를 가지고 교육목표 선정, 교육내용과 방법의 선택과 실천, 평가의 총체적인 과정을 거치는 것을 의미한다.

영유아 프로그램 개발 절차는 요구분석, 설계, 개발, 실행, 평가로 이루어진다. 또한, 영유아 프로그램 유형은 대상별, 시간별, 장소별, 운영 주체별 유형에 따라 구분된다. 본 장에서는 영유아 프로그램 개발의 개념, 구성체제와 절차, 프로그램 유형에 대하여 살펴보고자 한다.

1. 영유아 프로그램 개발의 개념

영유아 프로그램이란 영유아를 대상로 어떤 목적이나 활동을 추진하기 위한 계획으로서 특정 목적 및 목표 달성을 위해 수단이 되는 내용과 활동을 일정한 원리에 의해 체계적으로 배열하고 조직하는 것이다(김수영 외, 2019).

프로그램 개발은 프로그램을 구성함에 있어서 그 과정 및 절차가 어떻게 진행되어야 하는가를 결정하는 과정과 관련된다. 누가 프로그램에 참여하는가? 프로그램의 설계와 방향은 어떠한가? 프로그램 구성에 어떤 절차가 사용될 것인가? 이러한 질문들은 프로그램 개발과정에 초점을 맞추고 있다(김진규, 2015).

영유아 프로그램 개발에서 고려해야 할 사항은 다음과 같다(신재한, 2010).

첫째, 프로그램의 대상자를 고려해야 한다.

영유아의 발달 특성을 이해하고, 발달에 적합한 프로그램 내용과 방법 등을 고려해야 한다.

둘째, 프로그램 대상자의 환경 및 요구에 적합해야 한다.

영유아의 문화와 인적 환경을 파악해야 한다. 부모의 인식, 요구, 직업, 학력, 관심도 등은 프로그램 개발의 중요한 요인이며, 이러한 정보는 프로그램 내용과 방법에 많은 영향을 미친다.

셋째, 프로그램의 목적을 분명하게 한다.

각 프로그램의 특성과 목적을 성취하기 위하여 각 프로그램의 독특성을 확보하고 신장시켜 나가는 것이 중요하다. 프로그램의 목적이 구체적으로 평가 가능할수록 프로그램 운영이 효율적이다. 예를 들어, 유아 인성 프로그램은 그 목적이 분명하다. 유아의 인성을 신장시키는 목적을 가지고 프로그램을 운영하며 그 결과를 산출하기 때문이다.

넷째, 프로그램 개발은 계획－실행－평가에 관련되는 모든 요소를 체계적으로 분석하고 통합 · 수렴하는 종합적인 과정이어야 한다. 프로그램의 계획－실행－평가의 과정을 효율적이고 합리적으로 운영하기 위해 개발의 과정은 통합적으로 분석하고 조직하며 운영해야 한다.

다섯째, 프로그램 개발은 현재 우리가 당면하고 있는 교육의 문제해결을 추구하여 미래보다 나은 교육을 위한 혁신의 과정이어야 한다.

생태교육 프로그램, 장애영유아 통합프로그램, 유아 인성 프로그램, 반편견 프로그램, 숲 체험 프로그램 등 현재 프로그램에 대한 새로운 시도 및 관점은 교육 프로그램을 다양화할 수 있다.

여섯째, 프로그램 개발은 참여하는 사람들 간의 합의와 협의를 거쳐 이루어져야 한다.

프로그램 개발에는 전문가－학부모－교사－유아 등 여러 분야의 전문가와 이해 관계자들의 협동적인 의사결정이 필요하다. 학부모의 요구도 조사, 유아의 현재 발달 상태 및 개별적 특수성, 교사의 요구도 조사, 전문가의 프로그램 개발을 위한 자문 등의 다양한 합의 및 협의가 이루어진다.

일곱째, 지역사회의 특성을 반영해야 한다.

지역사회의 특성에 따라 활동의 내용과 방법이 달라진다. 영유아는 주변의 환경에 민감하게 영향을 받는다. 따라서 영유아 프로그램은 지역사회의 문화와 환경에 영향을 받는다.

2. 영유아 프로그램 개발 절차

1) 프로그램 개발 모형

영유아 프로그램 개발은 어떤 목적으로 누구를 위해 무엇을 어떻게 가르칠 것인가에 대해 설계한 후 실행을 거쳐 목표에 따른 실행과 달성 여부를 살펴보는 것이다.

타일러(Tyler)는 프로그램의 개발과정 및 절차, 교육 현장에 어떻게 적용되어야 하는가에 대하여 처음으로 종합적인 이론적 모형을 제시하였다. 타일러는 개발 모형이 다음의 네 가지 기본적 질문을 다루어야 한다고 제안하였다(신재한, 2010).

첫째, 성취해야 할 교육목적은 무엇인가?
둘째, 이러한 목적을 달성하는 데 유용한 학습경험을 어떻게 선정할 수 있는가?
셋째, 효과적인 교수를 위해 학습경험은 어떻게 조직할 수 있는가?
넷째, 학습경험의 효과성은 어떻게 평가할 수 있는가?

타일러가 학습자의 학습경험을 중요하게 생각하는 것은 듀이의 아동중심 교육관의 영향을 받았으며, 학습경험을 선정-조직-평가하는 일련의 과정은 실용주의적 관점으로 해석된다. 타일러는 교육목표를 달성하기 위해서 교육목표를 체계화시켜 제시하고자 노력하였으며, 학생들의 흥미와 요구를 아는 것인 무엇보다도 중요하다고 하였다. 타일러는 학습자의 요구, 사회의 요구, 교과 및 교과 전문가의 요구나 견해에 따라 교육목표를 설정하고, 철학 및 학습심리적 요구에 의해 교육목표 설정-교육내용의 선정 및 조직-교육내용의 전개-학습 결과의 평가로 프로그램을 운영한다.

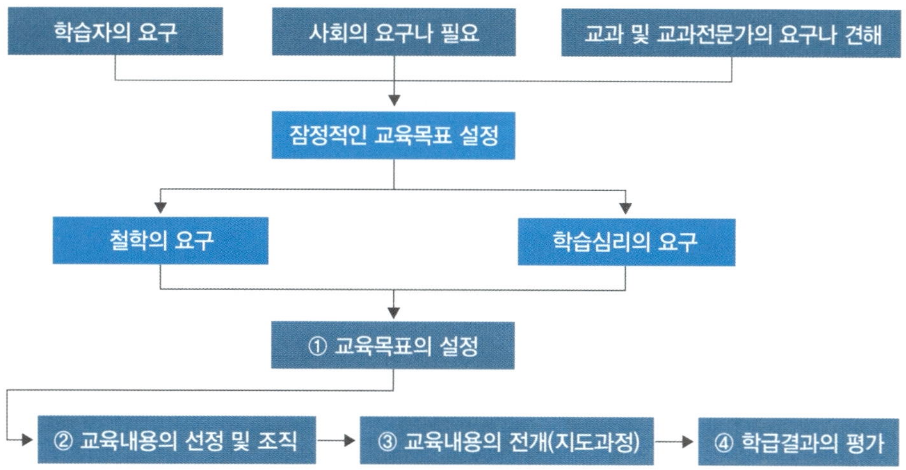

출처: 하정연 외(2017).

그림 2-1 타일러의 교육과정 개발모형

머레이 프린트(Print, 1993)는 프로그램 개발 절차를 어떠한 순서로 개발하느냐에 따라 모형을 구분하였다. 프로그램의 목표에 따라 일관성 있는 학습경험을 선정하고 조직하여 평가하는 순서가 엄격하게 지켜지는 합리적/목표모형, 각 개발의 순서가 순환되어 평가의 내용에 근거하여 또 다른 목표가 설정될 수 있는 순환적 모형, 그리고 각 개발의 순서가 중간평가를 거치면서 역동적으로 융통성을 갖는 역동적/상호작용적 모형으로 구분하였다.

표 2-1 머레이 프린트의 교육과정 개발 모형

구분	내용
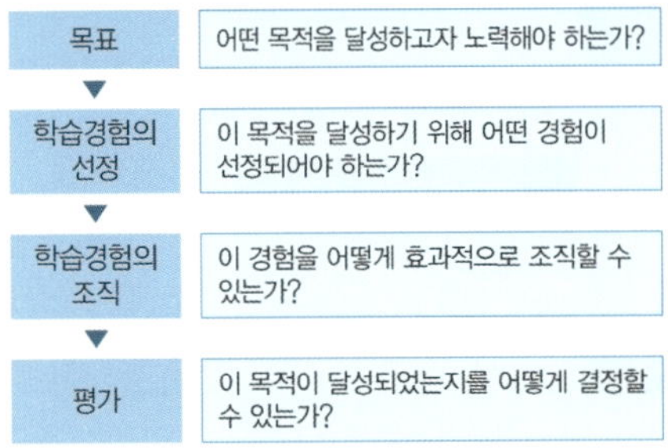 합리적/목표모형	개발과정이 단순하며 논리적이고 계열적이다. 개발된 프로그램에서 달성해야 할 목적과 목표가 매우 중요하며, 이를 기준으로 교육경험의 선정 및 조직, 평가의 과정을 체계적으로 진행한다.
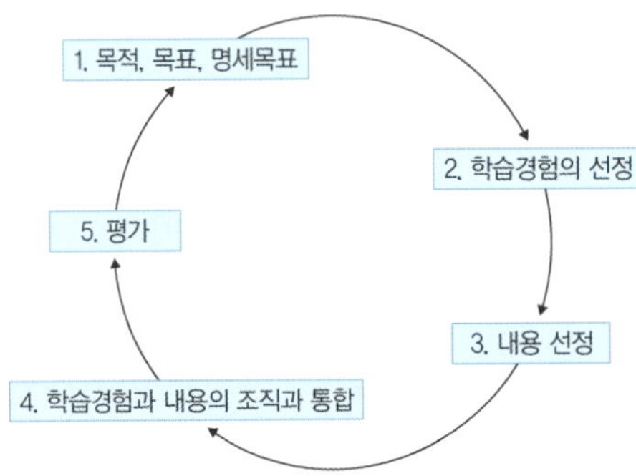 순환적 모형	합리적/목표 모형을 발전시킨 것으로, 목적 및 목표를 세우고 이를 위한 학습경험을 선정하고 내용을 조직 및 통합한다. 마지막에 목표 성취에 대한 평가를 실시한 후 이 결과를 목적 및 목표에 반영하여 개발과정이 반복, 순환된다. 이 과정에서 상황의 변화 및 교육현장의 특성이 적용 가능하다.
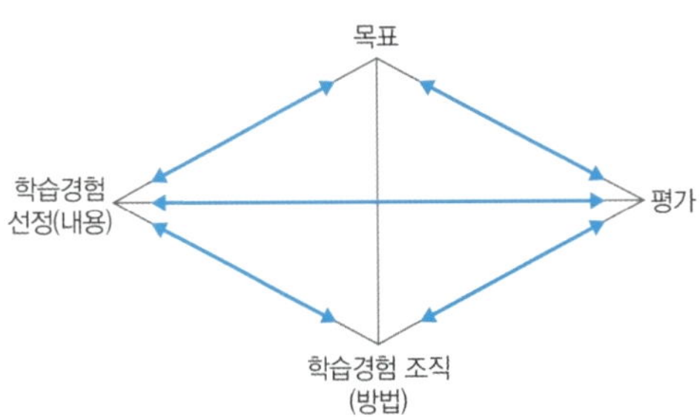 역동적/상호작용적 모형	모형은 개발 요소의 시작점이 정해져 있지 않고, 개발자가 지각한 문제점의 단계에서 모형을 시작할 수 있고, 각 단계를 결합하여 운영할 수 있다. 이로 인해 교육상황과 긴밀히 상호작용하면서 프로그램이 개발된다. 따라서 문제 또는 요구사항 발견 시 개발 시작이 가능하여 융통적이고, 창의적이며 현장 반영이 가능하여 활용성이 높다.

출처: 이영자 외(2017) 재구성.

영유아 프로그램 개발을 위하여 앞의 모형 중 한 가지를 선택해야 하는 것은 아니다. 각 모형의 강점과 약점을 파악하여 보다 효과적인 프로그램 개발 자료로 활용하면 된다. 명확한 목적 및 목표 수립, 교육경험의 선정과 조직의 체계성, 현장 적용성을 높이기 위해 요구도 조사 및 수용 등 각 요소에 대한 민감한 접근이 필요하다(이영자 외, 2017).

2) 프로그램 개발 절차

영유아 프로그램 개발은 철학적, 사회문화적, 심리학적 기초에 따라 인적자원이 구성되면 요구 분석, 교육목표 및 목적설정, 설계, 실행, 평가와 피드백 과정 절차를 거쳐지면서 새로운 프로그램이 개발되어진다.

단계	과정	주요내용
1단계	철학적, 이론적 기초 결정	아동중심 교사주도 상호작용주의 사회문화적 기초 반영
2단계	인적자원 구성 및 조직	교사, 원장, 지역사회인사, 유아교육 전문가 및 행정가, 부모, 영유아
3단계	요구분석	영유아, 부모, 기관, 국가
4단계	설계	목적 및 목표 설정, 내용 선정과 조직, 교수 · 학습방법 결정, 평가도구 제작
5단계	구성 및 실행	교육계획안 및 환경구성, 교재교구 개발, 실제 적용 및 운영
6단계	평가 및 피드백	1~5단계에 대한 평가, 평가결과에 대한 추후 반영 정도

출처: 이영자 외(2017).

그림 2-2 영유아 프로그램 개발 절차

(1) 철학적, 사회문화적, 심리학적 기초의 결정

영유아 프로그램의 기본방향, 이론적 근거를 결정짓는 과정으로 철학적, 사회문화적, 심리학적 이론의 기초에 따라 영유아의 존재나 심리학적 특성에 대한 이해가 달라질 수 있다. 이러한 기초는 프로그램의 목표설정이나 설계, 실행, 평가 전반에 걸쳐 일관성 있게 유지되어야 한다.

영유아 프로그램 개발 시 국가수준의 교육과정에 근거해 각 기관의 특성이나 지역과의 관계, 기관의 철학적, 사회문화적, 심리학적 배경을 고려하여 일관성 있는 내용과 교수방법을 개발해야 한다. 개발된 영유아 프로그램은 수시로 실행에 대한 평가로 수정 · 보완 작업을 실시하며, 즉각적인 요구에 대한 수용이 가능해야 한다.

(2) 인적자원의 구성 및 조직

영유아 프로그램 개발에서 우선적으로 고려되어야 할 요소는 개발을 담당한 인적자원을 선정하고 조직하는 일이다. 인적자원 선정은 프로그램 개발에 주도적인 입장을 갖고 있는 사람이 프로그램의 필요성, 성격, 목표 등을 세심히 파악하고 이에 맞는 사람을 선정해야 한다. 영유아 프로그램에 참여하는 인적자원은 유아교육 전문가, 유아교육 행정가, 원장, 교사, 학부모, 지역사회 인사 등으로 구성되며, 서로 나은 역할을 협력적으로 담당하게 된다.

개발 담당 인적자원으로 구성된 사람들은 기관의 목적에 알맞은 양질의 프로그램을 위해 '계획－실행－평가'하는 과정에서 주도적인 역할을 한다.

조덕주(1999)는 어떠한 인적자원이 주체가 되어 영유아 프로그램을 개발하느냐에 따라 3가지 모형으로 구분하였으며, 기관의 영유아 프로그램 개발 목적에 따라 모형이 달라질 수 있다.

표 2-2 프로그램 개발 모형

유형	개발주체	기본접근	제한점
연구 · 개발 · 확산모형	국가	• 중앙의 연구개발센터에서 새로운 교육과정을 개발하고 이렇게 개발된 교육과정을 실제 이용자인 교사들에게 체계적으로 확산시켜 나가는 접근 예) 누리과정, 표준보육과정	• 국가 사회적인 요구, 학문적 발달에 의한 요구 등에 기초한 경우가 많아 실제적인 현장의 문제 해결을 위한 요구 수용이 어려움 • 현장에서의 실효성 제한
학교중심 모형	교사 또는 원장	• 연구 · 개발 · 확산모형의 반대 모형 • 직접 교육을 담당하고 있는 교사들이 개발하여 자율적인 적극적 참여가 가능하므로 교육적 실천 및 효과 극대화 예) 교사학습공동체	• 경험 많은 교사들은 영유아에 대한 발달 및 개인차에 대한 융통성 있는 판단하에 활동을 계획하고 진행하기 수월하나 초보교사들에게는 제한적
협력적 모형	국가와 교사	• 위 두 모형의 절충안 • 프로그램을 개발하는 집단과 프로그램을 현장에 적용, 실행하는 교사 및 행정가들이 공통의 가치를 위해 연구, 개발, 보급 등의 과정에 함께 협력하는 모형	• 교사들은 여러 가지 자율장학 등을 통해 교사들 간의 그리고 중앙과의 적극적 상호작용이 필요함

출처: 조덕주(1999).

(3) 요구분석

요구분석이란 프로그램의 수혜자가 될 대상의 요구를 알아보고 프로그램 구성에 반영하기 위한 과정이다. 영유아 프로그램 개발에 있어서 요구란 유아교육 전문가, 원장, 교사와 영유아의 가정환경 및 부모의 요구와 현장 요구를 객관적이고 합리적인 방식으로 조사하여 프로그램 개발 시 반영하는 과정이다. 이들의 요구를 분석하기 위해서는 관찰, 면접, 설문조사 등의 방법을 활용하여 자료를 수집하고 이를 체계적으로 분석해 봄으로써 프로그램이 나아가야 할 방향을 잡게 된다. 요구를 분석한다는 것은 요구를 바탕으로 실제 프로그램에서 어떤 것을 실행하고 가르쳐야 할 것인지에 관한 것을 분석하는 것이다. 요구분석 단계에서는 프로그램 수혜자의 요구와 그 요구를 바탕으로 한 가르칠 내용에 대해 분석하는 과정도 포함된다.

영유아 프로그램 대상자의 요구 파악 결과만을 전적으로 수용하여 프로그램이 개발되어야 한다는 것은 아니다. 영유아 교육기관의 교육 방향 및 철학적 기초와 더불어 보다 효과적인 실행을 위해 대상자에 대한 요구를 조사하여 반영한다. 이렇게 반영된 프로그램은 영유아 교육기관에 적용 가능하고 실제 효율성을 거둘 수 있을 것이다.

이렇게 요구분석이 되었다면 이를 바탕으로 프로그램의 목표와 내용은 영유아의 연령별, 수준별, 개인별 특성을 반영하고 있는지, 목표와 내용에 관해 원장과 교사 간 합의가 이루어졌는지 등을 고려하여 신중하게 검토되어야 한다(박찬옥 외, 2018).

표 2-3 대상에 따른 요구분석 내용

대상	요구분석 내용
국가	유아교육 정책방향, 누리과정, 표준보육과정
기관	원장 및 교직원들의 교육철학과 신념, 기관의 물리적, 사회적 환경 여건(운영 형태, 인적자원 여부 등), 지역사회 실정
부모	양육신념 및 태도, 유아교육기관에 대한 요구도, 영유아의 발달에 대한 정보
영유아	발달적 특성 및 개인차, 생활환경, 사회 · 문화적 배경

(4) 설계

설계는 요구분석 내용을 토대로 교육내용과 목표를 설정하여 이에 적합한 교수 · 학습 방법을 설계하는 과정이다. 영유아 프로그램 설계 시 의미 있는 지식은 무엇인지, 이 지식을 어떻게 통합해 나가는 것이 바람직한지 방향을 정하게 된다.

① 프로그램 목적과 목표

목표는 목적을 보다 구체적으로 심화시킨 것이다. 목적이 교육의 방향 또는 중점을 지극히 일반적이고 포괄적으로 진술한 것이라면, 목표는 실제 프로그램에서 무엇을 다루어야 하고, 어떠한 것에 우선 순위를 두어야 하며, 어떠한 내용을 선정하고, 어떠한 학습경험을 강조하여 무엇을 성취해야 하는지 구체적인 행동 지침을 제시해 주는 것이다. 목적이 가치 규범적인 것이라면 목표는 구체적인 행동 형성을 위한 수단이며, 목표란 목적보다 성취해야 할 도달점을 보다 구체적으로 보여 주는 것으로 프로그램을 통해 기대하는 교육의 성과를 의미한다(유광찬, 2009). 프로그램의 목표설정은 교육내용의 개관, 교수 절차의 개발, 평가의 기준이 되는 중요한 요소이므로 프로그램의 설계에서 가장 먼저 제시되어야 한다.

목적과 목표 선정은 영유아 프로그램 구성의 기본방향이나 철학적, 사회 · 문화적, 발달적 관점을 적용하여 구성하는 것이다. 영유아의 발달상의 욕구나 특성, 부모 · 지역사회의 요구와 기대 등을 반영하여 일관성 있고 통합된 교육목표를 설정한다.

목적과 목표는 서로 연관성을 가져야 하며 목표설정의 원리는 다음과 같다(이성호, 2009).

- 목표설정은 여러 가지 관련된 맥락에서 충분히 검토하여 많은 사람들이 합의하는 목표로 진술되어야 한다. 특히, 그 목표를 읽는 모든 사람이 똑같은 의미로 이해하고 해석할 수 있어야 한다.
- 목표는 교육이념, 목적 등과 관계되어야 하며, 교수 · 학습 활동의 방향을 제시해 줄 수 있을 만큼 충분히 구체화되고 정확하고 포괄적으로 진술되어야 한다.
- 목표는 학습자들에게 현재의 삶에서 있어서도 또 미래의 삶에도 가치 있는 필수적인 것으로 진술되어야 한다.
- 목표설정은 교수 · 학습 활동 이전에 사전 계획으로 설정되어야 하되, 교수 · 학습 활동 과정에서 생성되는 새로운 목표들을 수용할 수 있을 만큼 융통성이 있어야 한다.
- 목표설정은 논리적으로 조직화된 응집성을 견지하여야 하며 주기적으로 재검토될 수 있어야 한다.
- 목표설정은 외현적 · 내현적 두 가지 측면 모두의 행동 변화를 충분히 고려하여야 하며, 양적인 수준과 질적인 기준을 모두 포용하여야 한다.

- 목표설정은 다양성을 근간을 하여, 영유아 개개인의 능력과 수준에 맞아야 하며, 개별 영유아의 독특성과 자유로운 탐색을 최대한 신장시킬 수 있도록 하여야 한다.
- 목표설정은 교육활동 자체는 물론 영유아의 성장과 발달 평가에 절대적인 기준으로 작용할 수는 없다. 누가적, 잠재적, 표현적, 부차적, 장기적인 학습 결과 또는 학업 성취가 있음을 고려해야 한다.

② 내용 선정 및 조직

내용 및 활동은 영유아의 연령과 발달적 특성을 이해해 교육내용을 선정하고 조직한다. 설정한 목표를 달성하기 위해서 내용 및 활동은 흥미 존중, 타당성, 학습 가능성, 중요성 등과 같은 원리를 고려하여 구성해야 한다. 영유아 프로그램의 내용 및 활동을 언제, 어디서, 어떻게 전개할 것인가를 알기 쉽게 교수 방법을 선정하고 조직해야 한다.

영유아 프로그램 내용 및 방법 구성 시 고려할 사항은 다음과 같다(문연심, 2019).

- 기관의 교육과정 분석

  유아교육기관 교육목표 및 특색사업, 교육과정 편성 · 운영의 기본방향, 교육과정 편성 · 운영 지침, 영역별 교육중점, 지도내용, 지도방법, 평가방법 등을 고려해야 한다.

- 영유아 프로그램 요구 반영

  유아의 흥미와 관심, 요구, 필요사항 조사, 지역실태 분석, 학부모의 요구, 교사의 지도능력, 국가수준 교육과정, 유아교육기관 및 학급의 자료, 교재 · 교구, 기본 시설 등 교육여건을 고려한다.

- 영유아 프로그램의 기본방향 설정

  영유아 교육기관의 목표 및 프로그램 운영방침, 영역별 구체적 목표설정 및 교육의 중점사항, 특색사업을 고려한다.

- 영유아 프로그램의 평가영역 설정

  영유아 발달 평가항목 설정, 교수-학습 지도방법 평가, 내용 및 방법 설정, 영유아 프로그램 운영 평가방법 설정, 교사의 자기평가 내용 및 방법 설정 등이다.

③ 개발과정에 대한 평가 및 피드백

개발과정에서 평가와 피드백을 하는 것은, 개발자의 선정에서부터 프로그램의 내용 및 활동을 조직하는 데 이르기까지 개발과정들을 검토하여 수정할 부분들을 발견하면 최종 선정 이전에 재구성하는 단계이다. 개발과정에 대한 평가는 개별 요소, 과정별 일관성, 연계성에 대한 평가도 이루어져야 한다. 이러한 과정을 거치는 것은 영유아 프로그램의 실제 적용 이전에 개발 자체에 대한 평가과정으로 프로그램 개발의 융통성을 고려하기 위한 요소이다.

(5) 구성 및 실행

영유아 프로그램에 대한 설계를 마치면 교재와 교구, 활동 계획안, 환경구성 방안 등을 개발해야 한다. 영유아의 발달적 특성 등의 요구를 반영하고 프로그램 내용을 잘 전달할 수 있도록 개발된 교재교구와 환경은 교사나 영유아 모두 활동에 적극적으로 참여할 수 있는 요소가 된다.

프로그램 실행은 요구분석을 거쳐 개발한 프로그램을 영유아 교육현장에서 실행하는 단계이다. 실행되는 교육활동은 개발된 프로그램의 목표를 구현하여야 하며, 개발된 내용이 설계된 방법에 따라 잘 전달되어 영유아의 흥미를 이끌 수 있어야 한다. 프로그램 실행자는 과정 중에 개발된 프로그램의 목표가 대상자의 요구를 잘 반영했는지, 내용과 활동 등이 적절한지 등에 대한 검토가 이루어져야 한다(박찬옥 외, 2018).

(6) 평가

프로그램 실행을 마치고 나면 프로그램의 효율성, 목표설정, 내용 및 방법의 적절성, 전달 방법의 문제, 영유아 발달 특성을 고려하여 평가했는지, 기관 내 프로그램의 설계에 대한 협의, 프로그램 설계가 영유아 교육현장의 이해와 실행에 적절하도록 조직화 되었는지를 평가해야 한다. 이러한 평가 결과는 다시 목표설정과 내용 및 방법에 반영되어 프로그램 설계를 재구성하게 된다.

평가에서는 프로그램 개발과정에서 대상자와 개발자의 요구를 다각적으로 조사했는지, 이에 근거한 목적과 내용, 방법, 실행 등에서 얼마나 적절하고 효과적이었는지 확인할 필요가 있다. 이러한 내용을 토대로 전 단계의 내용을 수정하는 데 기초자료를 얻기 위한 절차가 평가이다(이영자 외, 2017).

3. 영유아 프로그램 개발 유형

영유아 교육기관은 유치원과 어린이집으로 구분된다. 유치원과 어린이집 프로그램 유형은 설립 주체, 대상 연령, 운영시간, 프로그램 내용 등에 따라 분류할 수 있다. 구체적으로 제시하면 다음과 같다.

1) 설립 주체에 따른 구분

영유아 프로그램은 국가, 법인, 개인, 직장 등의 설립 주체에 따라 구분할 수 있다.

(1) 유치원

「유아교육법」 제2조에 의하여 유아란 만 3세부터 초등학교 취학 전 어린이이며, 유치원이란 유아의 교육을 위하여 이 법에 따라 설립 · 운영되는 학교를 말한다(「유아교육법」 제12336호, 2014. 1. 26. 일부개정). 「유아교육법」 제7조에 의하면 유치원은 국립유치원, 공립유치원, 사립유치원으로 구분된다(2010. 3. 24. 개정).

① 국공립유치원

국가가 설립 경영하는 유치원이다.

② 공립유치원

지방자치단체가 설립 경영하는 유치원으로 설립 주체에 따라 시립유치원과 도립유치원으로 구분할 수 있다.

③ 사립유치원

법인 또는 사인이 설립 경영하는 유치원을 말한다.

(2) 어린이집

어린이집은 보호자의 위탁을 받아 영유아를 보육하는 기관이다(「영유아보육법」 제2조 제3호 및 제4호). 어린이집 이용 대상은 취학 전 만 6세 미만의 영유아를 원칙으로 하며, 필요한 경우 어린이집 원장은 만 12세까지 연장하여 보육할 수 있다(「영유아보육법」 제27조). 어린이집은 국공립어린이집, 사회복지법인어린이집, 법인 · 단체 등이 운영하는 어린이집, 직장어린이집, 가정어린이집, 부모협동어린이집, 민간어린이집이 있다(「영유아보육법」 제10조).

① 국공립어린이집

국공립어린이집은 상시 영유아 11인 이상을 보육할 수 있으며 국가와 지방자치단체가 설치 · 운영(위탁운영 포함)하는 어린이집을 말한다(「영유아보육법」 제10조 제1호). 국가나 지방자치단체는 설치된 국공립어린이집을 법인 · 단체 또는 개인에게 위탁하여 운영할 수 있다(「영유아보육법」 제24조 제2항).

② 사회복지법인어린이집

사회복지법인어린이집은 「사회복지사업법」에 따른 사회복지법인이 설치 · 운영하는 어린이집으로 상시 영유아 21인 이상을 보육할 수 있다(「영유아보육법」 제10조 제2호).

③ 법인 · 단체 등이 운영하는 어린이집

법인 · 단체 등이 운영하는 어린이집은 각종 법인(사회복지법인을 제외한 비영리법인)이나 단체 등이 설치 · 운영하는 어린이집으로서 다음의 어느 하나에 해당하는 어린이집을 말한다(「영유아보육법」 제10조 제3호 및 「영유아보육법 시행령」 제18조의 2).

- 「유아교육법」, 「초 · 중등교육법」 및 「고등교육법」에 다른 학교법인이 설치 · 운영하는 어린이집
- 종교단체가 설치 · 운영하는 어린이집
- 「산업재해보상보험법」에 따른 근로복지공단이 설치 · 운영하는 어린이집
- 「영유아보육법」 제21조 제2항 제2호에 따른 교육훈련 시설이 설치 · 운영하는 어린이집
- 위에서 제시하는 어린이집에 준하는 어린이집으로서 보건복지부 장관이 정하는 어린이집

④ 직장어린이집

사업주가 사업장의 근로자를 위하여 단독 또는 공동으로 사업장 내 또는 그에 준하는 인근 지역과 사원 주택 등 사업장 근로자 밀집 거주 지역에 설치·운영하는 어린이집을 말한다(「영유아보육법」 제10조 제4호 및 제14조 제1항). 영유아 11인 이상을 보육하는 시설이다.

「영유아보육법 시행규칙」 제9조 및 별표 1에 의하면 상시 여성 근로자 300명 이상 또는 근로자 500명 이상을 고용하고 있는 사업장의 사업주는 직장어린이집을 설치하여야 한다.

국가 또는 지방자치단체의 장이 소속 공무원을 위하여 설치·운영하는 어린이집은 직장어린이집으로 분류된다(「영유아보육법」 제10조 제4호).

⑤ 가정어린이집

가정어린이집은 개인이나 가정 또는 그에 준하는 곳에 설치·운영하며, 상시 영유아 5인 이상 20인 이하를 보육하는 어린이집을 말한다(「영유아보육법」 제10조 제5호).

⑥ 부모협동어린이집

보육 영유아를 둔 보호자들 11명 이상이 조합을 결성하여 설치·운영하는 어린이집을 말한다(「영유아보육법」 제10조 제6호, 「영유아보육법 시행규칙」 제9조 및 별표 1).

⑦ 민간어린이집

민간어린이집이란 국공립, 법인, 직장, 가정, 부모협동어린이집이 아닌 어린이집을 말한다(「영유아보육법」 제10조 제7호).

2) 연령에 따른 구분

영유아의 연령에 따라 영아 프로그램과 유아 프로그램으로 구분된다.

보육프로그램은 만 1세 미만 영아 프로그램, 만 1, 2세 영아 프로그램으로 구분되고 유아 프로그램은 만 3세~5세를 대상으로 한다.

3) 운영시간에 따른 구분

프로그램의 운영시간은 영유아의 가정, 지역 사회의 요구에 따라 결정되어진다.

유치원의 경우 「유아교육법」(2014)에 의하여 반일제와 방과후 과정으로 구분된다. 어린이집의 경우 「영유아보육법」(2020)에 의하여 기본보육과 연장 보육으로 구분된다. 기본보육은 오전 9시~오후 4시까지 운영되며 어린이집 모든 영유아에게 적용되고, 연장 보육은 오후 4시~오후 7시 30분까지 운영되며 돌봄이 더 필요한 영유아에게 적용된다. 그 외 24시간 어린이집, 일요일이나 공휴일에 보육하는 어린이집도 있다.

4) 특수요구에 따른 구분

(1) 장애통합 프로그램

장애아에 대한 보육은 「장애인복지법」 제32조에 따라 장애인으로 등록된 영유아 등에게 보육서비스를 제공하는 것을 말한다(「영유아보육법」 제26조 제3항 및 「영유아보육법 시행규칙」 제28조 제1항 제2호). 「장애인 등에 대한 특수교육법」 제2조 제6항에 의하면 통합보육이란 특수교육대상자가 일반학교에서 장애 유형 · 장애정도에 따라 차별을 받지 아니하고 또래와 함께 개개인의 교육적 요구에 적합한 교육을 받는 것을 말한다. 즉, 장애영유아 통합보육은 유치원이나 어린이집 등의 기관에서 장애영유아와 비장애영유아를 함께 교육하는 것을 의미한다. 이는 장애영유아와 비장애영유아에게 같은 교육기관에서의 소속감을 부여하고 동등한 가치를 인정하며 동등한 선택의 자유를 누릴 수 있게 하는 것이다.

(2) 다문화 혼합 프로그램

「영유아보육법」 제26조, 「다문화가족지원법」 제2조 제2호에 따라 다문화 가족의 아동 등에 대한 보육을 우선적으로 실시하여야 한다. 국가와 지방자치단체는 다문화 가족 구성원인 아동의 초등학교 취학 전 보육과 교육의 지원을 위하여 노력하고 방과후 프로그램을 지원할 수 있으며, 언어능력 제고를 위하여 필요한 지원을 할 수 있다고 명시하였다(「다문화교육지원법」 제10조 개정).

PART 2

국내 · 외 영유아 프로그램

CHAPTER 03

프로젝트 접근법

본 장에서는 국내 · 외 다양한 영유아 프로그램을 살펴보고자 한다.

1. 프로젝트 접근법의 배경

프로젝트 접근법은 20세기 초 진보주의 교육과 통합보육과정 원리를 강조한 듀이의 실험학교를 통해 본격적으로 연구되기 시작했다. 듀이는 1886년 세워진 자신의 실험학교에서 아동은 진정으로 흥미 있어 하는 문제를 탐구하게 되면 스스로 탐구하고 사고하는 방법을 배울 수 있다는 교육적 신념을 가지고 프로젝트를 수행하면서 문제를 해결해 나가는 형식의 교육과정을 도입하였다. 이론에 영향을 받은 킬패트릭(Kilpartrick, 1919)은 1919년 컬럼비아 대한 논문집에 '프로젝트 방법(Project Method)'

을 발표하면서 프로젝트 이론을 체계화하였다. 그러나 프로젝트 접근법은 듀이의 철학에 대한 잘못된 이해와 유아의 흥미와 자유에 대한 잘못된 해석, 무계획적이고 단편적이며 통일성이 부족한 교육과정이라는 이유로 1950년대 학문중심 교육과정이 대두되면서 진보주의와 함께 쇠퇴하였다(문연심, 2019). 1970년대 들어오면서 인간중심 교육과 함께 여러 교육운동이 전개되면서 프로젝트 접근법에 대한 관심이 다시 대두되었다.

프로젝트 접근법은 카츠(Kart)와 차드(Chard)가 1960년대 초반 영국의 유아학교를 참관하고 1970년 대 초 이탈리아의 레지오 에밀리아의 교육과정을 참관하면서 연구되었다. 카츠와 차드의 『Engaging Childen's Mind: The Project Approach』라는 책을 통해 '프로젝트 접근법'이라는 교수 방법이 소개되었다. 이들은 영유아들의 흥미, 지식 경험에 기초하여 지적발달, 사회적 발달을 증진시켜 자발적 놀이와 교사에 의한 체계적인 교수를 통합하고 보완해 주는 균형 있는 교육과정을 운영할 수 있도록 프로젝트 접근법을 제시하였다.

2. 프로젝트 접근법의 목적 및 특성

1) 프로젝트 접근법의 목적

프로젝트란 이상적인 영유아의 관심, 시간, 에너지가 투자될 가치가 있는 한 가지 주제에 대해 한 학급 전체나 학급 내 소집단 또는 개별 영유아에 의해 장기간 심도 깊게 탐구하는 것이다.

프로젝트 접근법에 대한 구체적인 목적은 다음과 같다(하정연 외, 2017).

- 유아의 주변 세계에 대한 이해를 증진시키고 긍정적인 학습 성향을 발전시킨다.
  프로젝트 접근법은 유아들이 자신의 주변 세계에 관심을 가지고 탐색해 나감으로써 학습의 성향을 개발하고 발달시키는 것이 핵심 과정이다.

- 체계적인 교수나 유아들의 자발적 놀이를 통해 학습한 내용을 프로젝트 활동으로 보완하고 강화한다.
  프로젝트 접근법은 기존의 교육과정과의 조화를 이루도록 한다. 기존의 모든 교수활동을 전적으로 대체하는 것이 아니라 놀이주심 또는 교사중심의 교육방법에서 부족했던 점을 보완하거나 절충하는 방법이다.

- 교육기관에서의 학습과 유아의 삶이 분리되지 않도록 교육을 실제 생활과 연결시킨다.
  프로젝트 접근법의 핵심은 유아가 중심이 되어 능동적으로 활동에 참여하는 것으로 모든 주제와 활동이 유아의 실제 삶과 생활 속에서 이루어진다고 본다. 특히, 유아가 살 수 있는 지역의 특성이 반영되며, 지역의 인사나 전문가들이 프로젝트 접근법에 중요한 인적자원이다.

- 집단에 대한 소속감과 공동체 의식의 발달을 돕는다.
  프로젝트 접근법은 유아들이 한 학급의 공동체로서 경험을 하며, 전 과정을 통하여 적극적인 상호작용과 사고의 교류를 통해 공동체 관계를 형성하게 한다. 특히, 토의활동이나 그룹활동을 통한 협력은 서로의 배려와 존중을 쌓을 수 있다.

- 교사가 도전감을 가지고 자신의 일을 수행하며, 유아의 학습에 조정자, 촉진자, 안내자, 조력자의 역할을 한다.
  프로젝트 접근법은 유아만의 흥미와 유아중심으로만 흘러가는 것은 아니다. 프로젝트를 운영하는 교사 또한 흥미와 관심을 가지고 있어야 하며, 유아와의 협의하에 상황에 따라 융통성 있게 대처해 나가야 한다.

프로젝트 접근법에서 유아는 시작 단계부터 마무리 단계까지의 활동 과정 결과물에 대한 평가의 주체가 된다. 유아 자신의 진보를 확인하고 비판적이고 분석하는 사고능력을 기르며, 탐구활동이 이루어진다. 부모 측면에서는 프로젝트 과정에 참여함으로써 유아의 흥미와 진행에 대해 이해하고, 보조교사 및 전문가 등으로 적극적인 참여도 가능하다. 이러한 과정을 통해 영유아 교육기관의 교육을 신뢰하게 되고 평가과정에도 함께 참여하게 된다. 교사 측면에서는 전통적인 체계적 교수법에서의 문제점을 보완하며 영유아의 발달 수준과 개별적인 특성을 이해할 수 있게 된다.

2) 프로젝트 접근법의 특성

카츠와 차드(1989)는 프로젝트 접근법의 특성을 다음과 같이 제시하였다(이정아, 2018).

첫째, 프로젝트 접근법은 학습 내용 선정 방법과 교수-학습 방법을 함께 제시하고 있다.
프로젝트 접근법에서 교수학습 방법은 교사와 영유아의 공동 주도하에 목적, 계획, 실행, 평가의 단계를 거치는 활동 과정이다. 프로젝트의 목적을 달성하기 위해서는 브레인스토밍, 관찰, 표현활동, 교사 안내, 전문가 초빙 및 면담, 현장 견학, 관찰 및 실험 등 여러 가지 방법들이 복합적으로 활용된다. 또한, 학습 내용은 교사가 사전에 선정하는 것이 아니라 활동 과정에서 영유아의 관심을 반영하여 결정하며 프로젝트 진행 과정에서 그 내용이 수정되거나 새롭게 추가되면서 심화 학습이 이루어지게 된다.

둘째, 학습의 영역은 지식, 기능, 성향, 느낌 등 전 영역을 포괄하는 것으로 이들 영역들의 상호 보완적이고 유기적인 관계를 통한 인격적 통합이 강조된다. 예를 들어, 자발적인 내적동기를 가지고 활동에 참여하는 과정에서 유아들은 주제와 관련된 내용을 알고 싶어 하는 성향을 갖게 되어 읽기 기능이 촉진되고, 책을 읽을 수 있는 기능을 습득하게 되면 이것이 다시 알고자 하는 성향을 촉진하게 된다. 즉, 지식, 기능, 성향, 느낌은 독립적으로 발달되는 것이 아니라 상호 순환적이고 유기적인 관계 속에서 영향을 주고받으면서 발전한다.

셋째, 학습 내용이 영유아 개개인에게 유의미한 것이 되어야 한다는 점을 강조한다. 영유아 개개인의 주제에 대한 사전 지식과 경험 등에 큰 의미를 부여하며, 활동의 전 과정에서 교사와 영유아들 간, 영유아와 영유아 간에 적극적인 사고의 교류 및 토의 과정 등 상호작용이 장려된다. 발표나 전시를 위해 영유아들의 작품이나 결과물을 선정하고 평가하는 과정에도 영유아들이 함께 참여함으로써 영유아들의 사고를 확장시키고, 심화학습으로 발전되도록 강조한다.

넷째, 영유아 교육에서 부모나 주변 사람들, 더 나아가 지역사회 구성원들과의 협력적 관계를 강조한다.
특히, 영유아가 속해 있는 가정의 부모와의 연계를 강조한다. 부모는 영유아와 함께 프로젝트 주제에 관한 이야기를 나누거나, 활동에 필요한 자료나 물건을 수집하고 제공해 줄 수 있으며, 필요시에는 전문가로서 함께 활동하고, 프로젝트의 마무리 단계에서는 학습 결과를 유아와 함께 공유하는 역할을 할 수 있다. 또한 지역사회와는 현장 견학뿐만 아니라 여러 가지 자원의 차원으로서 영유아 교육에 대한 책임을 함께 공유해야 한다.

다섯째, 프로젝트 활동의 전 과정을 통하여 교사와 영유아들 상호 간에 적극적으로 사고가 교류될 수 있도록 교사와 영유아들 간의 상호작용, 협동학습이 강조된다. 프로젝트 전 과정인 아이디어 창출, 계획 수립 및 전개, 마무리 단계에 이르기까지 각 영유아들이 가능한 최고 수준의 사고에 이르도록 주변 사람들과 상호 도움을 주고받는 가운데 공동의 목적을 성취하도록 촉진한다.

여섯째, 진행 과정은 시작, 전개, 마무리의 3단계 과정으로 구조화된다.

각 단계마다 중심활동과 과정, 영유아들의 활동 내용이 다르며 이와 유기적인 관계 속에서 교사의 관심과 역할이 달라진다. 유아의 경우 초등학교 아동들의 경우보다 프로젝트 1단계와 3단계의 활동 시간 비율이 높은 것은 유아들의 경우 프로젝트의 시작 단계와 마무리 단계에 많은 교육적 의미를 가지기 때문이다. 프로젝트 접근법이 갖는 구조적 특성으로 인해 교사는 유아들의 흥미와 관심 및 요구에 보다 민감하게 반응하면서 프로젝트 활동을 촉진해 나가는 촉진자로서의 역할을 수행할 수 있다.

3. 프로젝트 접근법의 운영

프로젝트 주제를 선정하고 난 후 프로젝트 실행은 준비 단계, 시작 단계, 전개 단계, 마무리 단계로 진행되며 각 단계마다의 활동은 다음과 같다(김수영 외, 2019).

준비 단계 (계획)	→	시작 단계	→	전개 단계 (탐색과 표상활동)	→	마무리 단계 (전시 및 평가)
• 주제 선정 • 예비 주제망 선정 • 프로젝트 계획안 작성 • 부모 도움 구하기		• 경험 나누기 및 경험 표상하기 • 생각 모으기와 주제망 짜기 • 표현하기 • 질문목록 작성하기		• 관찰 및 실험 • 표상하기 • 현장 견학활동 • 자료 찾기		• 프로젝트 마무리 • 전시 및 평가

출처: 신희의 외(2016).

그림 3-1 프로젝트 접근법의 단계

1) 프로젝트 준비 단계

(1) 주제 선정

주제를 선정함에 있어 고려해야 할 특징은 다음과 같다(서영숙 외, 2019).

- 영유아가 흥미를 보이는가?
- 영유아가 그전에 해 본 활동과 관련이 있는가?
- 영유아의 직접적 탐구가 가능한 것인가?
- 영유아에게 인지적 갈등을 주는가?
- 영유아들이 자기가 살고 있는 세계에 대해 보다 잘 이해할 수 있도록 도울 수 있는가?
- 영유아들이 서로 더 잘 이해하도록 도울 수 있는가?
- 부모나 지역사회와의 의사소통을 촉진할 수 있는가?
- 교사에게도 관심이 있는 주제인가?

다음은 프로젝트 주제를 선정할 때에 교사가 제안하는 경우와 영유아가 제안하는 경우이다(전경화 외, 2009).

교사가 선정하는 경우

- 유아들의 일상생활, 직접 경험과 관련된 친숙한 주제인가?
- 주제와 관련된 직접 경험을 할 수 있는가?
- 다양한 교과 영역을 다룰 수 있는가?
- 유아들 간에 협력의 기회를 제공할 수 있는 주제인가?
- 다양한 표현활동의 아이디어를 제공하는 주제인가?
- 부모와의 의사소통을 촉진하는 주제인가?
- 교사의 입장에서도 관심과 흥미가 느껴지는 주제인가?

유아가 선정하는 경우

- 문제 상황이 주제로 연결되는 경우
- '유아의 자연관찰', '다른 집단의 주제와 관련된 환경'과 같은 유아의 주변 환경에서 유아가 새로운 주제를 발견하는 경우
- 다양한 종류의 대 · 중 · 소집단 활동의 경험이 주제로 연결되는 경우
- '보여 주며 이야기하기'에 소개된 물건이 주제로 연결되는 경우
- 새로운 주제를 결정하기 위한 집단토의에서 주제가 선정되는 경우
- 교사가 준비한 교재나 교구에서 영유아가 새로운 주제를 발견하는 경우
- 방송매체를 통해 알게 된 새 소식, 국가적 행사가 주제로 연결되는 경우
- 교사로부터 특별한 행사에 관련된 정보를 듣고, 이것을 주제로 연결하는 경우

표 3-1 유아가 프로젝트 주제를 제안한 경우의 예

주제명	주제 선정의 유형	주제 선정의 배경	주제 선정 시 교사의 언어적 중재
자	보여 주며 이야기하기	• 소리에 대한 주제가 거의 끝나 갈 때, 한 유아가 '30cm 플라스틱 자'가 소개되었을 때 '자가 만든 소리'보다 '자' 그 자체에 더 많은 관심을 보였다. • 유아들이 자유놀이 시간에 자를 이용하여 자유롭게 여러 가지 물건을 재어 보는 활동을 하였다. • 다음의 주제를 결정하는 시간이 되자, '소리에 대해 더 알아보자'는 의견보다는 '자에 관해 알아보자'는 의견이 더 많았으므로 '자'가 새로운 주제로 결정되었다.	• 교사는 '자'가 좋은 주제가 될 수 있으리라는 판단을 하게 되었다. • 자는 어떤 때 사용하는 거니? • 우리가 그 자를 사용해 보아도 되니?

주제명	주제 선정의 유형	주제 선정의 배경	주제 선정 시 교사의 언어적 중재
벌	문제상황-즉흥적 상황	• 정리하기 시간에 벌 한 마리가 교실로 들어왔다. • 몇 명의 유아가 날아다니는 벌을 보고 "저게 뭐냐? 벌이다!"라고 소리쳤다. • 교사는 교실 안에 있는 유리병을 이용하여 벌을 잡은 뒤, 회상하기 시간에 보여 주었다. 벌을 돌려 보며 관찰하는 동안 벌에 관한 흥미가 매우 고조되었고, 유아들은 교사에게 '벌'에 관한 여러 가지 질문을 계속하였다. • 유아들은 벌에 대해 궁금한 것을 다음 날 더 알아보고자 제안하였다.	• 벌을 발견한 교사는 이야기 나누기 주제 또는 과학활동 자료로서 유용하리라 판단하고 잡기로 하였다. • 집에 갈 시간이 다 되었는데 벌에 대해 궁금한 것이 많은 모양이구나. 어떻게 할까?

출처: 전경화 외(2009).

(2) 예비 주제망 구성

프로젝트 주제를 선정한 후 교사는 브레인스토밍 과정과 유목화 과정을 거쳐 예비 주제망을 작성한다. 교사는 예비 주제망을 작성해 봄으로써 영유아들이 가진 지식과 경험뿐만 아니라 교사 자신의 경험, 지식, 기술, 아이디어 등을 포함하여 점검할 수 있다.

가. 브레인스토밍

해당 주제와 관련하여 머릿속에 떠오르는 생각을 자유롭게 포스트잇 한 장에 한 가지씩 내용을 적는다. 30개에서 50개가 될 때까지 적은 후 비슷한 내용끼리 분류하는 유목화 과정을 거친다.

나. 유목화

브레인스토밍에서 적은 내용을 비슷한 내용으로 분류한다. 단어들을 분류한 후 분류된 내용의 제목을 붙여 본다.

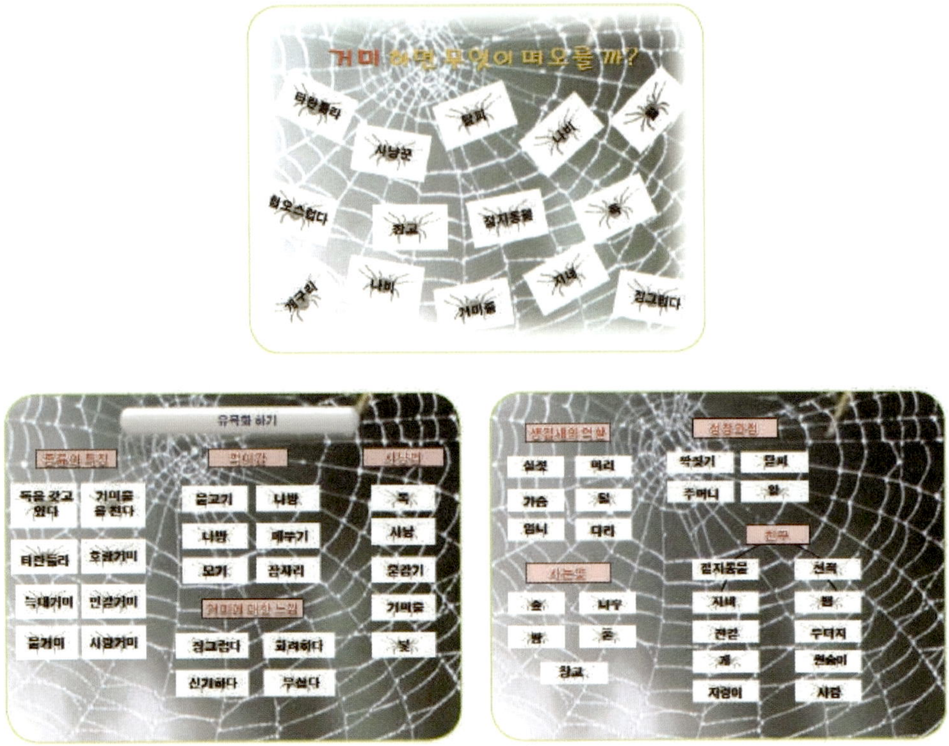

출처: 하정연 외(2017).

그림 3-2 유목화의 예

다. 예비 주제망 작성

유목화가 이루어지면 주제를 중심으로 주제망(web)을 그려 본다. 준비단계에서의 예비 주제망은 교사가 현재 수준에서 알고 있는 것, 생각나는 것을 가능한 자세하게 작성한다. 영유아들과 함께 활동 중에 작성되는 주제망과 비교해 보면 많이 다르다는 것을 알 수 있다. 예비 주제망을 작성하면서 교사가 다룰 수 있는 내용을 미리 생각해 볼 수 있는 기회를 갖게 되고, 영유아들의 생각을 반영하는 데 적극적으로 대처할 수 있다(서영숙 외, 2019).

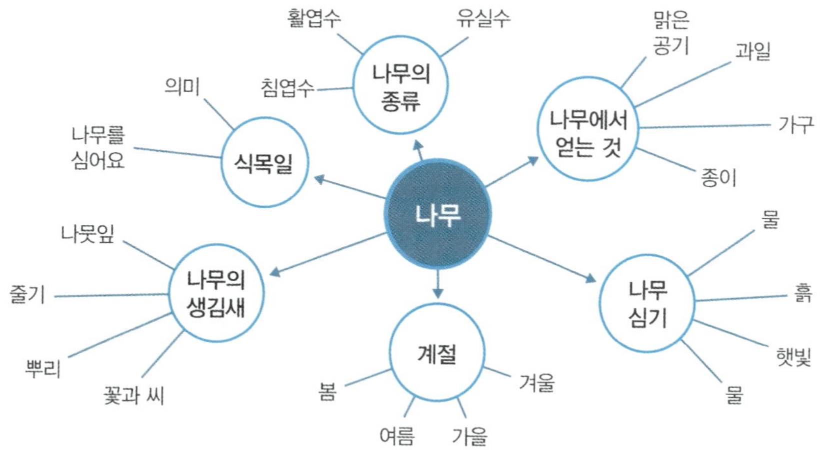

출처: 신희의 외(2016).

그림 3-3 예비 주제망의 예

(3) 예상 활동계획안 구성

주제망 작성이 끝나고 나면 예상 활동 계획안을 작성한다. 활동이 진행되면 활동계획안은 융통성 있게 활용한다. 활동의 시작 전에는 영유아들의 흥미가 언제 어떻게 진행될지 모르기 때문에 예상 활동 계획안을 바탕으로 영유아들의 흥미와 욕구, 방향성을 고려하여 교사의 지원 활동을 선택할 수 있다.

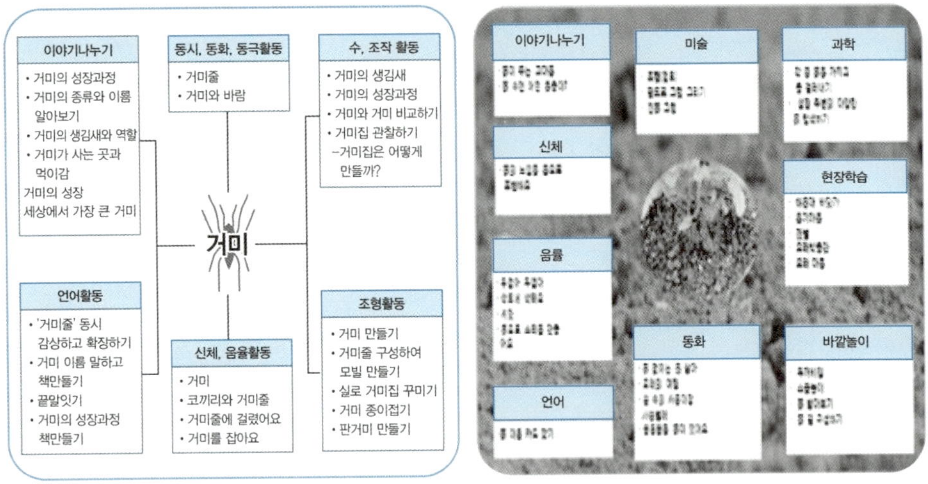

출처: 하정연 외(2017).

그림 3-4 활동계획안 구성의 예

(4) 가정통신문 발송 및 환경구성

교사는 프로젝트가 시작되기 전 프로젝트 안내문, 주제망, 활동예상안과 자원목록을 가정통신문으로 보내서 어떤 주제가 다루어지며, 어떤 자원들이 필요한지 부모에게 가정통신문을 발송한다. 프로젝트의 효과적인 진행이 이루어지기 위해서는 가정과의 협조가 필요하다. 가정과의 협조는 주제에 관한 여러 가지 자원을 공유하는 것에서부터 부모의 취미나 직업을 활용하여 전문가로서 영유아들과 함께 활동할 수 있으며, 전시회, 발표회에 참여하여 의견을 제시할 수 있다.

2) 시작단계

프로젝트 시작단계에서는 주제에 관한 첫 토의 및 이전 경험 나누기, 주제망 구성(브레인스토밍, 유목화), 질문목록 만들기, 가정과의 연계의 활동을 하게 된다.

표 3-2 프로젝트 시작단계의 활동내용

중심활동	교사의 관심	학습자 활동
• 주제에 관한 토의 및 경험 나누기 • 주제망 구성하기(브레인스토밍, 유목화) • 질문목록 작성하기 • 가정과의 협력	• 프로젝트 주제와 관련된 영유아들의 사전 경험 내용은 무엇인가? • 그 주제에 대해 영유아들이 이미 알고 있는 것은 무엇인가? • 그 주제에 관하여 영유아들이 알고 싶어 하는 것은 무엇인가? • 부모들이 이 활동에 어떤 식으로 참여할 수 있는가?	• 주제에 관련된 이전 경험 회상 및 표현하기 • 교사와 친구들과 함께 서로의 경험이나 생각 공유하기 • 질문거리 찾기

(1) 경험 나누기

경험 나누기는 영유아들이 프로젝트 주제에 대한 이전 경험을 함께 나누는 단계이다. 경험의 표현을 통해 영유아에게는 주제와 관련하여 알고 있는 것과 경험한 것이 무엇인지 살펴볼 수 있다. 이러한 경험은 영유아의 주제에 대한 흥미를 유발할 수 있고, 친구들과 서로의 지식과 경험을 공유하며, 사고를 확장할 수 있는 기회를 가진다. 또한, 경험을 표상화하는 과정을 통해 공유할 수 있는 매개체로 활용할 수 있으며 인지적 갈등을 경험하는 기회로 삼을 수도 있다. 교사는 영유아의 사전지식을 파악하여 활동계획 수립에 적용할 수 있다.

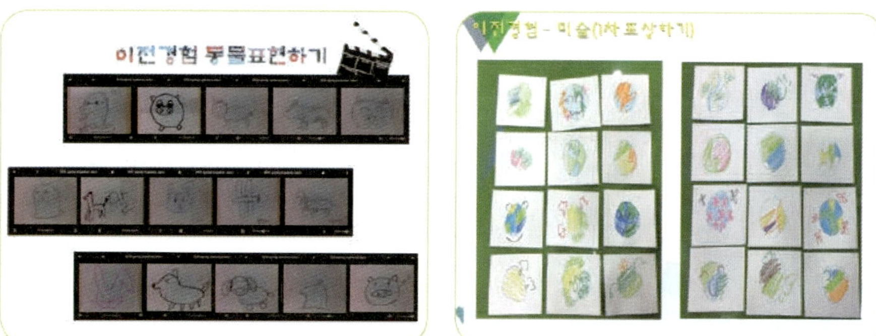

출처: 하정연 외(2017).

그림 3-5 경험 나누기의 예

(2) 교사와 영유아의 공동 주제망 구성

교사의 주제망과 영유아의 주제망을 함께 정리하면 공동 주제망이 구성된다. 공동 주제망은 영유아의 흥미와 요구를 존중한다는 의미이기 때문에 이런 과정을 거쳐 작성된 주제망은 주제가 이루어지는 동안 활동 내용을 함께 계획하고 진행해 나간다는 것을 의미한다.

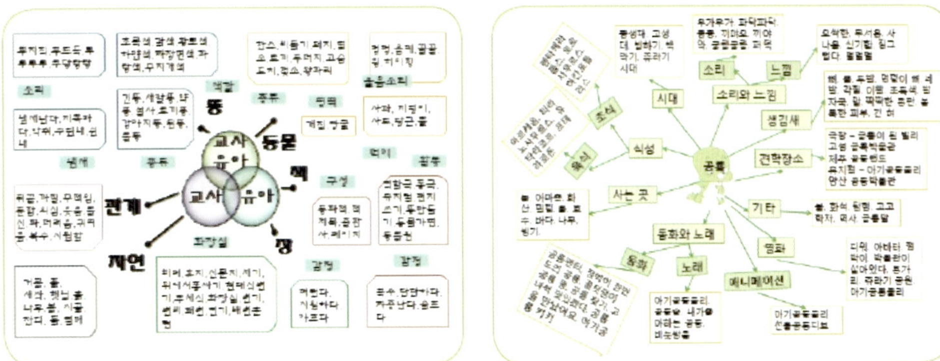

출처: 하정연 외(2017).

그림 3-6 공동 주제망 구성의 예

(3) 질문목록 작성하기

주제에 대한 여러 가지 질문거리를 모으는 일로 주제에 대해 궁금한 것, 알고 싶은 점 등을 이야기 나누고 질문목록을 작성한다. 질문목록에 작성된 모든 질문을 다 알아보는 것은 아니다. 어떤 질문은 그 자리에서 바로 해결되는 질문도 있고, 비슷한 것끼리 묶여 함께 알아볼 수도 있으며, 다른 질문을 해결하는 과정에서 자연스럽게 해결되기도 한다.

3) 전개단계

시작단계에서 작성한 질문목록을 중심으로 영유아들의 활동을 실제로 전개해 나가는 단계이다. 전개단계에서는 영유아들이 궁금해 하는 질문지에 대해 살펴보고, 탐색해 나가며 다양한 활동이 전개된다.

(1) 현장 견학을 위한 준비

현장 견학 및 활동을 위한 준비 사항은 다음과 같다(안상희, 2011).

- 질문목록을 중심으로 한 조사 탐구 및 표상활동을 준비한다.
- 여러 가지 자원 또는 현장 견학을 통해 이루어지기도 하며, 전문가와의 면담 및 활동을 통해 이루어지기도 한다.
- 조사 · 탐구활동을 기초로 한 다양한 표상활동을 전개한다.

(2) 현장 견학

프로젝트 수행 중 실제적이고 효율적인 현장 견학이 중요하다. 예를 들어, 자동차에 대해 프로젝트를 한다면 주변의 자동차 정비업체, 자동차 영업소를 방문하는 것이 효율적이다. 사전에 견학에 대한 준비로 전문가에게 질문할 내용과 무엇을 보고 올 것인지에 대한 충분한 탐색이 필요하다. 프로젝트에서 현장 견학은 프로젝트를 활성화하고, 영유아의 흥미와 호기심을 자극한다. 현장 견학 시 교사는 사진을 촬영하고, 자료를 정리하여 전시를 통해 영유아들이 탐색할 수 있는 공간을 마련한다(하정연 외, 2017).

(3) 현장 견학 후 활동

현장 견학 후 영유아들이 무엇을 경험했는지, 어떤 이야기를 나누었는지, 느끼고 생각했던 내용이 무엇인지 재확인하게 된다. 현장 견학에서 알게 된 정보나 내용을 발표하고, 흥미로운 점에 대해 이야기 나누고 현장 견학과 관련된 다음 활동으로 이루어지도록 한다.

(4) 전문가 방문

전문가란 자신의 직업이나, 여가활동, 여행 등을 통하여 현재 영유아들의 프로젝트 주제에 대한 직접적인 경험이 풍부한 사람을 말한다. 교사는 전문가를 초청하여 영유아들과 이야기를 나누며, 함께 활동할 수 있도록 조정해 줄 수 있다.

4) 마무리 단계

프로젝트 전 과정을 통해 영유아들의 질문이 해결되고, 영유아들의 관심이 새로운 주제로 옮겨 갈 기미가 보이면 프로젝트를 마무리하고 다음 프로젝트를 준비한다. 프로젝트를 마무리할 때는 프로젝트를 진행하는 과정에서 생긴 영유아들의 다양한 표상 활동을 전시하거나 역할극, 부모 참여수업 등으로 진행하여 영유아들이 프로젝트를 하면서 얻은 새로운 경험들을 정리하고 평가해 보는 시간을 마련한다(신희의 외, 2016).

프로젝트가 마무리되는 경우는 다음과 같다.

- 주제망과 질문지 목록의 내용들이 모두 이루어졌을 때
- 교사 준비단계에서 설정한 중심개념이나 예상 활동들이 충분히 진행되었을 때
- 영유아들이 주제에 관심을 잃고 새로운 주제에 관심을 갖기 시작할 때
- 주제에 맞게 탐색한 자원들이 거의 없을 때

표 3-3 프로젝트 마무리 단계의 활동내용

중심활동	교사의 관심	학습자 활동
• 학습결과 정리 • 지시의 내면화 • 전시회 준비 • 전시회 • 프로젝트 평가	• 프로젝트의 결과를 어떻게 주변 사람들과 공유할 것인가? • 새롭게 획득한 지식의 내면화를 위해 영유아들에게 가장 적합한 활동은 무엇인가? • 영유아들이 주제에 관하여 이해하지 못한 부분은 무엇이며, 이를 위해서는 어떻게 해야 하는가?	• 프로젝트 활동과정의 결과물 재검토 • 전시회 준비: 자료정리하기, 초대장 만들기, 장소 정리 • 전시회: 안내와 설명 • 전시 후 마무리: 전시되었던 작품정리, 프로젝트 활동 평가

4. 프로젝트 활동의 실제: 물고기 프로젝트

1) 프로젝트 준비 단계

(1) 프로젝트 주제 선정

'물고기'를 주제로 선정한 이유는 유아들이 친근하게 다가갈 수 있고 흥미로운 대상이 될 수 있는 주제가 동물이기 때문이다. 그중 '물고기'는 우리 주변에서 흔히 찾아볼 수 있지만 단순한 호기심으로만 지나치기 쉽다. '물고기'는 우리 생활에 밀접한 관련이 있어 유아들이 자연스럽게 접근할 수 있는 주제이다. 유아 스스로 주변의 환경에 대한 관심을 가지며 의미 있는 경험을 통해 물고기의 종류, 특성, 생활습성, 먹이 등에 대한 탐색을 하고자 물고기를 주제로 선정하였다.

(2) 예비 주제망 구성

'물고기'라는 주제를 선정한 후 교사는 물고기에 대한 생각을 모두 떠올려 보고 이것을 유목화하는 과정을 거치면서, 자신의 지식, 생각, 아이디어들을 인식하는 과정을 거쳐 예비 주제망을 작성하였다.

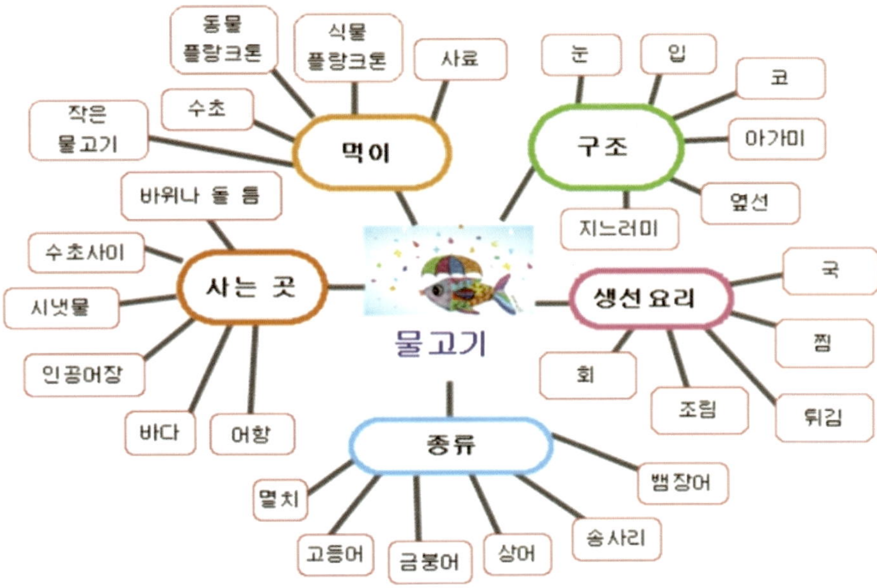

그림 3-7 교사에 의한 예비 주제망

(3) 자원목록 작성

교사는 물고기와 관련된 예비 주제망 및 활동예상목록을 토대로 프로젝트 진행과 관련하여 필요한 각종 준비물과 자원들을 파악하여 이를 표로 작성하였다.

표 3-4 프로젝트를 위한 자원목록표

<table>
<tr><td rowspan="3">1차적 자원</td><td colspan="2">실물</td><td>• 여러 종류의 물고기(금붕어, 잉어, 열대어 등)
• 물고기 먹이
• 물고기를 잡기 위한 도구(낚싯대, 찌, 그물)
• 어항</td></tr>
<tr><td colspan="2">사람</td><td>• 수족관 주인아저씨
• 양어장 주인아저씨
• 수산물 센터에 계신 분
• 물고기를 이용하는 음식점 아저씨</td></tr>
<tr><td colspan="2">현장 견학 장소</td><td>• 수산물 센터
• 열대어 수족관
• 시장
• 대형 슈퍼</td></tr>
<tr><td rowspan="6">2차적 자원</td><td rowspan="2">책</td><td>정보를 주는 책</td><td>• 물속의 나라(1, 2)
• 잉어의 여행
• 유아학습백과 동물 박물관
• 천재 도감(물속의 세계)
• 동물 박물관
• 물속에 사는 동물
• 물고기 도감</td></tr>
<tr><td>동화책</td><td>꼬마 붕어 삐뽀, 게으름뱅이 물고기, 은빛 피라미의 소망, 바다 건너 저쪽, 갯벌이 좋아요, 산호초의 바다, 무지개 물고기, 연어의 여행, 바닷가의 동물, 더 깊이 가 보자, 바닷물고기 덩치, 우리는 돕고 살아, 꾀 많은 물고기, 금고기와 할아버지, 바닷가 우리 마을, 으뜸 헤엄이, 줄무늬 모자의 꿈, 무리고기의 생활, 꽃게와 동해, 개와 고양이, 피리 부는 고기잡이, 또치 물고기 가족의 고민, 아기 오징어의 나들이, 거북이의 생활, 바닷조개, 소금의 수수께끼, 으뜸헤엄이, 인어 공주, 이런 공장은 싫어</td></tr>
<tr><td rowspan="2">사진 그림 자료/ 팸플릿</td><td>사진 및 그림자료</td><td>• 물고기에 관한 그림 자료, 사진, 책
• 물고기 종류를 알 수 있는 그림
• 물고기 뼈 모양이 있는 그림
• 물고기 꼬리 모양과 입 모양을 나타내는 사진 또는 그림
• 물고기 구조를 알 수 있는 사진 또는 그림
• 물고기가 헤엄치는 그림</td></tr>
<tr><td>팸플릿</td><td>• 물고기 먹이 팸플릿
• 수족관 전시 팸플릿
• 열대어 또는 금붕어 홍보 팸플릿
• 물고기를 잡기 위한 도구가 나와 있는 팸플릿
• 낚시 대회 광고 포스터
• 실내 낚시터 홍보 전단지</td></tr>
<tr><td colspan="2">녹음 테이프</td><td>• 물고기의 헤엄치는 소리
• 물고기의 울음소리</td></tr>
<tr><td colspan="2">비디오</td><td>• TV유치원 하나 둘 셋 제 '3,4편 자연 · 탐구 생활'
• 신비한 동물의 세계</td></tr>
</table>

2) 프로젝트 시작단계

(1) 경험 나누기

① 경험 이야기하기

- '여러 가지 물고기'라는 주제로 이야기 나누기

교사: 지금 우리 친구들이 알고 있는 물고기 이름이 있어요?

유아 1: 붕어요.

유아 2: 우리반 교실에 있는 구피요.

유아 3: 무지개 물고기요.

유아 4: 하하하

교사: 그래. 우리 친구들이 다양한 물고기 이름을 알고 있구나.

② 경험을 다양한 방법으로 표현하기

- 물고기에 대한 이전 경험을 이야기하고 그림으로 표상하기

물고기에 대한 이전 경험들에 어떤 것이 있었는지를 각자 이야기해 보고 각자의 경험을 그림으로 표현해 보게 하였다.

(2) 교사와 유아의 공동 주제망 구성

교사는 유아와 공동 주제망을 구성하기 위해서 브레인스토밍을 거쳐 물고기에 관해 생각나는 것을 모두 적어 보게 한 다음 유아성에 근거하여 유목화시켜 보는 활동을 하였다. 그리고 다시 유목화한 자료를 기초로 교사와 유아 공동의 주제망을 구성하는 과정을 거쳤다.

물고기에 대해 생각하는 것들을 메모지에 적어 붙이는 모습

유아들이 함께 완성한 브레인스토밍

교사와 함께 주제망 짜는 모습

완성된 주제망

(3) 질문목록 구성하기

주제망을 구성하고 난 후 교사는 유아들이 물고기에 대해 궁금한 것을 이야기해 보도록 하였다. 다음과 같은 질문들이 나오자 교사는 유아들과 함께 각 질문을 해결할 방법들에 대해 토론하였다.

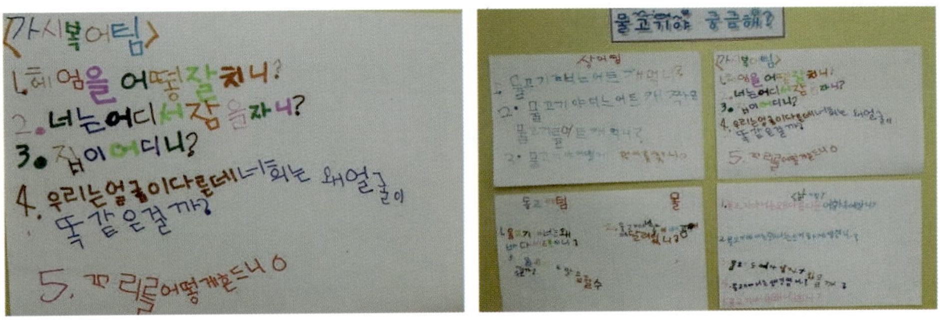

궁금한 질문들을 적어요

(4) 통합적 교육과정망 구성하기

프로젝트 진행단계에서는 다양한 교육활동 지도 자료집 등을 참고로 하여 물고기와 관련된 유아들과 함께 해 볼 수 있는 다양한 활동을 준비하고, 어느 한 쪽으로 치우치지 않은 균형 잡힌 활동을 계획하기 위해 통합적 교육과정망을 구성하였다.

표 3-5 통합적 교육과정망

프로젝트 세부 교육계획안

담임	부장교사	원장

생활주제	봄/동식물과 자연	프로젝트주제	물고기
교육예상 기간	4월 3일~5월 5일(5주간)	반 명	꽃마리반
교육목표	• 물고기에 대해 관심과 흥미를 가진다. • 물고기 몸의 구조와 생김새 특징에 대해 안다. • 물고기 사는 곳에 따라 분류하고 그 특성에 대해 한다. • 관상용 물고기와 생선(음식으로 쓰이는 물고기)에 대해 한다.		

자유선택활동	활동영역	언어영역	쌓기 역할영역	수·조작영역	과학영역	미술영역	음률영역
	활동명	• 물고기 이름 지어주기 • 물고기 부분명칭 • 물고기 책 만들기	• 어항 만들기 • 수족관 만들기 • 생선가게 놀이 • 시장놀이	• 물고기 모형 길이 재기 • 내가 좋아하는 물고기 그래프	• 금붕어, 구피 기르기 • 물고기의 성장과정 관찰하기	• 물고기 집어 꾸미기 • 어항 꾸미기	• '고기잡이' 노래 들으며 작은 북 연주하기 • 실로폰 계이름 익히고 연주하기

대·소그룹활동	활동영역	이야기 나누기	동화/동시/동극	음률/게임/신체	미술/요리	바깥놀이
	활동명	• 주말 지낸 이야기 • 여러 가지 물고기(물고기 이름) • 금붕어를 기르려면 • 금붕어를 기르는 방법을 알아요 • 이전 경험 나누기 • 물고기의 생김새 • 물고기가 사는 곳 • 물고기의 먹이 • 물고기에 대해 궁금해요 • 내가 좋아하는 물고기	[동화] • 무지개 물고기 • 바다가 좋아 • 마법의 물고기 • 가시 구조대왕 [동시] • 사는 곳은 달라도 • 무지게 물고기 • 물고기 [동극] • 무지개 물고기	[새노래] • 고기잡이 • 숲속의 아침 • 물고기의 눈물 • 참 재미있었지 [신체] • 물고기처럼 움직여요 • 바닷속 친구들을 만나요 [게임] • 수만큼 물고기 옮기기	[미술] • 물고기 액자 만들기 • 물고기 모빌 만들기 [음악 감상] • 슈베르트의 '송어'	[산책] • 봄풀과 봄꽃 찾아보기 • 유지원 주변에 흐르는 물 관찰하기 [놀이터놀이] • 생선가게 놀이 • 식물에게 물 주기 • 모래로 수족관 만들기 [견학] • '작은 동물원' 가오점

기본생활습관	(질서) 놀이터에서 지켜야 할 약속	(질서)공원에 놀러왔어요	(청결)애완동물 돌보기	(질서) 신발을 바르게 정리해요	(절제)화가 날 때 어떻게 해야 할까요?
안전교육	차 안에서 지켜야 할 약속(교통안전)	위험한 식품(생활안전)	낯선 사람에 대해 알아요(폭력·신변안전)	봄의 불청객(재난안전)	손 씻기와 소독하기(응급처치)
이벤트	꽃마리반 낚시 왕을 뽑아라!				
체험활동	중앙 과학관 뮤지컬 관람	'작은 동물원' 가오점 견학	봄소풍(영동 치즈캠프)	♥	어린이날 행사 & 우리들의 축제

(5) 가정통신문 보내기

프로젝트 시작 단계에서 부모들의 이해를 구하고 협조를 구하기 위하여 가정통신문을 발송하였다.

부모님과 함께하는 프로젝트 협조 안내문

가정에서 도와주세요.	아이들과 함께 하실 일	• 아이들과 함께 물고기에 대해 이야기 나누는 시간을 가져 보세요. • 물고기가 사는 다양한 곳(사는 곳)에 대해 이야기 나누어 주세요. • 마트나 시장에서 생선을 관찰하고 구입해 같이 요리를 만들어 보세요.
	자원협조	이번 프로젝트는 '물고기'입니다. 이와 관련해 유아들이 유치원에 대한 흥미와 관심을 가질 수 있도록 주제를 이끌어 가고자 하오니 아래와 같은 자원이 있으시면 보내 주세요. 보내 주신 자원은 교육활동자료로 소중히 사용한 후, 보내 드리겠습니다. (자원에 이름을 꼭 기입해서 보내 주세요.) ☆ 물고기와 관련된 동화

☆ 자원 목록표 ☆

구분		내용
1차적 자원 (아이들이 직접 경험해 볼 수 있는 실제 사물, 주제와 관련된 일을 하는 사람, 현장학습 장소 등)	실물	• 금붕어, 구피 • 어항 • 물고기 먹이 • 물고기 모형이나 인형
	사람	• 수산시장에서 일하시는 분 • 물고기에 대해 많은 지식을 가진 분
	현장견학	• '작은 동물원' 가오점
2차적 자원 (간접경험이 가능한 책, 팸플릿, 비디오, 사진이나 녹음테이프 등)	동화자료	• 행복한 아기물고기 하양이 (한올림) • 소영이네 생선가게 (결에) • 생선 심부름 간 고양이 형제 (한국헤밍웨이) • 바다 이야기 (보림)
	사진, 팜플릿 자료	• 물고기 종류를 알 수 있는 그림 • 물고기 꼬리 모양과 입 모양을 나타내는 사진 또는 그림 • 물고기 구조를 알 수 있는 사진 또는 그림
	노래 및 비디오테이프	• 물고기의 일생을 담은 영상자료 • 니모를 찾아서(비디오 or DVD)

• 자원을 보내 주실 때에는 이름을 꼭 표기하여 보내 주세요. 보내 주신 자원은 활동이 끝난 후 가정으로 돌려보내 드립니다.
• 부모님들의 관심과 협조를 통해 아이들에게 보다 즐거운 수업이 진행되어질 수 있습니다.
우리 하람어린이들의 창의력과 사고력을 확장시켜 흥미로운 수업이 진행될 수 있도록 많은 관심과 협조 부탁 드립니다.
☆ 이 계획안은 교사의 임의적인 교육계획안입니다. 프로젝트 주제와 관련한 활동 진행 중 어린이들의 호기심과 관심의 대상, 방향에 따라 수업이 다소 변경될 수 있습니다.

출처: 하람유치원.

3) 프로젝트 전개 단계

프로젝트 전개 단계에서는 유아들과 함께 다양한 물고기를 관찰해 보는 조사활동을 진행하였다.

(1) 1차 표상

물고기에 대한 관찰을 실시하기 전에 유아들이 생각하는 물고기, 자기가 좋아하는 물고기를 그려 보도록 하였다.

물고기를 관찰하기 전 1차 표상

(2) 관찰하기

물고기를 관찰하고 난 후 물고기의 종류와 이름에 대해 알아보고 물고기의 각 부분 명칭에 대하여 이야기 나누었다.

물고기 관찰하기

(3) 2차 표상

물고기 관찰을 실시한 후 2차 표상활동을 실시하였다.

물고기를 관찰한 후 2차 활동

(4) 현장 견학

프로젝트 진행 과정에서 여러 가지 활동에 참여하면서 유아들의 호기심과 궁금한 것들이 더 많이 생기게 되었고, 이러한 질문들을 해결하기 위하여 현장 견학을 실시하였다.

현장견학

4) 프로젝트 마무리 단계

다양한 물고기의 생김새와 이름을 알아보고 현장학습 활동 통해 교사와 유아들은 프로젝트 마무리를 물고기가 사라지는 이유, 물고기가 왜 필요한지 등 물고기의 소중함에 대해 알아보는 시간을 가졌다. 각 모듬별 물고기 전시회 포스터를 만들어 물고기의 소중함에 대한 공유 시간을 마련하였다.

물고기 전시회를 위해 포스터를 꾸미는 모습

물고기 전시회를 실시하고 난 후 마무리 토의를 거쳐 전시회를 통해 느낀 점이나 알게된 점에 대해 이야기 나누었다.

마무리 토의하는 모습

CHAPTER 04

레지오 에밀리아 접근법

1. 레지오 에밀리아 접근법의 배경과 철학

레지오 에밀리아 접근법은 사회문화적 맥락의 산물로서 이탈리아의 에밀리아 로마냐 지역의 문화, 역사, 정치, 경제 등의 사회·문화적 배경이 복합적으로 반영되었기 때문에, 이러한 맥락을 바탕으로 이해할 필요가 있다. 따라서 레지오 에밀리아 접근법의 사회문화적 배경과 철학적 기본가정을 중심으로 살펴보고자 한다.

1) 레지오 에밀리아 접근법의 배경

(1) 역사적 배경

레지오 에밀리아 접근법(Reggio Emilia approach)은 이탈리아 북부 에밀리아 로마냐 지방의 레지오 에밀리아 시가 운영하는 시립 유아교육 체제로 이탈리아의 교육학자

말라구찌(Malaguzzi, 1920~1994)에 의해 창안되었다. 1992년 『뉴스위크』지가 선정한 세계에서 가장 훌륭한 이론 중 유아교육 부문 1위에 선정되면서 전 세계적으로 알려지기 시작하였으며, 우리나라에는 1990년대부터 도입되기 시작하였다.

2차 세계대전 후 1950~60년대 이탈리아에서는 산업화, 도시화로 인한 농촌의 황폐, 출산율 급증, 파시즘의 영향력에서 벗어난 새로운 교육법과 여성의 사회 진출로 인한 유아교육과 보육에 대한 사회적 요구로 사회보장제도에 대한 강력하고 혁신적 요구가 일어났고, 영유아 교육기관의 필요성이 증대되었다. 교육개혁을 목표로 하는 교사들의 운동이 적극적이었는데, 어린이의 삶을 향상시켜 줄 수 있는 교수 방법을 개발하고자 하였다. 이러한 사회적인 분위기와 교사들의 새로운 움직임에 말라구찌를 비롯하여 이 지역 교육자들은 듀이, 피아제, 비고츠키 등과 같은 학자들에게 영향을 받았으며, 학습은 사회화 과정이라는 관점의 사회적 구성주의 교육을 발전시켰다.

레지오 에밀리아 시는 진보적인 사회주의적 성향과 협동적 관련론의 오랜 전통이 뿌리 내려 왔고, 깊고 풍요로운 문화적 · 경제적 · 정치적 유산을 가진 도시로서, 일찍부터 산업화가 이루어져 여성 인력의 사회 진출과 함께 가족 구조 내의 변화가 있었다. 그에 따라 성인 가족에 대한 사회 복지 차원의 욕구와 아동의 기본 권리로서 양질의 교육을 제공받아야 한다는 가치가 통합되어 현재 수준의 유아교육 체제를 형성하였다.

레지오 에밀리아 시의 영유아교육의 역사는 2차 세계대전이 끝난 1945년 부모협동조합운동에서 비롯하여 부모와 학교 사이의 관계와 협력에 대한 분명한 인식으로 시작되었다. 협동적이라는 오랜 역사와 전통을 바탕으로 한 이 지역은 사회적 관계 형성과 의사소통을 중요시하였기 때문에, 유아는 또래, 교사, 부모, 역사, 사회적 문화적 환경과의 관계 속에 소속되어 있는 것으로 보았다. 부모뿐만 아니라 지역 사회 주민이 상호 긴밀한 관계를 가지고 학교 활동 및 교육적 의사 결정에 개입하였다. 함께 모여서 학교를 운영하고자 하는 교사와 부모는 이러한 관점에 맥락을 함께하였고, 자발적으로 부모 공동조합 형태로 시작되었으며, 레지오 에밀리아 유아 학교의 시초가 된 것이다.

레지오 에밀리아 접근법은 2차 세계대전 종결 후 부모 공동조합 형태로 출발하여 1968년에 시립화되었으며, 프로젝트 학습, 발현적 교육과정 운영, 표상을 활용하는 다

상징적 교수법, 사회적 상호작용을 통한 협력 학습, 기록화(documantation)의 교육적 활용, 프로젝트에 부모의 공동 참여, 지역사회 중심의 운영, 학습을 자극하는 물리적 환경, 전문적 교사, 현직 교육 등 새로운 교육 방법을 계속적으로 개발, 현장 실제에 적용해 왔다(김은희, 2003).

영유아들에게 꿈을 심어 주기 위해 부모들의 공동조합 형태로 출발한 레지오 에밀리아 접근법은 영유아보육과 교육을 통합한 교육철학 및 교육과정과 교수-학습 방법, 그리고 학교조직의 방법, 환경구성을 총칭하는 영유아 프로그램으로, 피아제나 비고츠키의 구성주의 철학을 토대로 영유아의 지식이 능동적으로 구성되는 과정을 중시하고 있다(황해익, 외 2016).

(2) 문화적 배경

에밀리아 로마냐 지역은 이탈리아 미술과 건축의 역사에 중요한 영향력을 미친 지역으로, 이 지역의 아이들은 아름다운 미술과 건축물로 둘러싸인 환경에서 자란다. 레지오 에밀리아 접근법에서 환경은 제3의 교사라고 할 정도로 중요한 의미를 지니기 때문에 이 지역의 문화적 특징과 환경에 주목할 필요가 있다. 서영숙과 서지영(2004)은 이탈리아와 레지오 에밀리아의 문화적 배경을 다음과 같이 정리하고 있다.

첫째, 지중해성 기후이다. 레지오 에밀리아 교육은 지중해성 기후를 가진 이탈리아의 자연 환경적 특징이 반영되어 실내가 자연과 호흡하도록 푸른 잎으로 장식하고 다양한 자연 현상을 실내에서도 그대로 느낄 수 있도록 실내 정원을 꾸민다.

둘째, 로마 역사와 문화의 전시장으로서의 여러 이민족의 문화를 받아들여 아동 각자의 개성과 능력, 다양성을 인정하고 아동이 갖는 사고 과정을 따라가고 지지한다.

셋째, 풍부한 역사적, 종교적 유물이 보존되어 지역의 특유한 아름다운 환경이 형성되어 있어, 레지오의 아동은 이러한 환경의 영향을 받으며 자란다.

넷째, 오래된 세월을 간직한 건축물, 의상 등의 전통 문화에는 과거와 현대가 공존하고, 익숙한 것과 낯선 것이 함께하는 환경을 형성하고 있다. 이는 아동에게 과거의 것을 소중하게 보관하고 유지하는 것을 중요하게 여기도록 한다.

다섯째, 미적 감각과 아름다운 환경을 중요시하는 문화의 특징을 반영한다. 학교 환경, 공간 조직의 구조나 질, 활동과정을 담은 전시 등에도 아름다워야 한다는 인식이 반영된다.

여섯째, 대화 · 상호작용 · 협동을 중요시하는 생활 문화를 엿볼 수 있다. 따라서 레지오 에밀리아 접근법에서는 행함에 의한 학습에서 나아가 대화를 통한 학습이라는 사상을 강조하며, 협동이나 상호작용을 최대한 이끌어 낼 수 있도록 프로그램과 조직, 환경을 통합하려고 시도한다. 또한 교육기관의 모든 요소에서 아동들 간의 상호작용과 의사소통을 소중히 여기고 유지시키고자 한다.

일곱째, 도시의 광장(피아자)은 레지오 학교 실내에도 적용되었다. 레지오 에밀리아 유아학교에는 실내에 널찍한 공간의 피아자가 있어 피아자를 통해 교실과 아이들을 연결시키고 있으며, 부대낌, 만남의 장소, 우정을 키우는 곳, 다양한 활동이 가능한 곳으로써 역할을 한다.

2) 레지오 에밀리아 접근법의 철학적 기본가정

말라구찌는 레지오접근법의 가치를 실행하기 위해 어떠한 하나의 이론에 속박하지 않고 여러 심리학자와 철학을 배경 삼아 이론을 재해석 수용하였다(말라구찌, 1992a). 레지오 에밀리아 접근법에 재해석된 교육철학으로는 듀이, 피아제, 비고츠키, 가드너, 브론펜브레너 등으로 살펴볼 수 있으며, 듀이의 교육철학에서는 유아가 반복적인 경험을 통해 지식을 구축해 나간다는 관점, 피아제의 이론은 유아의 능동적인 지식의 구성을 위해 동화와 조절을 거친다는 관점으로 경험을 통해 발달이 이루어지는 관점이 레지오 에밀리아 학교환경에 반영되었음을(이순형 외, 2005) 수용하였다. 비고츠키의 교육철학에서는 상징적인 도구를 창조하는 능력은 구체적인 의미를 담는 상호작용과 상징도구를 읽고 만들어 내는 과정 속에서 근접발달지대의 지식이 학습가능하다고 보고 있다. 가드너의 다중지능이론에서는 유아 개인마다 잠재된 지능의 유형이 다르기에 흥미에 따른 잠재력을 극대화할 수 있는 환경의 중요성을 강조하였고 이는 레지오 교수법의 원리에 이바지하였다(김창숙, 2012). 브론펜브레너(1979)의 생태주의 이론을 통해 사회구성원으로서 영향을 받게 됨을 수용하였다.

레지오 접근법은 이론적 배경으로 피아제의 구성주의적 측면과 비고츠키의 사회적 구성주의의 관점을 대전제로 레지오 접근법에 맞게 창의적으로 재해석하였다. 두 가지 이론에서 '지식의 주체자는 유아'이다. 하지만, 두 이론은 '사고와 언어의 관계성', '발달과 학습의 관계성'에는 대비되고 있다(오문자, 2010, 2013).

레지오 에밀리아 접근법에서는 피아제의 구성주의적 측면과 비고츠키의 사회적 구성주의의 관점에서 이론이 지닌 구성에는 동의하지만 말라구찌(1993b)는 피아제의 이론은 유아의 자율성보다 고립된 상태에서 스스로 지식을 구성하기에 주관성에 치우치게 됨을 약점으로 보았으며, 비고츠키의 유아의 사회적 상호작용을 통하여 다양한 관점을 경험하게 된다는 이론을 지지하였다.

(1) 사회적 구성주의(social constructivism)

레지오 교육자들은 사회적 구성주의에 대해 하나의 특정이론에 자신들의 교육을 명명하기보다는 자신들의 가치와 부합되어지는 심리사회, 인식론적 입장을 광범위한 의미에서 사회적 구성주의 범주에 속한다고 밝힌 바가 있다(Rinaldi, 1993, 1996).

버거와 루크만(Berger & Luckmann, 1996)은 사회적 구성주의는 교육이 아닌 타 분야에서 사용된 용어로 사회학 분야에서 지식을 사회적으로 분석하고 접근하는 당위성을 역설하였으며 현실은 사회적으로 구성되었다고 주장한 바 있다. 워치(Wertsch, 1991)는 레지오 교육자들이 지식의 상대성과 인식주체의 능동성을 강조하는 구성주의 입장에 동의하지만 비고츠키 시각에 영향을 받아, 정신적 활동은 그것이 일어나는 사회적 맥락에 결부되어 있다는 점에 동의하고 있다.

말라구찌가 이론적 배경으로 언급하는 두 가지 중심축은 피아제의 구성주의적 측면과 비고츠키 이론의 사회문화적 관점이다. 그러나 말라구찌는 '우리의 피아제', '우리의 비고츠키'(Malaguzzi, 1998, 2012)로 레지오 교육자들만의 창의적인 재해석을 지향하고 있기도 하다. 다음은 말라구찌와 레지오 교육자들이 중심축을 두고 있는 피아제의 구성주의와 비고츠키의 사회문화적 관점에 대해 살펴보고자 한다.

① 피아제의 구성주의 관점

피아제에 의하면 유아는 새로운 발견의 현상 속에 인지적인 갈등을 경험하며 이 경험속에서 기존의 사고와 생각에 '자신만의 가설(naive theory)'을 형성하고 유아의 가설을 증명하기 위해 능동적인 실험과 탐구적 사고를 반영한다고 보았다. 또한 자신보다 나은 대상을 모방하여 재-반영하고 새로운 지식을 구축해 나간다.

피아제는 유아가 또래 간의 의견대립을 통해 내적 인지구조를 거치며, 자신이 이해하기 위해 지속적인 지식의 내면화 과정을 갖는다. 그러나 피아제의 이론에서는 '상징체계 접근'을 모두 설명하기 어렵다(김지혜, 2020)라고 하였으며, 레지오 에밀리아 접근법에서는 상징적 표상을 통한 표현과 재표현의 과정을 통하여 피아제가 말한 도식화 과정과 함께, 반복되는 표상 학습을 통하여 스스로 지식의 동화 · 조절을 이루어 나간다는 점에서 유사하다고 보았다(안영주, 1997). 오문자(2010, 2013)는 가드너의 상징체계 연구에서 각기 다른 발달지능을 나타내게 할 수 있고, 비고츠키의 '상징과 사고'의 개념이 표상의 의미를 도출할 수도 있다고 보았다.

② 비고츠키의 사회문화적 관점

비고츠키(1978)의 사회적 구성주의에 따르면, 유아는 사회적 상호작용을 통해, 지식의 내면화를 이루어 낸다. 사회적 구성주의는 '사회적 상호작용과 상징', '기호의 중재적 성격', '고등정신기능의 내면화', '근접발달영역' 등의 개념이 핵심이 된다(이종일, 1999).

비고츠키는 유아 간 상호작용을 통해 문제해결과 지식을 구성한다고 보았으며, 유아는 상호과정을 중재하기 위해, 또래와 다양한 상징체계를 사용하여 상호작용하는데, 이러한 과정을 통해 다양한 문제해결 책략과 기술을 공유하고 새로운 개념을 습득하거나 지식을 구성한다고 보고 있다(김지혜, 2020). 비고츠키는 어린이가 개념을 형성하고 조작하는 사회적 맥락에 관심을 두고 있으며, 상징적 도구를 통해 사회적 상호작용과 의사소통 기능 연구의 초점을 맞추고 있으며, 인간이란 언어 등의 사회적으로 유의미하게 사용되는 다양한 상징들을 이용한 의사소통을 통해 의미를 함께 구성하는 과정 중 개념을 습득하고 문제해결 능력, 계획수립 능력, 조절 및 진행 능력들이 발달할 수 있다고 본다(오문자, 2010).

말라구찌(1998, 2012)는 레지오 교육의 근간이 되는 이론적 배경을 언급함에 있어서, 한 가지의 이론이나 철학을 이야기할 수 없다고 보고 있다. 그는 우리 모두에게 친숙한 이론뿐만 아니라 시대를 앞서가는 시각들, 그리고 교육학을 넘어 폭넓게 자신들의 교육 실제에 영향을 준 글이나 이론가들을 레지오 교육에 영향을 준 이론이라고 많이 언급하고 있다.

(2) 구성주의와 레지오 에밀리아 교육의 관계

레지오 에밀리아 교육에서는 지식의 구성에 대해 피아제와 비고츠키의 이론에 동의하기는 하지만 말라구찌(1993b)는 피아제 이론을 유아가 지식을 스스로 구성하기는 하나 고립된 상태에서의 지식 습득에 대해 주관성에 치우치는 약점으로 보았으며 이와 달리 유아 간 사회적 상호작용을 통해 경험적 관점이 생기는 비고츠키의 이론에는 새로운 의미있는 지식이 가능하다고 보았다.

레지오 에밀리아 교육에서 적용되고 있는 구성주의의 관계는 다음과 같다(김지혜, 2020).

첫째, 유아는 스스로가 지식을 탐구하는 능동적인 모습을 보인다.

피아제는 유아가 인지적 갈등을 경험할 때 기존의 사고에서 자신만의 새로운 가설을 형성하여 능동적인 탐구 실험과 사고를 반영한다고 보고 있다. 또한 다른 사람의 지식과 기술을 모방하고 제-반영하여 지식을 구성한다고 보고 있다.

둘째, 유아는 만나게 되는 사회적 상호작용의 경험을 통해 지식을 탐구해 간다.

유아들은 또래와 의견 대립을 통해 내재적인 인지구조를 거친다고 피아제는 구성하며, 비고츠키는 유아 간의 상호작용을 통해서 문제해결과 지식 체계가 구성된다고 보았다. 또한 비고츠키는 유아가 사고과정을 중재하기 위해 또래와 다양한 상징체계를 통한 상호작용을 하며 새로운 개념을 습득하거나 문제해결을 구성해 나간다고 보고 있다.

셋째, 레지오 에밀리아 교육에서는 유아들의 다양한 경험적 표상을 통해 지식을 탐구해 간다.

이에 피아제는 유아 자신이 이해하기 위한 방법으로 지속적인 지식의 내면화 과정을 거친다고 보고 있다. 그러나 피아제의 이론이 상징체계 접근에 대한 레지오 에밀리아 교육의 표상 개념을 모두 설명하기에는 어려움이 있다고 본다. 비고츠키는 '상징과 사고'의 개념이 표상의 의미를 도출한다고 보았고, 표상은 다양한 시각을 이해할 수 있는 수단과 지식의 사고를 도모할 수 있다고 본다.

레지오 에밀리아 교육에서는 유아가 지식의 주체자이며, 사회적 맥락을 통해 상호작용으로 지식을 구성한다고 보고 있다.

2. 레지오 에밀리아 접근법의 기본 원리 및 특성

레지오 에밀리아 접근법은 교육과정의 내용이 절대적인 진리와 보편타당한 지식에 의존하지 않고 끊임없이 변한다는 입장이다. 지식과 발달이 중심이 되는 전통적 교육과정에 대한 비판 속에 지식의 구성과 다양한 해석에 관심을 갖는 탈현대적 관점이 주목받고 있다. 탈현대적 관점에서는 지식은 다른 사람과 협의하고 반성적으로 사고하는 과정에서 구성되고, 다양한 주변 세계의 특성에 대한 이해를 발달시켜 나가는 과정에서 발현되는 것으로 보고 있다(김은희, 2011).

1) 기본 원리

레지오 에밀리아 접근법의 기본 원리로서 레지오 에밀리아 교육자들을 다음과 같은 점을 중요하게 생각한다(Cadwell, 2003).

(1) 주체로서의 유아

레지오 에밀리아에서 유아에 대해 행복하고, 강하며, 능력 있는 이미지를 강조한다. 유아는 성인에 의한 수동적인 존재가 아니라, 교사, 부모 등의 성인이나 또래와의 관계 속에서 서로 상호작용하면서 지식을 구성해 나갈 수 있는 힘과 능력이 있다는 것이다. 모든 유아는 자신에게 주어진 주변 환경과 협상하고, 자신의 학습을 구성하기 위해 준비되어 있으며, 잠재력 있고 호기심이 있으며 흥미를 갖는다. 유아, 교사, 부모는 교육과정의 세 중심 주체로 간주된다(Gandini, 1993).

(2) 협력자로서의 유아

각 유아를 분리하여 교육이 이루어지기보다는 또래, 가족, 교사, 지역사회와의 관계

속에서 개별유아에 초점을 둔다(Gandini, 1993). 이러한 가치는 소집단 활동을 강조하고 사회적 구성주의에 기초한 실천 모델이 되며, 우리 자신은 또래, 성인, 세상의 모든 사물, 상징과의 상호작용을 통해 형성된다고 본다(Lewin, 1995).

(3) 의사소통자로서의 유아

레지오 접근법은 언어, 신체표현, 그리기, 칠하기, 구성하기, 조형하기, 그림자 극, 콜라주, 극놀이, 음악 등의 상징적 표상에 체계적으로 초점을 둠으로써 유아의 지적발달을 촉진하며, 유아들로 하여금 놀라운 수준의 의사소통, 상징적 기술, 창의력을 기르게 한다(Edwards et al., 1993). 유아는 자신이 알고, 이해하고, 놀라워 하며, 질문을 가지고, 느끼고, 상상하는 것을 의사소통하고 발견할 수 있도록 다양한 매체를 사용할 권리를 갖는다. 이러한 방식으로 유아들은 자연스럽게 다양한 언어들을 통해 사고를 한다.

(4) 제3의 교사로서의 환경

만남, 의사소통, 관계형성을 격려하도록 공간이 디자인되고 활용된다(Gandini, 1993). 학교의 모든 공간과 설비나 매체를 디자인하고, 조직하는 데 기본적인 질서와 아름다움이 있다(Lewin, 1995). 모든 공간의 영역은 독립된 정체성과 목적을 가지며 유아와 성인이 돌봄의 가치를 가지고 의사소통하며 몰입할 수 있도록 잠재력을 풍부하게 한다.

(5) 파트너, 양육자, 안내자로서의 교사

교사는 유아가 주제 탐색을 촉진하고, 장 · 단기 프로젝트를 이끌고, 개방형의 문제해결과 발견을 할 수 있도록 한다(Edwards et al., 1993). 유아가 활동을 계획하고 진행해 나가는 방법을 알도록 하기 위해서, 교사는 유아를 자세히 관찰하고 경청한다. 교사는 질문하고 유아들의 생각, 가설, 이론을 발견하며 학습할 기회를 제공한다(Gandini, 1993).

(6) 연구자로서의 교사

교사들은 짝이 되어 일하면서 다른 교사나 교직원들과 결속력 있고 협력적인 관계형성을 유지하며 유아의 활동을 지속적으로 해석하고 토의하는 데 몰입한다. 이러한 상호교환은 계속적인 훈련과 이론의 발달을 가져온다. 교사는 자신을 유아와의 활동을 기록하여 준비하는 또 다른 연구자로 스스로를 본다. 이는 학교를 관장하는 페다고지스타로부터 지원을 받는다(Gandini, 1993).

(7) 의사소통으로서의 기록

유아와 활동하는 성인으로서 유아의 사고를 설명하기 위해 주의 깊은 재고와 집중이 이루어진다. 유아의 말과 대화에 대한 언어 전사본, 활동사진, 다양한 매체로 이루어진 사고의 표상, 학습 과정과 연구 목적에 대한 교사의 설명을 신중하고 주의 깊게 디자인된 패널이나 책으로 만든다. 기록작업은 다양한 목적을 이루기 위해 실시되는데, 부모들은 자녀들의 경험을 알게 되고, 교사는 유아를 더 잘 이해할 수 있게 될 뿐만 아니라, 자신의 활동을 평가하며 다른 교사와 상호교환할 수 있도록 한다. 유아들은 자신의 활동을 다른 사람들이 가치 있게 생각해 준다는 것을 알게 된다. 결국 기록은 많은 유아와 교사들이 경험한 학습 과정에서의 기쁨과 학교의 역사를 추적하는 공적인 문서가 된다(Gandini, 1993).

(8) 파트너로서의 부모

부모참여는 필수적인 요소이며 다양한 방법으로 이루어진다. 부모는 유아의 학습경험에 적극적으로 참여하고, 학교에 있는 모든 유아의 복지가 보장되도록 돕는다. 그러한 아이디어와 기술이 가족을 학교로 불러오며 부모와 교사가 함께 이루어지는 아이디어의 상호 교환은 새로운 교육 방식이 발달되도록 하고 교사로 하여금 부모참여를 그저 강요가 아니라 협력의 본질적인 요소이며, 서로 다른 지혜의 통합으로 돕는다(Spaggiari, 1993).

2) 목적

레지오 에밀리아 접근법에서는 교육이란 사회체제 안 속에 있는 관계와 의사소통의 체제이며, 교육제도는 유아, 교사, 가족 간 의사소통과 상호작용의 조직체로, 더 큰 사회체제에 통합된다고 본다(Gandini, 1993/서영숙, 2004 재인용). 레지오 에밀리아 접근법은 사회적 서비스의 개념과 교육의 개념이 상반되지 않게 결합되도록 하는데, 특별한 점은 교육과 보호의 질 높은 프로그램, 교육기관도 사회의 자산이라는 인식을 가지고 있다는 것이다. 유아를 교육하기 위해서는 그들의 발달단계에 적절한 전문적 지식, 보호 전략, 환경이 필요하기 때문에, 교사와 부모가 함께 노력하여 가정과 기관이 유아들의 애착을 공유하도록 돕는다.

레지오 에밀리아 접근법은 교사, 가족, 유아 세 요소 모두를 교육의 중심 요소로 여긴다. 결국 레지오 교육기관의 목적은 이들이 서로 잘 지내는 방법, 서로 간의 관계를 강화하는 방법을 연구하여 참여를 활성화시켜 구체적으로 서로가 서로에게 기여하는 것을 통해, 긍정적인 느낌과 조화 속에서 좋은 결과를 낳을 수 있다는 인식을 가지도록 한다. 레지오 에밀리아 접근법에서는 유아들이 개방된 의사소통 기술과 대화를 바탕으로 적극적으로 탐구하고 창조하고자 하는 태도를 갖추도록 한다(서영숙, 2004).

3) 특성

(1) 영유아의 이미지

유아는 강하고 풍부하고 능력 있는 주체적 존재이다. 영유아는 주변 환경과 협상하는 데 흥미, 호기심, 잠재력을 가지고 있으며, 다른 사람과의 관계를 형성하고 소통하며 상호작용하는 사회적 구성주의자이다.

(2) 모든 관계성 속에 있는 학교 체제

교육은 가족, 다른 어린이, 교사, 학교 환경, 지역사회, 보다 넓은 사회와의 관계 속에서 고려되어야 한다. 학교는 각 개별 영유아에게 초점을 두고, 모두가 상호 연계적으로 서로 지지해 주며 관계성 속에서 활성화되어야 한다. 유아 학교는 유아, 교사, 부모 모두를 교육하는 곳이며 이들은 학교를 중심으로 의사소통을 원활하게 하고 연대감을 높이며 서로 간의 관계를 수립한다.

(3) 교육의 세 주체: 유아, 부모, 교사

유아는 잠재력 개발을 지지해 주는 질 높은 교육과 보호를 받을 권리가 있다. 유아의 복지는 부모 및 교사의 복지와 연결되어 있고, 유아의 요구를 인식하는 것뿐만 아니라 부모와 교사의 권리도 인식해야 한다. 교육의 세 주체로서 사회가 제공할 수 있는 최상의 것을 받을 권리가 있는 유아를 중심으로 부모의 참여와 전문적으로 성장할 교사의 권리도 인식될 수 있다.

(4) 부모의 역할

부모는 핵심적인 존재로서 각 학교에서 실제로 많은 부모들이 학교 자문위원회에 활동하고 있다. 부모를 위해 학교는 항상 개방하고 부모는 학교와 활발한 상조작용을 하며 학교 운영에 참여한다. 부모는 매일의 상호작용, 학교 활동, 교육적 · 심리적 주체에 대한 토론, 특별한 행사, 소풍, 기념 행사 등에 참여한다. 유아의 학습 경험에 능동적인 존재로서 부모는 학교에서 다양한 부모 참여의 방식으로 기대와 지지를 받고 있다.

(5) 공간의 역할: 호감 가는 학교

레지오의 교육 공간은 학교에 오는 모든 사람을 환영하며, 만남과 의사소통, 관계성을 조장하도록 물리적 공간이 구성되어 있다. 공간은 학습의 과정에서 선택과 문제 해결 및 발견을 조장하는 구조물과 사물로 배열되어 있는데, 창문과 문으로부터 나오는 빛, 유아들이 만든 수직물과 콜라주, 그리고 이를 통과하면서 나타나는 빛의 반짝거림, 푸른 식물들, 조개 껍질, 유아들이 만들고 주워 온 물건 등의 환경들이 소박한 아름다움을 전달한다. 이와 함께 레지오 에밀리아 학교에서의 공간은 또 다른 면에서 개인적이다. 유아들 스스로 한 작업물로, 교사의 반성이 환경을 구성하고 유아와 교사의 활동을 반영한다.

(6) 시간의 역할과 연속성과 중요성

활동과 프로젝트 계획 및 수행 시간에 대한 어린이의 감각과 개별적 리듬이 고려되어야 한다. 특히 종일반 계획에서 짜여진 계획에 맞추기보다는 유아가 풍부한 환경에서 친구들과 함께하고, 만족감 속에서 활동을 하도록 충분한 시간을 마련해 준다. 한 교사와 유아들이 3년 동안 함께 지내면서 교사는 각 유아의 특성을 잘 알게 되며, 유아들의 발달적 요구와 관심이 변하기 때문에 매년 환경에 변화를 준다. 이러한 변화의 연속성에도 교사와 유아들의 관계성은 변하지 않고 그대로 유지되며, 서로의 지속적인 관계를 이어 간다.

(7) 소집단에서의 관계성과 상호작용의 가치

유아들은 또래들과 함께 활동하고 상호작용하면서 잘 배운다. 소집단 활동은 주의집중, 경청, 호기심과 흥미 등을 발전시키고, 의문에 대한 질문과 반응을 자유롭게 할 수 있도록 하며, 협동과 역동적인 의사소통의 기회를 제공한다. 이러한 소집단 활동은 유아가 새로운 학습과 발달을 공동으로 구축하는 과정을 주도할 수 있는 인지적 갈등이 발생하도록 조장하며 관계성과 상호작용의 가치를 가진다.

3. 레지오 에밀리아 접근법의 운영

레지오 에밀리아에서 학교의 의미는 "친근감이 가는 학교"를 이야기하고 있다. 이는 학교에서의 어린이들이 "열심히 작업하고, 고안해 내며, 살기에 쾌적하고, 기록을 남길 수 있으며, 서로 의사소통을 할 수 있고, 탐색을 하고, 배우고, 인정하고 반영해 보는 장소"를 의미하고 있다(Malaguzzi, 1998, 오문자, 2012 재인용). 이러한 의미 안에서 교육에 필수 대상자의 구성원인 어린이, 교사, 부모가 추구하는 목표가 행복에 중점을 두고 있기 때문이다.

레지오 에밀리아 학교 운영에 있어서 부모들에게 학교의 일방적 지식을 전달하며 학교의 가치관을 납득하도록 전하기보다는, 어린이들의 복지와 안녕, 잠재성 계발을 위해서 그들의 말을 듣고, 생각을 모으고 조율하는 과정에 부모들과 지역사회 구성원을 함께 참여시키는 방식으로 운영이 된다. 따라서 레지오 교육자들은 학교의 일과와 조직, 환경구성, 교사가 가지고 있는 교육적 가치관과 선택이 매 순간마다 경험에서 스며들어야 하며 교사들의 이념이 반영되어야 한다고 강조하고 있다(오문자, 2010, 2013).

다음은 레지오 에밀리아 유아학교조직 운영에 대해 살펴보고자 한다.

1) 레지오 에밀리아 시의 유아학교 체제

레지오 에밀리아 시가 운영하고 있는 유아학교 조직체계는 21개의 유아학교와 13개의 영유아센터가 포함되어 있다. 3세~6세는 유아학교에 3개월에서 3세까지는 영유아센터에 다닐 수 있다. 영유아센터는 지방 행정부의 특별한 합의를 통해 협동조합에서 운영하게 되며, 6개의 영유아센터와 부모연합회에서 1개와 종교 재단에서 5개의 영유아센터를 운영하며 다닐 수 있는 대상으로는 3개월에서 3세 사이의 영유아이다(레지오 에밀리아 시, 2000).

(1) 레지오 에밀리아 학급구성

레지오 에밀리아 접근에 의한 교육은 연구와 프로젝트식 사고를 바탕으로 시도하는 특색이 있다. 영유아센터와 유아학교의 경우 일하는 교직원이 함께 책임을 지는 것에 가치를 두고 함께 업무에 대한 역할을 담당한다. 모든 조직구성원은 교사뿐 아니라 직원들까지도 업무일과 중 직업교육을 위한 시간이 포함되어 있으며, 9명의 교육지정관과 1명의 심리학자로 구성된 팀에 의해 운영이 된다. 또한 교육조정관은 교육 또는 심리학을 전공하여 지역 내 몇 개의 기관을 담당한다. 영유아센터의 학급구성을 살펴보면, 전체 정원이 70명으로 4집단으로 구성이 된다. 영아는 3개월~9개월, 걸음마유아 1은 10개월~18개월이 27명이다. 걸음마유아 2는 19개월~24개월과 걸음마유아 3은 24개월 이상으로 43명가량이 된다. 영유아센터의 직원은 교사가 11명, 요리사 1명, 상근보조인(센터전체의 청소를 담당)이 3명, 시간제 보조인이 3명으로 구성된다. 교사와 직원의 근무시간은 주당 전체 36시간으로 영유아와 함께 보내는 시간은 31시간이며, 직업교육, 활동계획, 재료준비, 지역사회관리, 가족회의, 기타회의 등의 다른 활동시간이 5시간이 된다.

유아학교의 학급구성은 영유아센터와 달리 구성된다. 영유아들의 학급은 2학급에 52명, 3학급에 78명, 4학급에 104명으로 구성된다. 학급구성의 경우 반구성 시 매년 달라지는 두 연령으로 구성된 학급이 있으며, 2학급의 경우 3세와 4세, 3세와 5세, 4세와 5세의 학급으로 구성된다. 3학급의 경우 같은 연령의 3세, 4세, 5세의 학급으로 구성이 되며, 4학급의 경우 동일연령 3세, 4세, 5세 학급과 매년 달라지는 3세와 4세, 3세와 5세, 4세와 5세의 학급으로 구성된다. 교사들은 영유아들 출석 수에 따라 제2의 교사가 추가 지원할 수 있도록 한다. 교직원의 경우 2학급일 경우 교사 4명, 연장일 교사 1명, 아뜰리에리스따 1명, 요리사 1명, 상근 보조인 2명, 시간제 보조인 1명으로 구성된다. 3학급인 경우 교사가 6명, 시간제보조인이 3명으로 추가된다. 4학급의 경우 교사가 8명이고 상근보조인 3명, 시간제보조인이 3명으로 구성된다.

표 4-1 레지오 영유아센터 조직

반구성	원아 수	연령	정원
영아	27	3개월~9개월	70
걸음마유아 1		10개월~18개월	
걸음마유아 2	43	19개월~24개월	
걸음마유아 3		24개월 이상	
교직원			
교사	11	상근보조원	3
요리사	1	시간제보조	3

표 4-2 레지오 유아학교 조직

반구성	원아 수	비고
2학급	52	매년 달라질 수 있는 두 연령 집단 3세~4세, 3세~5세, 4세~5세
3학급	78	동일 연령의 학급 3세, 4세, 5세
4학급	104	동일연령 3세, 4세, 5세 (3학급) 매년 달라질 수 있는 두 연령 집단 (1학급) 3세~4세, 3세~5세, 4세~5세

교직원							
	교사	연장일(시간제)		아뜰리에 리스따	요리사	상근보조인	시간제 보조인
2학급	4	1	출석원아에 따라 교사추가	1	1	2	1
3학급	6	1		1	1	2	3
4학급	8	1		1	1	3	3

출처: Reggio Children(1996).

레지오 에밀리아 교육기관에서만 볼 수 있는 구성의 중 페다고지스따와 아뜰리에리스따의 역할을 살펴보면 다음과 같다.

① 구성원의 역할

가. 페다고지스따(Pedagogista)

페다고지스따는 레지오 에밀리아에서 처음 시작된 새로운 전문직이며, 시에서 운영하는 유치원에서부터 시작되었다.

레지오 에밀리아 교육기관에서는 학교장 또는 원장은 없다. 각 학교마다 페다고지스따의 도움을 받아 교사와 직원 간의 협의 운영이된다. 페다고지스따는 교육학이나 심리학을 전공한 자로 5개 미만의 교육기관을 지원하고 있다.

페다고지스따는 유아교육 담당을 하는 직원부터 영유아까지 전문상담을 해 주며, 각 페다고지스따들마다 역할이 다르기도 하다. 역할로는 외부인에게 레지오 에밀리아에 대한 소개와 홍보, 유치원 간의 정보교환, 교직원의 업무계획과 물리적인 환경에 대한 계획을 통해 운영에 대한 전반적인 업무를 지원한다. 또한 현직교사들에게 보다 높은 수준의 교육을 지원하기 위해 장학과 함께 변화에 대한 개방적인 토론을 주최하며, 사회적 관계에 따른 소통의 교수전략을 향상시킬 수 있도록 돕는다. 또한 부모들과의 협의점을 모색할 수 있도록 공개토의 및 워크숍을 주체하여 다양한 의견을 수렴하고 문제상황에서는 개선해 나갈 수 있도록 돕는다.

페다고지스따는 전체적인 교육경험을 이루어 갈 수 있도록 역할을 담당하고 있다. 페다고지스따는 교사들이 스스로 문제를 자율적으로 협의하고 해결할 수 있도록 지원해 주는 역할이 주목적을 갖고 있다.

나. 아뜰리에리스따(Atelierista)

아뜰리에리스따는 전문미술교육을 받은 전문가이다. 아뜰리에리스따는 영유아들이 표상을 할 수 있는 아뜰리에에서 프로젝트를 통한 다양한 활동 시 필요한 자료와 도구 또는 표상의 기술을 경험할 수 있도록 지원한다. 또한, 교사와 유아가 함께 경험하는 표상의 기회를 기록할 수 있도록 지원하여 돕는다. 아뜰리에리스따의 돕는 역할로는 시각적으로 다양한 표상을 할 수 있도록 영유아와 교사를 도와주며, 기록의 매체의 다양한 상징적 표상들을 분석할 수 있도록 도우며, 때론 기록 속 표상에 대한 비평적 협의를 지원한다. 아뜰리에리스따는 새로운 기록의 프로젝트에서 예술적 표현에 대한 다양한 방법과 기술에 대해 협의하며 조력하는 역할을 통해 보다 전문적인 표상에 대한 기록이 나올 수 있도록 지원해 주는 역할을 담당하고 있다.

2) 교육과정 운영

(1) 프로제따찌오네의 의미

레지오 에밀리아 접근법은 오래전부터 프로젝트라는 개념을 교육과정에 적용하고 있었다. 그러나 레지오 에밀리아 교육자들은 '프로젝트'라는 용어 대신 이탈리아어 그대로의 '프로제따찌오네'를 그대로 유지하고자 힘썼다. 이유은 프로젝트와 프로제따찌오네를 구분하기 위한 시도였다.

레지오 에밀리아 교육에서의 프로젝트, 즉 '프로제따찌오네'의 핵심은 결과물로서 완성된 경험 묶음을 의미하기보다는, 교사가 기록작업을 통해 수립한 예상과 어린이들의 실제 작업에서 보여 주는 관심과 초점 간의 상호작용 속에서 지속적으로 변화와 수정 가능성에 열려 있는 자세라고 볼 수 있다(오문자, 2018).

프로제따찌오네의 운영에 대해 오문자(2018)는 먼저 주제 선정은 교사의 발견과 제안으로 시작될 수 있지만 달리 영유아들의 호기심과 흥미로 인한 발견이 있을 수 있다고 하였다. 교사든 영유아든 누가 제안을 하였는지 상관이 없이 프로제따찌오네를 참여하는 구성원은 서로 연속적인 조정과 협의과정을 거쳐서 궁극적인 결정을 교사가 내리게 된다. 두 번째는 어떤 주제를 선정하여 적합한 근거로 인해 프로제따찌오네를 발전시키고 교육적 가치와 잠재력이 높은 주제를 선정할 것인지의 판단이 필요하다. 또한 누가 참여할 것인지에 따른 소수 인원을 주체로 한 핵심구성원의 선정과 얼마나

오랜 기간을 두고 참여할 것인지(오문자, 2018) 예측은 하나 기간이 정해지기는 어렵다. 반드시 교육계획에 따라 기간이 정해지지 않아도 영유아들의 몰입과 지속적 경험으로 연장 시 지속적인 협의와 교사의 지원이 요구된다.

(2) 표상의 의미와 활용

표상이라 하면 드러나 보이지 않는 생각, 의미 등을 자신의 표현의 방식으로 상징수단을 활용하여 표현하는 것이라고 볼 수 있다. 영유아들은 이러한 많은 표상을 통해 지식을 구축해 가며 자신의 생각을 또 다른 방법으로 표현한다.

레지오 에밀리아 교육자들은 표상이라는 단어를 가시적으로 드러나는 여러 가지 상징을 말하며, 혹은 심리 외적 표현방식을 지칭하는 데 의미를 두기도 한다. 레지오 에밀리아 교육의 맥락으로 볼 때 오문자(2018)는 언어적 표상, 도식적 표상, 신체표상, 극화적 표상으로 나누었다. 언어적 표상은 사이펜이나 연필 등을 이용하여 스케치하는 표상들, 도식적 표상은 나무 구성물이나 점토등으로 조각을 해 보이는 표상들, 극화적 표상은 표현하고자 하는 사람의 제스처를 사용하는 신체표상, 음악과 극놀이를 통해 표현하는 극화적 표상들이 포함된다(오문자, 2018). 레지오 에밀리아 접근법에서 표상의 기능은 현상 속에 보이는 어린이들의 해석이나 이해, 느끼는 부분들을 가시적으로 보여 준다. 또한 "귀기울임의 교육"을 강조하며 어린이들이 말로 설명하기 어려운 생각과 어려운 지식의 가설을 수립하는 기회를 주고자 한다(오문자, 2018 재구성). 또한, 쉽게 사라지는 표상들을 다시 되돌려 경험해 볼 수 있도록 되돌려주기를 통해 적절히 활용된 표상은 어린이들의 경험을 연결시켜 준다(오문자, 2018). 또한 레지오 교육현장에서는 어린이들의 그림이나 언어와 같은 하나의 표현과 표상을 활용하는 것이 아닌 여러가지 표상의 양식들을 반복적으로 되돌려 거듭하여 주제와 문제들을 재 탐색한다. 주제와 문제를 거듭 탐색하도록 한다. 어린이들은 몸짓으로 섞어 가며 말로 표현한 내용을 그림으로 그리고, 다시 입체적으로 만들고 다시 그림을 그리는 등 표현방식을 바꿔 가며 어린이들의 사고를 순환적으로 표상, 재표상한다(Forman, Langley, oh & wrisley, 1998, 2012 재구성).

만 3세 산책길에 발견한 박힌 돌을 보고 마녀가 돌을 잡고 있다는 표상

산책길에 발견한 박힌 돌의 마녀가 화장실과 교실을 넘나들고 있다는 표상

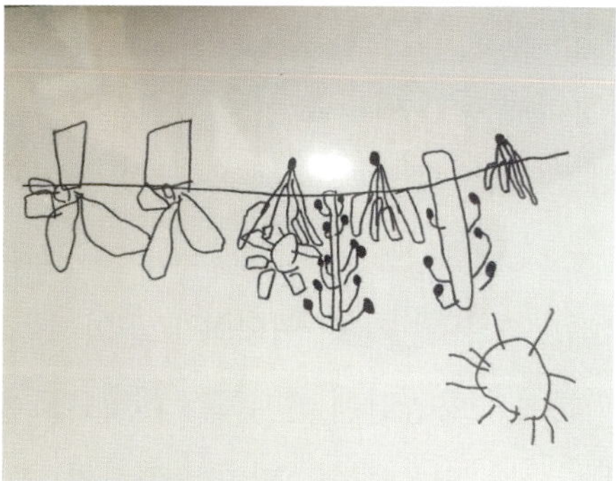

만 5세 씨앗의 텃밭에 온 이유 표상

만 5세 씨앗의 텃밭에 온 이유 표상

(3) 기록작업의 의미

유아교육에서 교사들은 매월 어린이들의 발달 체크리스트와 일상생활 일과를 관찰일지를 통해 기록을 하고 있다. 이를 바탕으로 부모님과 의사소통하거나 기존보다 좀 더 나은 발전적 도약을 하기 위한 교육계획과 그에 따른 지원을 하곤 한다. 그러나 레지오 에밀리아 교육에서 기록한다는 것은 “어떤 것을 가시화시켜 서로 나누고, 서로 간의 대화와 충돌을 야기하고 지원하며, 하는 일의 기억을 남기는 일”이라고 보고 있다(Filippini, 레지오 연수기록, 2001; 오문자, 2018). 레지오 에밀리아 교육에서의 기록작

업이라는 것은 어린이들의 표상이나 기록을 멋지게 전시하여 보여주는 목적이 아니라 관찰하여 얻은 정보, 교사의 해석, 무슨 일이 일어난 것인지에 대한 이해를 포함하는 것임을 강조하고 있다. 기록작업은 큰 의미에서 볼 때 반영적이며, 민주적인 실천도구이며, 소통과 이해의 공간이라고 볼 수 있다(Filippini, 레지오 연수기록, 2001; 오문자, 2018).

기록작업은 능동적인 행위를 갖고 있으며, 매우 목적 지향적이라고 볼 수 있다. 또한 기록 속의 다큐멘테이션 하는 사람이 바라보는 관심의 시각과 목적이 드러나게 된다.

기록작업의 종류를 살펴보면, 두 가지로 분류해 볼 수 있다. 하나는 어린이들의 경험이 진행되는 과정 중에 교사가 끊임없이 추구하는 진행 중 기록작업과 교육적 경험이 끝난 후에도 그 과정을 다시 되돌려 보며 재정리하여 재기록하는 것으로 나누어 볼 수 있다(오문자, 2018). 이러한 기록작업은 별개의 종류가 아니라 서로 연결지어져 있으며, 전 기록을 통해 의미를 재분석하여 재기록을 할 수 있다. 기록을 남길 수 있는 것으로는 상황별 발견하게 되는 어린이들의 상호작용, 행동, 놀이 흐름 등 날기록의 기록메모, 노트나 학습일지, 포트폴리오, 프로젝트 활동의 기록, 협의와 토론의 기록작업들이 있으며, 기록을 책이나 파일틀로 정리하여 공용공간에 전시하는 패널로도 제작할 수 있다(오문자, 2018). 이러한 기록 속에는 사진, 영유아들의 다양한 표상의 그림들, 영유아들의 대화체와 호기심 있는 행동들이 포함된다.

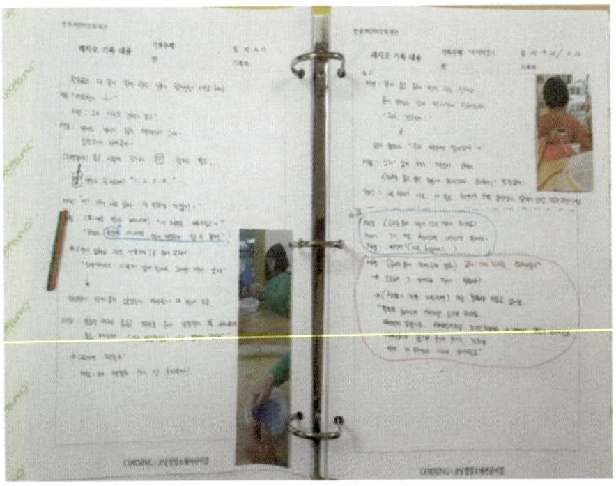
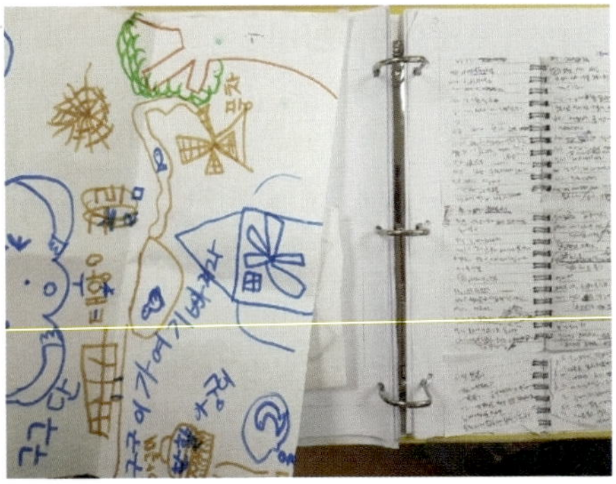

(4) 교사 협의와 협력

레지오 에밀리아 접근법에서 협의와 협력은 가장 중요한 요소의 하나이다. 교사 간 또는 영유아와 교사 간 협의는 놀이 속 프로젝트를 통해 발견된 문제를 해결하기 위해 가장 중요한 역할을 하며 능동적인 호기심을 더 높은 수준의 지식체계로 형성해 나가는 데 도움이 된다. 또한, 협력은 영유아들을 지원하는 모든 구성원이 같은 역할과 책임이 있는 가운데 가능성과 개방성을 겸비한 협력관계를 갖는다. 레지오 에밀리아 교육기관의 협력적 관계의 유형으로는(Tarini, 1993: 서영숙, 서지영, 2002 재인용) 교사와 아동 간 협력, 교사 간 협력, 학교와 부모 간 협력, 학교 자문위원회 의원과 부모 간 협력, 페다고지스따와의 협력, 영유아의 프로젝트 놀이 속에서 재료, 환경, 교사, 유아 간의 협력으로 구분되어졌다.

여러 유형의 협력 구분 가운데 교사 간, 페다고지스따와 아뜰리에리스따, 페다고지스따와 교육기관, 교사와 유아 간, 지역사회와 부모의 협력에 대해 살펴보면 다음과 같다.

먼저 교사와 교사 간의 협력으로는 두 명의 교사가 경력과 성향이 다르지만 동등한 지위관계를 통해 각자의 전문성을 협의할 수 있으며, 유아가 발견한 문제를 도우며 스스로 문제를 해결할 수 있도록 지원해 준다.

페다고지스따와 아뜰리에리스따는 유아 교사와 함께 집단 토론을 통해 협력을 실천한다. 토론을 통해, 유아에게 나타난 생각과 가설을 혁신적으로 수정하도록 도우며, 동료 교사 간에 아이디어를 비교할 수 있게 하고, 어린이들이 구성해 낸 인지적 지도(map)를 수정하거나 흥미를 잃은 부분을 되살려 낸다(Rinaldi, 2006). 페다고지스따와 교육기관 간의 협력은 교육기관 내에서 조직되어 있는 교직원들과 협력의 실행뿐 아니라 여러 기관과 연결하여 협력을 도와주며, 기관마다 독자적인 방식으로 운영될 수 있도록 돕는다. 교사와 유아 간 협력으로는 레지오 에밀리아 프로젝트와 같은 목적과 방향을 보고 능동적으로 창의적인 실험과 지식을 형성해 나갈 수 있도록 지원과 협력이 이루어진다. 학교 자문위원회(지역사회) 의원과 부모 간 협력으로는 '어린이들의 권리와 발달'을 증진시키기 위한 목적으로 서로 협동하고 협조하는 관계로서 레지오 교육기관의 바람직한 운영의 활성화를 위해 필요한 자원제공, 문제해결지원, 기타 지역사회에서 지원할 수 있는 범주에 대한 협의와 지원이 제공된다.

3) 환경구성

레지오 에밀리아 교육기관에서는 교육적 의미에서 환경의 중요성을 반영하고 영유아에게 영향을 주는 환경의 교육적 가치를 높였다. 레지오 에밀리아 교육자들은 환경이 학습에 미치는 강력한 영향 때문에 환경을 제3의 교사라고 칭한다. 레지오 에밀리아 학교는 아무 곳에나 존재할 수 있는 것이 아니며, 어느 한 학교를 모델로 삼아 다른 학교들이 그대로 모방할 수 있는 것도 아니다(Gandini, 1998). 레지오 에밀리아에서의 모든 환경은 능동적인 가치가 있다고 볼 수 있다. 특히, 레지오 에밀리아에서는 함께 소통하는 상호관계의 장소에 대한 비중이 높다. 말라구찌(1998, 2012)는 학교의 벽들을 "말하는 벽"으로서 영유아들에게 경험의 역할을 드러낼 수 있게 해 주며, 끊임없는 메시지를 보내어 궁금하게 하고 그로 인해 자신을 돌아보게 만드는 역할이라고 보고 있다(오문자, 2018).

다음은 레지오 에밀리아에서의 자유로움 속에 소통되는 환경의 원칙과 공간의 구성에 대해 알아보고자 한다.

(1) 환경구성의 요소

레지오 에밀리아 교육환경에서는 영유아가 자율적으로 감각적 표상을 할 수 있고 창의적인 행동을 능동적으로 할 수 있도록 이끌어 주는 역할을 담아낸다. 환경구성의 요소로 분류하여 볼 때 미학, 존중, 수평성, 연속성, 다감각성, 융통성, 투명성, 의사소통, 확장성, 변형성으로 분류할 수 있다(김은희, 2007). 국내의 레지오 에밀리아 접근법을 적용하고 있는 공간의 특성을 8가지 요소로 분류하면 다음과 같다.

첫째, 공간인식이다. 공간의 역할은 보육의 개념과 더불어 여러 형태와 매체를 통해 지원하며 영유아의 기록과 패널을 공유할 수 있는 공간이다. 이로 인해 영유아 스스로 능동적인 자립심을 기르게 되며 공간에서 발견되어진 새로운 경험이 영유아들의 교육적 시초가 되기도 한다.

둘째, 수평성이다. 레지오 에밀리아에서의 공간은 영유아, 부모, 교사, 그밖의 다른 만남을 통해 소통의 공간이 되며, 관계의 중요성을 드러내고 있다. 또한 영유아들의 놀이 속 경험적 표상으로 인해 다른 공간들과 열린 형태의 상호작용이 자연스러우며 수평적인 의사소통의 관계를 갖는다.

셋째, 확장성이다. 영유아들은 제한되고 정해진 공간에서 놀이하는 것이 아니라 다양한 공간을 영유아 스스로 넘나들며 경험적 가치를 형성하게 된다(변지혜, 2015).

넷째, 변형성이다. 교육기관과 교실의 환경적 변화는 영유아들의 발상과 창의적 변화를 통해 열린 기회를 지원한다. 영유아들의 발상에서 변화된 환경 속 공간의 달라짐은 능동적인 확장 활동과 실험의 몰입을 높여 주는 기회가 된다.

다섯째, 융통성이다. 영유아들은 가정에서보다 보육시설 및 유치원에서 보내는 시간이 더 많은 것을 볼 수 있다. 이로 인해 보육공간 이외 프로젝트를 확장할 수 있는 통합적인 공간의 활용경험을 통해 자아실현과 만족감을 지원할 수 있는 기회가 된다(변지혜, 2015).

여섯째, 연속성이다. 환경 속 공간에서는 자연의 빛과 의도치 않은 자연적인 시도의 경험을 통해 연속성 있는 놀이와 표상의 경험을 할 수 있으며, 이로 인해 감성적인 자극이 인지발달에 영향을 준다.

일곱째, 투명성이다. 레지오 에밀리아 교육기관에서는 앞이 보이지 않는 벽이 아닌 유리공간을 통해 분리와 교류가 공존한다. 이로 인해 유리를 통해 들어오는 자연적 채광과 색은 영유아들에게 자연스러운 실내외를 넘나드는 소통의 기회가 된다.

여덟째, 의사소통이다. 레지오 에밀리아 교육기관에서는 수평적인 공간의 배치를 선호하여 개방적인 자율성을 권장한다. 이로 인해 영유아 , 교사, 부모, 지역사회가 함께 공유할 수 있는 협의 문화를 통해 소통의 공간이 활성화되어진다.

(2) 환경 공간의 구성

레지오 에밀리아에서는 일반 교육기관과 달리 대표적인 공간으로 아뜰리에(Atelier) 공간과 피아자(Piazza) 공간, 구성놀이공간(Constructive play area), 자연친화공간(Giardino) 등이 있다.

아뜰리에는 레지오 에밀리아 교육에서 보조적인 공간이 아닌 핵심적인 물리적 · 심리적인 공간이다. 아뜰리에 형태는 시대에 따라 끊임없이 변화를 해 왔지만, 레지오 교육자들은 아뜰리에를 설치한 자신들의 의도에 대해 더욱 강한 확신을 갖게 되었다. 이들은 모두 한결같이 학교 전체가 거대한 아뜰리에가 되어서 연구와 반영적 고찰이 일어나는 공간이 되기를 바란다고 언급하고 있다(Malaguzzi, 1998, 2012; Rinaldi, 2006). 아뜰리에 공간에는 아뜰리에리스따라는 특수한 교사가 있다. 아뜰리에가 실험의 장소이며 연구의 장소이듯(Malaguzzi, 1998, 2012) 일반교사와는 다른 전문 배경을 가지고 우리의 시각을 확장시켜 주면서, 실험과 연구의 정신을 발휘할 수 있는 소양과 훈련을 갖춘 인적자원이 바로 아뜰리에리스따일 것이다(오문자, 2018). 레지오 아뜰리에리스따인 베치(Vecchi, 1998, 1999)는 아뜰리에는 두 가지 기능이 있다고 보고 있다. 첫째, 아뜰리에는 어린이들이 칠하기, 그리기, 진흙으로 만들기 같은 모든 종류의 상징적 언어의 기술을 완성해 가는 장소를 제공한다고 하였고, 둘째, 성인이 어린이들이 어떻게 배우는지를 이해하는 데 도움을 준다고 말한다. 베치가 말하는 아뜰리에는 교사가 어린이들이 어떻게 표현의 자유, 인지적 자유, 상징적 자유의 조화와 의사소통의 길을 창조해 내는지를 이해하는 데 도움을 주는 공간이라고 보고 있다.

아뜰리에리스따 베치는 아뜰리에의 여러 기능에 대해 설명하였다. 첫 번째는 어린이들에게는 다양하고 풍부한 자료, 도구를 경험할 수 있도록 준비되어지며, 전문인력이 있는 공간으로 보고 있다. 두 번째로는 실험의 공간으로서 다양한 매체를 통해 호기심을 갖고 전문가인 아뜰리에리스따의 지원으로 능동적 탐색이 이루어지며 영유아의 상징적인 표상의 언어를 만들어 갈 수 있다고 본다. 세 번째로는 전문가 또는 자료의 도움을 받아 프로젝트의 탐색을 할 수 있다고 본다. 네 번째는 영유아들의 자유로운 생각을 보게 되는 열린 표상의 공간이다. 다섯 번째로는 교육기관에서 함께하게 되는 교사와 아뜰리에리스따, 교사와 교사, 부모와 교육기관 간의 소통과 아이디어 협의의 공간이다. 여섯 번째는 영유아들의 기록을 하는 공간이며, 기록과 패널들을 게시하여 영유아들의 기록 속 의미 있는 생각을 이해하고 공유하는 기능를 갖는다(Vecchi, 1999, 2012: 재인용).

피아자에 대해 알아보면, 이탈리아 레지오 에밀리아 시에 실제 'Pizza Grande'의 중앙광장이 있다(이교은, 2002). 이탈리아의 중앙광장에서는 사람들의 사회적 교류 속에 다양한 문화의 경험이 형성된다. 이렇듯 레지오 에밀리아 교육기관 내 시설의 피아자의 경우도 광장과 같이 '피아자'와 같은 공동 모임 장소임을 알 수 있다. 피아자의 경우 전체 건물의 공간을 통하여지는 공간으로 영유아뿐만 아니라 모든 교직원들까지도 함께 사회적 상호관계를 할 수 있는 자유로운 공간이다. 또한 공유공간이면서 개인의 존재를 드러낼 수 있는 존중받을 수 있는 공간이다. 피아자에서는 공동으로 함께 놀이를 할 수 있는 영역들이 있고 부모님과 방문자들이 볼 수 있도록 안내되며, 영유아의 놀이 기록들이 전시되어 조화로운 아름다움의 소통을 느낄 수 있다.

구성놀이공간(Constructive play area)은 영유아가 자유롭게 사회적 관계를 형성하며 놀이 속 새로운 발견을 통해 스스로의 호기심을 자극하고 자신감 있는 놀이의 기회를 접하는 공간이다. 또한 유리와 거울 등의 새로운 매체와 자연요소인 빛과 그림자를 통해 시간 속 변화에 따른 새로운 발견의 이미지를 탐구하며 감각적 형성과 공간 인지를 돕는 공간이다(변지혜, 2005).

자연친화공간(Giardino)은 레지오 에밀리아 유아학교와 영유아센터에 공통적으로 있는 실내정원이다(김은희, 2011). 계절에 상관없이 실내에서 자연을 느낄 수 있으며, 실외의 자연을 실내의 활동 공간으로 들여와 자연의 생동감을 준다. 또한 빛과 투명한 유리에 비춰지는 자연의 조화로움을 자유롭게 표상하는 기회를 노출하는 공간이다.

(3) 매체의 활용

레지오 에밀리아 접근법에서 매체(자료)의 활용은 영유아들의 다양한 표상을 연구하고 확장하는 깊이 있는 발견을 할 수 있는 또 하나의 교사이다. 영유아들이 다양한 창의적 표현을 경험할 수 있도록 지역사회와 가정으로부터 지원된 자료는 매체 재활용(Remida center)에서 재생가능한 일상용품 및 재활용품이 수거되어 또 하나의 창의적인 발견을 표상할 수 있는 매체자료로 제공된다. 매체로 사용될 수 있는 것은 기존의 교수자료와 같이 기성품으로 정하여진 교수자료가 아닌 공장, 슈퍼, 상품점에서 볼 수 있는 물건들이 포함된다. 그 예로는, 종이류, 의류를 포함한 직물류, 금속류, 기계 부품, 필름류, 비닐, 고무, 가구 등 일상에서 사용하고 버리거나 더 이상 쓸모 없는 것들 또한 놀이의 매체가 가능하다.

그 밖에 자연에서 만날 수 있는 자료로는 솔방울, 나뭇잎, 나뭇가지, 풀, 깃털, 돌멩이, 흙, 조개껍질, 나무껍질 등으로, 영유아가 일상에서 만나는 자연물이 활용될 수 있다. 교사의 도움을 통해 활용될 수 있는 기자재로는 카메라, 녹음기, 프린터기, 컴퓨터, OHP, 라이트 프로젝터, 라이트테이블, 이젤, 영상기 등이 포함된다. 교사들은 이러한 매체를 영유아들의 프로젝트 환경에 적용하며 새로운 발견과 몰입을 통한 창의적 놀이의 경험이 확장될 수 있도록 지원한다.

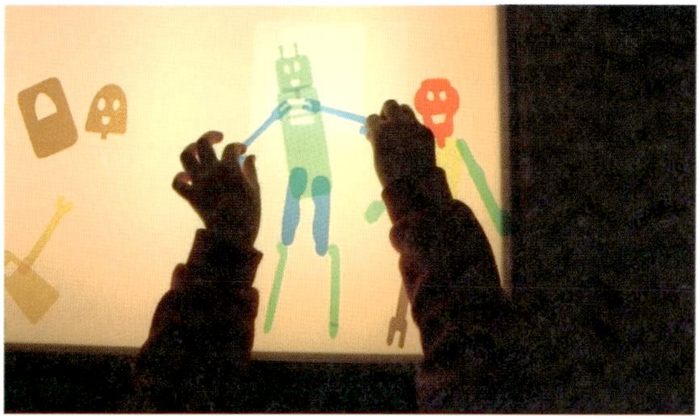

4) 국내의 레지오 에밀리아의 도입과 전망

레지오 에밀리아는 1995년 한국어린이교육협의회의 오문자에 의해 국내 교육현장에 처음으로 소개되었다. 이후 많은 번역서와 관련도서, 연구논문이 발표됨에 따라 관심이 증가하였으며, 1998년 한국레지오교육연구회(2004년 KCCT로 명칭 변경)가 발족되어 뉴스레터 발행과 교사 연수, 연구모임, 현장 사례 발표 등이 이루어지고 있으며 연구진과 현장 교사들이 직접적인 협력체제를 갖추고 있다(박은혜 외, 2002).

레지오 에밀리아 접근법은 프로젝트 접근법과 국내 교육현장에 거의 동일한 시기에 알려졌으며, 초기에 교육 철학과 원리보다는 교수방법과 환경을 강조한 프로젝트로 받아들인 경향이 있는 것으로 알려져 있다. 이로 인해 하나의 주제를 선택 후 여러 정보를 통해 다양한 활동을 하는 방식으로 진행된 경우가 많았다. 이 경우 생활주제를 기반으로 기존의 교육방향과 별 차이가 없으므로 레지오 에밀리아를 적용해야 하는 필요성을 찾기가 어렵다고 하였다(오문자, 2013). 특히 교육현장에서는 교사들 대부분이 업무의 과중과 환경적 시설의 미비, 레지오 교육철학적 원리에 대한 깊은 이해 부족으로 인해 어려움이 컸다. 또한 인력의 부족과 페다고지스따의 부재로 인해 교육과정이 문학활동이나 다른 단위활동과 병행됨에 따라 프로제따찌오네에 충분히 몰입하기 어려운 시간의 부족을 밝혔다(홍순옥 외, 2011 재구성). 그러나 최근 2019년 교육부와 보건복지부에서 2019 개정 누리과정을 발표하면서, 기존 현장의 경직되고 획일화된 누리과정 운영에 대한 문제를 제기하고 유아의 흥미와 관심을 반영하지 못한 교사의 계획 중심 운영을 개선하기 위해 유아 · 놀이 중심교육과정이 재정립되었다(2019 개정누리과정 해설서, 2020). 이로 인해 최근 교사들과 현장에서는 레지오 에밀리아 접근법 교육철학으로 바라보는 놀이의 가치에 의미를 담고 있으며, 놀이중심 교육과정에 대한 관심이 대두되고 있다.

4. 레지오 에밀리아 활동의 실제

레지오 에밀리아 실제에서는 레지오 에밀리아 학교의 프로젝트 활동이 아닌 레지오 에밀리아 접근법을 통해 우리 현장에서 교사들이 발견한 레지오 에밀리아 교육의 정신을 반영한 사례의 경험을 다루고자 한다. 사례에서 교사들이 중심을 두고 살펴볼 것은 우리의 평범한 일상 속에서도 충분히 레지오 철학의 가치를 반영한 또 하나의 새로운 경험을 발견하고 그 의미를 생각할 수 있다는 것이다. 그에 대한 사례의 내용은 다음과 같다. 첫 번째 사례는 영아들에게 가장 탐색하기 좋은 점토라는 매체를 통해 흥미로운 놀이 발견의 사례, 두 번째 사례로는 우연히 산책 길에 발견한 박힌 돌의 의미를 상상 속 이야기로 만든 사례, 세 번째 사례로는 코로나19 손씻기를 통해 우연히 하게 된 장난이 실험으로 확장된 사례를 살펴보도록 하겠다.

1) 사례 1

(1) 유토가 뱀이 되기까지

영아들에게 가장 친숙하고 오감을 자극할 수 있는 매체로는 점토를 꼽을 수 있다.

점토는 정서적 안정감과 쉽게 구성물 완성에 대한 성취감을 주며, 영아에게 가장 부담 없이 즐길 수 있는 매력 있는 매체이다. 또한 여러 가지 점토 중 손에 묻지 않는 유토의 특성을 통해 뭉치고, 자르고, 떼어 내고, 밀기 등의 탐색은 영아들에게 매력적인 놀이의 기회를 주며, 유토를 통해 경험하는 영아들의 경험적 발견은 영아와 교사에게 또 다른 교육적 깊이를 더해 준다. 다음은 우연히 발견된 자연현상을 통해 경험하는 유토의 탐색놀이를 살펴보고자 한다.

표준보육과정 내용범주

신체운동 〉 감각과 신체 익히기 〉 감각으로 주변을 탐색한다
신체운동 〉 신체활동 즐기기 〉 대소근육을 조절한다
예술경험 〉 창의적으로 표현하기 〉 감각을 통해 미술을 경험한다
자연탐구 〉 생활 속에서 탐구하기 〉 친숙한 물체를 감각으로 탐색한다

교사의 놀이흐름의 배경

신학기가 되어 만 2세 영아들에게 호기심과 적응을 돕는 환경과 놀이 재료를 고민하다가 마음대로 표상을 해도 영아의 의미 부여가 쉬운 유토를 교실 한편에 제시해 주었다. 특히 5명의 신입원아들에게는 가장 흥미를 느낄 수 있는 놀이가 유토일 것 같아 제시하게 되었다. 처음 유토를 접하는 신입영아들이 어떤 모습의 반응을 보일지 궁금했다.

교사는 신학기에 적응하게 될 신입원아들을 위해 교실환경에서 색다르게 경험할 수 있는 매체를 선정하였고, 영아의 발달적 특성상 유토의 매력에 흥미로워할 것을 예측하며 제시하게 된다.

처음 유토를 제공하였을 때, 점토에 관한 사전경험이 있는 영아들이 많아서인지 자발적으로 놀이에 참여하며 탐색하는 모습을 볼 수 있었다. 영아들은 유토의 친숙함과 말랑하고 점성 있는 질감에 흥미를 느끼며 손가락 자국을 흥미롭게 바라보거나, 작은 유토 덩어리들을 모아 커다랗게 뭉쳐 보며 유토를 자유롭게 느껴 보는 모습이 관찰되었다.

(A교사의 3월 기록 중)

(2) 도구와 다른 발견

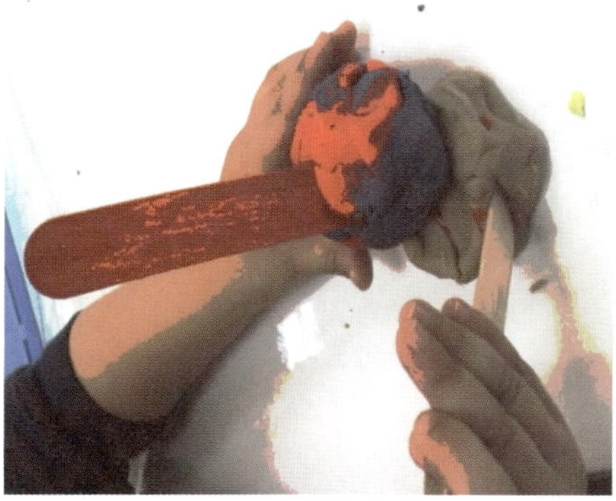

별도의 도구 지원 없이 유토의 질감을 충분히 탐색해 나가던 하루가 지나고 교사는 영아들의 놀이를 확장시켜 주고 싶어서 아이스크림 막대와 모양 찍기 도구를 등을 제공하여, 놀이 흐름을 관찰하고자 하였다. 영아들이 막대의 모서리 부분으로 유토를 소분류 해 보는 모습이 관찰되었다. 유토의 놀이는 아이스크림 막대와 모양 찍기 도구 사용에 즐거움을 느끼며 놀이를 이어 갔지만, 아이스크림 막대와 모양 찍기 도구만 사용하는 모습이 보여, '유토의 질감보다 찍힌 모양에 흥미를 갖고 있나?'라는 생각이 들었다.

(A교사의 3월 2차 기록 중)

영아가 다양한 도구를 활용할 것을 기대한 교사의 의도와는 달리 영아들의 놀이는 도구의 쓰임에 따른 유토 탐색놀이로 한정되었다.

이후 실외활동 중 우연히 발견한 구불구불한 빛의 모양은 영아들에게 흥미와 몰입의 기회를 제공하게 된다. 교사의 계획되지 않은 우연한 발견 속에서도 호기심과 놀이의 연계성을 볼 수 있게 된다.

실외 산책 중 발견한 구불구불한 빛은 영아들에게 재미난 놀이의 소재가 되었으며, 이는 교실에서 또 다른 놀이의 발견이 되어진다.

> 나희: (입 나팔을 만들며 큰 소리로) 얘들아 여기 뱀이 있어!
> 주희, 승아: (나희에게 뛰어가며) 어디?
> 승아, 주희가 관심을 보이며 나희이에게 다가온다.
> 나희이와 승아, 주희는 빛으로 만들어진 뱀을 바라보다가 만지며 탐색한다.
>
> (A교사의 3월 2차 기록 중)

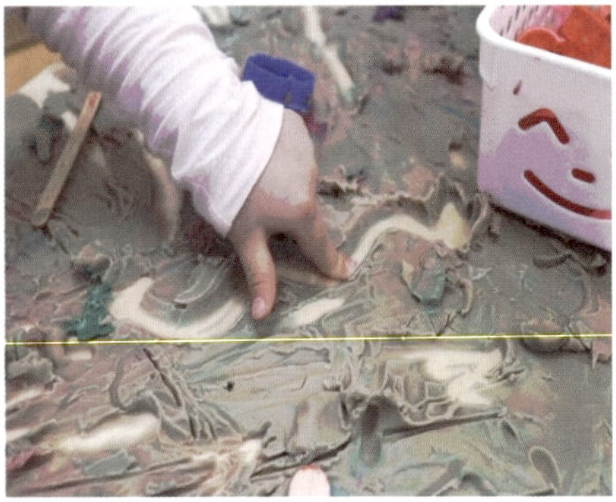

교실로 들어온 영아들은 친숙한 유토를 이용해 다양한 뱀놀이를 시작한다. 뱀의 형태 만들기, 뱀의 형태 손가락으로 그리기, 뱀으로 만든 점토를 가지고 움직여 보기 등 다양한 놀이의 확장이 연계되어진다.

(3) 교사의 기록 속 놀이 이해

점토의 성질을 갖은 유토는 적응기간 영아들에게 정서적 안정감을 주는 매력적인 놀이매체였다. 유토의 재질에 대한 탐색 놀이만이 아닌 새로운 놀이의 기회를 위해 다양한 도구를 제시했을 때, 영아들은 교사의 기대와는 달리 아이스크림 막대로 케이크, 꽂기, 자르기 등의 탐색만을 즐긴다. 이후 실외활동 산책 중 발견한 구불구불한 빛은 또 다른 흥미로운 놀이의 변화를 가져왔다. 재질의 탐색과 도구의 활용에서 유토는 빛의 구불한 형태의 뱀으로 상징화 놀이로 연계되어지며, 유아만이 아닌 영아에게도 경험 속에서 놀이가 확장되어지는 것을 알 수 있다. 또한, 교사의 계획된 놀이가 아닌 우연히 발견된 영아의 호기심을 통해서도 물체의 변화, 일상에서의 경험적 상상놀이, 또래와 사회적 관계를 맺으며 이야기를 즐기는 등 영아 놀이중심 교육과정을 경험 할 수 있다.

2) 사례

(1) 벨라스티 마녀가 동화가 되기까지

일상에서 경험하는 영유아들의 호기심은 한 가지 영역에 한정되어지지 않고 통합적으로 열려진 놀이계획이 바람직하다. 교사 계획과 다른 놀이의 몰입이 보여지더라도 유아의 생각을 들여다보고 유아가 안내하는 의미와 해석을 공감한다면 또 하나의 의미있는 놀이를 바라보는 철학적 가치의 첫걸음이 될 것이다.

다음 사례는 미세먼지로 산책이 어려웠던 유아들이 원 주변을 산책하면서 우연히 발견한 세모 모양의 박힌 돌을 관찰하며 만들어진 또 하나의 상상 이야기이다. 만 3세 유아들의 현실과 상상을 넘나들며 만들어 낸 유아의 놀이 속 의미를 살펴보고자 한다.

누리과정 내용범주

의사소통 〉 책과 이야기 즐기기 〉 말놀이와 이야기 짓기를 즐긴다
예술경험 〉 창의적으로 표현하기 〉 다양한 미술 재료와 도구로 자신의 생각과 느낌을 표현한다.
자연탐구 〉 탐구과정 즐기기 〉 궁금한 것을 탐구하는 과정에 즐겁게 참여한다.
자연탐구 〉 탐구과정 즐기기 〉 주변 세계와 자연에 대해 지속적으로 호기심을 가진다

교사의 놀이흐름의 배경

봄마다 어김없이 불어오는 황사와 미세먼지는 아침부터 저녁까지 생활하는 공간인 어린이집에서 나갈 수 없는 요인 중의 하나였다. 특히, 기관지가 나쁜 유아들이 있어 부모님들도 무척 예민했던 시기였다. 때마침 미세먼지 농도가 보통으로, 어린이집 주변을 산책하던 아이들이 한 명, 두 명 앉아서 옹기종기 이야기를 하고 있는 모습을 발견하게 되었다. 항상 다니던 어린이집 주변의 나무 아래지만, 이 날은 세모 모양의 박힌 돌이 아이들의 재미있는 놀이 소재가 되었다. 이 아이들은 박힌 돌이 왜 궁금할까? 왜 박힌 돌 주변을 부러진 나뭇가지로 파고 있는 것일까? 교사는 아이들의 이야기와 모습이 궁금하여 그 모습을 들여다보게 되었다.

일상 중에서 발견된 자연물을 보고 유아들은 어떠한 생각과 의미를 담아 낼 수 있는지 교사는 궁금해하며 들여다보기 시작한다.

'한 주 동안 미세먼지가 좋지 않아 실외활동을 할 수 없어 아이들이 돌에 대한 생각을 모두 잊게 되면 어떻게 하지?'하는 불안감을 갖고 시간을 보내게 되었다. 드디어 날씨가 좋아진 오늘 우리는 실외활동 시간이 되어 당연하다는 듯이 돌이 있는 산책길 한 켠으로 발걸음을 이동하였다. '목적지에 도착하였습니다'라는 교사의 말과 동시에 아이들은 돌이 박혀 있는 곳으로 이동해 삼각형의 돌 주변을 파 내기 시작하며 이야기를 나눈다.

하영: 얘들이 돌이 마녀로 변신하고 있대. 빨리 가야 돼!
민호: 선생님 마녀가 블라스타피를 가져가요.
교사: 블라스타피 그게 뭐에요?
민호: 벨라가 가져가는 거(나무의 한쪽으로 이동하며 시범을 보이는 민호)...

(B 교사의 4월 4차 기록 중)

한동안 미세먼지로 인해 실외활동을 할 수 없어 아쉬움이 컸던 00반 아이들! 미세먼지가 좋아진 날 00반 아이들과 함께 원 주변 산책을 나서게 되었다. 흙과 나뭇가지가 널부러져 있는 산책길에서 우리는 잠시 멈춰서서 돌덩이를 발견하게 되었다. 순간 유아들은 주변에 떨어진 작은 돌멩이와 나뭇가지를 집으며 박혀 있는 돌덩이 주변의 흙을 퍼 내며 유심히 돌덩이의 형태를 살핀다.

(B 교사의 4월 1차 기록 중)

하영: 이거 내가 어렸을 때부터 있었던 돌이야!
민호: 하영이 아기였을 때?

하영이는 이 돌이 이 자리에 아주 오래 전부터 있었음을 민호에게 이야기한다. 교사는 '하영이가 만 2세에 원을 옮겼다 유아반에 다시 입학했기에 기억력이 좋구나!'라는 생각이 들었다.

교사: 그때였다. 00반 때 봤던 기억이 생각났니?
하영: 아니 내 생각에는 어렸을 때부터 있던 돌이예요.

하영이에게 어렸을 때부터 있던 돌이라는 의미는 아주 오랜 시간 이 돌은 이 자리에 있었다는 의미인 것이었다.

(B 교사의 4월 2차 기록 중)

교사는 때론 유아들의 행동과 상호작용, 표상들을 기록하여 유아의 상상 속 의미와 기록에서 놓친 새로운 발견을 되돌려 재기록이 필요할 수 있다. 재기록을 통해서는 교사가 미처 발견하지 못한 새로운 기록의 기회가 된다. 여기서 재기록이란 기존의 기록을 다시 살펴보고 기록을 토대로 발견하지 못한 새로운 관점과 의미를 추가하여 기록하는 것을 의미한다.

지속적으로 다시 찾아 온 미세먼지로 인해 실외활동 시 땅에 박혀 있는 돌을 교실로 들여오기로 결정을 했다. 사진을 교실의 벽면 한 켠에 부착해 주자 관심이 없던 유아들도 "선생님 이게 뭐에요? 나 본 것 같아요"라고 관심 갖는 모습을 보였다.

(B 교사의 5월 2차 기록 중)

유아의 관심과 몰입이 지속될 때 다양한 표상과 매체의 경험은 놀이의 깊이를 높이는 기회가 된다. 실외에서 경험이 실내에서도 지속될 수 있게 하기 위해서는 유아의 호기심이 지속될 수 있을 때에 교사의 새로운 물리적 지원이 요구된다. 이 사례에서는 또 다시 지속적으로 미세먼지가 생기게 되어 산책에서의 경험을 실내에 들여와 유아들의 상상 속 놀이가 이어질 수 있도록, 교사는 매체를 통해 지원하였다.

아이들에게 조금 더 효과적인 경험을 주기 위한 방법이 없을까 하는 고민을 하게 되었다. 교사가 찍은 산책 길을 빔으로 제공한 공간에 들어서자, 아이들의 호기심과 낯설음이 공존하였다.

(B 교사의 6월 1차 기록 중)

민호: 벨라시티 마녀가 이쪽 길로 왔다가 다시 돌아가는 길이예요.

(B교사의 6월 4차기록 중)

하민: 벨라시티 마녀가 돌에 숨어 있는 거예요.

(B교사의 6월 4차기록 중)

유아의 재미있는 생각을 함께 의논하고 공유하기 위해서는 기록을 패널로 만들어 기관의 잘 보이는 공간에 함께 공유하여, 부모님들과 협의 시간 또는 부모참여활동을 통해 나눌 수 있다. 이를 통해 비로소 유아, 교사, 부모가 함께 소통하는 교육의 기초가 될 수 있다고 본다.

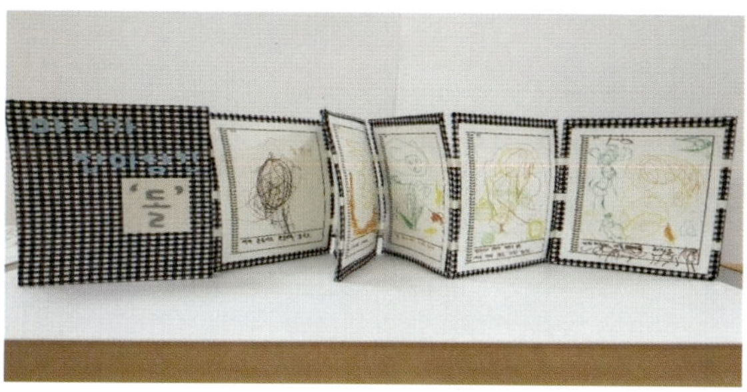

부모 참여수업을 통해 함께 완성한 '마녀가 잡아당긴 돌' 책 만들기 완성작

(2) 교사의 기록 속 놀이 이해

유아들은 상상 속 그림을 통해 이야기 속 의미를 부여하고 유아가 발견한 새로운 이야기를 통해 생각하기, 말하기, 그리기, 쓰기 등 다양한 언어적 자극과 심미적 탐색의 기회를 갖게 된다. 더 나아가 부모님과 유아들의 이야기 속 맥락을 안내하고 함께 공유하므로서 연령별 시기에 따른 유아들의 새로운 경험을 이해하고 유아, 교사, 부모가 함께 소통하는 교육적 의미의 관계성을 경험할 수 있게 된다.

3) 사례 3

(1) 손씻기에서 폭발실험까지

누리과정 내용범주

사회관계 〉 더불어 생활하기 〉서로 다른 감정, 생각, 행동을 존중한다
예술경험 〉 아름다움 찾아보기 〉자연과 생활에서 아름다움을 느끼고 즐긴다
자연탐구 〉 생활속에서 탐구하기 〉 물체의 특성과 변화를 여러 가지 방법으로 탐색한다
자연탐구 〉 탐구과정 즐기기 〉 궁금한 것을 탐구하는 과정에 즐겁게 참여한다

영유아들에게 의미 있는 교육의 계획은 반드시 가치로운 의미를 부여해야만 의미 있는 교육의 결과라는 생각을 깰 수 있는 놀이의 재발견 사례이다. 유아의 자연스러운 호기심 과정에서 깊이 있는 지식의 경험과 새로운 놀이의 발견 그리고 확장 놀이하는 경험의 기회가 될 수 있다.

다음 사례는 우연히 경험한 손세정제의 폭발실험이 좋은 냄새가 나는 색깔물 향수가 되고, 색깔물의 향수가 자연에서 쉽게 볼 수 있는 자연의 색을 고스란히 담은 자연물로 만들어진 색깔물의 변화까지 경험하게 되는 실험놀이이다. 만 5세 유아들의 호기심에서 시작된 장난과 실험이 깊이 있는 놀이로 확장 연계되는 의미 있는 경험놀이를 소개한다.

교사의 놀이흐름의 배경

코로나-19로 인해 하루에 여러 번 씻어야 하는 손씻기가 새로운 놀이를 발견하는 기회가 될 것이라는 생각을 못했다. 유아의 장난을 일상생활 지도로 마무리를 해야 할지 아니면 유아의 생각을 조금 더 지켜보며 무엇을 실험하고 반복적인 놀이로 흥미를 지속하는지 갈등하는 가운데 조금은 아이들의 생각을 주시하여 들여다보기로 했다.

아이들은 물감을 풀은 물에 손세정제 비누향을 넣으며 향수 만들기를 하고 있다. 동아는 비누와 물을 섞으며 "원래 기름하고 물 안 섞이잖아~그런데 나는 섞을 수 있어. 이것 봐 봐" 한다. (동아 생각에 비누는 기름과 같은 성질이라고 바라보는 듯하다.) 손비누를 계속해서 물감 풀은 물에 짜던 세빈, 휘젓지 않으면 가라앉지 않는 것을 보며 흥미를 느낀다. 세아는 "우리 폭발실험하자~" 라고 외친다. 아이들은 물감이 들어 있는 투명컵 위에 넘쳐흐를 듯 비누폼을 올리고는 그 위를 꾸미기도 하였다.

(C 교사의 4월 2차 기록 중)

유아는 때론 자신들의 경험을 많은 놀이에 연결지어 또 하나의 새로운 발견인 듯 새로운 이야기소재 또는 놀이소재로 사용한다. 이 기록에서는 유아가 책을 통해 경험한 TNT(trinitrotoluene: 출처 네이버 국어사전)라는 용어를 사용하며 새로운 지식의 깊이를 높힌다. 여기서 유아가 말한 TNT는 폭약으로 쓰이는 화학물을 의미한다. 손세정제 비눗물의 거품을 통해 폭발실험의 개념을 이해하고, 실험을 통해 깊은 지식적 의미를 이해하는 경험을 갖게 된다.

세아는 "우리 폭발실험하자~"라고 외친다. 아이들은 물감이 들어 있는 투명컵 위에 넘쳐흐를 듯 비누폼을 올리고는 그 위를 꾸미기도 하였다. 검은 물감을 묻혀 휘저으며 마블링 모양을 만들기도 하였고, "우리 여기 안에 클레이도 넣어 보자"라고 하며 자신이 만든 완성품이 폭발했으면 하는 모습을 보였다. 동희는 초록색 물감을 푼 투명컵에 남색 물감을 더하더니, "이거 바다 심해의 색깔이 나왔어~" "이건 바다 심해향이 날 거야"라고 하며 기뻐하였다. 세아는 "우리 하늘색 향수도 만들자"라며 창밖의 하늘을 가리켰다. 동희는 자신이 만들었던 향수를 더 큰 컵에 넣고, 그 안에 물을 더 넣자 색이 투명해지는 것을 보며 "어? 이 향수색 깔끔해!"라고 하였다. 서하는 친구들을 보며 "그러면 깔끔한 냄새가 나겠네?"라고 하였다. 이후, 세아가 화장실에서 손비누를 가지고 와 향수에 냄새를 입히고 있었다. 아이들은 손비누를 넣다 보니 어느 순간 물과 섞이지 않고 물감물 위로 층층이 쌓이는 손비누를 보고 "TNT 넣는 거야~TNT 넣으면 폭발할 거야"라고 하며 이전에 만들었던 폭탄 만드는 놀이를 다시 시작하였다. 아이들은 물감물 위에 손비누, 그리고 그 손비누 위에 여러 가지 색의 물감을 짜며 폭탄을 제조하였다. 세아는 마이크를 가지고 오더니, "승객 여러분, TNT를 넣어서 곧 폭발합니다. 곧 폭발합니다."라고 하며 안내방송을 하기 시작하였고, 다른 놀이를 하던 친구들도 아이들의 폭탄을 보러 다가왔다.

(C 교사의 4월 2차 기록 중)

유아의 놀이 속에는 실험을 하며 놀이의 반복과 예측하는 과정이 보인다. 이러한 자연스런운 놀이 경험에서 발견한 지식은 유아가 지식체계를 구성하게 되는 새로운 결과라 볼 수 있다. 또한, 사전 경험 놀이를 다른 놀이 속에서도 회상하며 같은 맥락의 놀이의 확장 연계와 새로운 시도의 기회가 된다.

서하는 "동희가 알려 준 실험 하나 보여 줄게"라고 하며 투명컵에 물을 담아 왔음. 서하는 "물을 이렇게 담아서 한지를 찢어서 넣고..."라고 하며 한지 하나를 골라 길게 자르더니, 그것을 컵 안에 넣고 붓으로 휘젓기 시작하였음. 그리고는 붓으로 꾹 누르고 "1...2...3...4..."숫자를 세 보았음. 세아는 이를 보며 "어! 나도 알아, 이거! 색 변하는 거잖아!"라고 하였음. 서하는 잠시 휘저은 한지를 빼내더니, "이 미역은 버려 주고~"라고 하며 한지를 버리고 빼낸 물을 들어 보였음. 서하는 "봐 봐, 물감이 아니어도 색이 변하게 할 수 있어"라고 하였음.

(C 교사의 4월 3차 기록 중)

놀이 속 실험에서 발견되는 새로운 물질의 변화는 또 다른 놀이의 발견의 기회가 된다. 폭발실험에서 색으로 관심이 바뀐 유아들은 새로운 방법을 통해 색을 만드는 방법을 만들어 가며 색이 물들여지는 성질에 대해 이해하기도 한다.

이처럼 아이들은 물감이 아닌, 색이 입혀진 물체에서 나오는 색으로도 무엇인가를 염색시킬 수 있다는 것을 알고 있었음. 그리곤 서하는 분홍색 큰 솜공을 파란물 속에 넣었다가 물을 짜 내니, 솜공의 원래의 색인 분홍색으로 돌아오는 모습을 보여 주었음. "솜공을 푹 넣고, 빼서 물을 푹 짜 줘요. 다시 뽀송해졌죠?" "이건 염색이 안돼요. 털이라서 그런가?"라고 하며 면봉을 물 속에 넣어 보았지만, 면봉은 파랗게 물들어서 나오는 모습을 볼 수 있었음. 서하는 왜 그럴까 잠시 고민하였음.

(C 교사의 5월 2차 기록 중)

색깔물을 만들 수 있는 새로운 재료가 있을까 생각하다가 "자연물을 이용해 색깔을 만들면 어떨까?"라고 생각하게 되었다.

자연물 색깔물 만들기는 놀이를 유희실과 실외에서 확장시켜 주어 돌을 이용해, 체에 거르고 갈아서, 자연물끼리 부딪히고 다져서 색깔을 만들어 보고, 그 물을 투명컵에 담아 보기도 하고, 그 컵을 라이트테이블 위에 올려 보기도 했다.

교실의 라이트테이블에 자연색깔물들을 전시해 놓았던 아이들은 다음 날 아침 ○○반 교실에서 자신들이 자연물을 채집하는 영상 밑의, 라이트테이블 위의 색깔물들을 보며 "색이 더 진해졌어요" "거품이 생긴 것 같아요" "빨간 열매는 그대로인데 갈색물은 더 진해졌어요"라고 하는 등 이야기하였다.

하영이는 "그런데, 저 이거 안 버리면 안돼요? 간직할래요"라고 이야기하기도 하였는데 이후, 교사는 아이들과 만든 색깔물을 빈 보틀에 넣어 창가 햇빛 아래 전시해 둔다면, 자연색물을 간직할 수도 있고, 라이트테이블 빛뿐만 아니라 햇빛에 비친 색도 탐색할 수 있고, 동생들에게 자연스럽게 우리가 만든 색깔물을 소개할 수도 있겠다는 것을 느꼈다.

(C 교사의 6월 1차 기록 중)

또한, 아이들은 색깔물들을 바라보며 “바다 같다” “에메랄드 빛이나”라고 하며 좋아하였다.

이런 아이들을 보며 이 자연물의 색깔이 어떤 색인지는 정해진 이름을 말할 수 없을지라도 아이들과 자연색깔물에 이름을 지어 줄 수는 있지 않을까 생각이 들었다.

(자연색물을 처음 만들고 난 뒤, 하영이는 자신이 만든 색의 이름을 말하지 않고 “회색 같다”고만 하는 모습을 보였는데, 하람이가 만든 색깔물은 회색이 아닌데, 왜 회색이라고 할까 알아보니, 초록색이지만 채도가 조금 더 어두운 색이라서 회색 같다고 표현하였던 것이었다. 이처럼 세상에는 명도와 채도가 조금씩 다른 색들이 아주 많은데, 모든 색을 이름으로 표현할 수 있을까?)

(C 교사의 6월 2차 기록 중)

놀이 속에서 발견한 염색의 성질에 대해 궁금해하며 또 다른 색 만들기 놀이는 유아들의 호기심을 확장시켰다. 자연에서 발견된 자연물 고유색은 과연 어떠한 변화가 생길지 직접 관찰하고 색을 만들고 다양한 시각적 매체를 통해 유아 각자의 생각에 따른 이름을 만들어 주었다. 시기적 이슈로 손씻기를 하던 유아의 호기심을 기다리고 지켜봤을 때 또 하나의 매력적인 실험놀이로 확장되었다. 장난으로 시작된 실험놀이는 또래의 모든 유아들에게도 재미난 놀이로 그 가치와 교육적 맥락을 가시화할 수 있었다. 이를 통해 우연한 장난에서 매력적인 실험놀이는 유아들의 반복적인 협의와 토의를 통해 화학의 성질과 천연색의 발견을 하는 기회가 되었으며, 색깔 이름 짓기, 색을 만드는 방법 순서도 만들기 등 언어, 자연탐구, 예술경험, 사회관계를 통합적으로 경험하는 통합적 놀이의 가치를 보여 주었다.

(2) 교사의 기록 속 놀이 이해

유아에게 새로운 지식의 경험은 교사의 교육적 놀이계획만이 아닌 유아의 호기심과 흥미에서 더 다양한 발견과 학습이 가능함을 알 수 있는 기록이다. 유아가 궁금해하며 고민하던 자신들만의 궁금증이 또 하나의 학습 주제가 되고 다양한 관점과 실험을 통해 가설을 만들면서 새로운 지식의 경험을 만들어 가는 기회가 된 것이다.

CHAPTER 05

발도르프 프로그램

발도르프 프로그램은 기존의 교육이 가진 획일적인 인간을 키워 내는 것에 반감을 가지고 그 대안교육으로 기질에 따라 기다려 줄 수 있는 교육을 제공하고자 하였으며, 독일에서 시작해 현재는 세계적으로 확산되고 있다.

발도르프 프로그램 창시자인 슈타이너(Steiner)는 자신의 사상적 기초인 인지학에 바탕을 두고 오스트리아 슈투트가르트에 최초의 발도르프 학교를 설립하였다. 슈타이너는 '교육이란 인간 본성에 대한 올바른 인식에서 출발해야 한다'고 주장하여 인지학적 인간관을 교육이념으로 내세우고 인간의 본질을 신체, 영혼, 정신의 통합체로 보았다.

그림 5-1 루돌프 슈타이너

그림 5-2 괴테아눔

슈타이너는 1912년 인지학 협회를 창설하고 인지학에 관한 각종 저술과 강연 활동을 활발히 펼쳐 나갔다. 중반기 이후부터는 '괴테아눔'이라는 건물을 통해 예술적 활동에 활발히 참여하였으며, 이곳에서 발도르프 프로그램의 주요활동인 오이리트미를 창조하였다.

1919년 독일의 발도르프-아리토리아 담배공장의 사장인 에밀 몰트의 부탁으로 발도르프 학교를 설립하게 된다. 슈타이너는 인간 정신에 대한 깊은 이해를 강조하며, 자연과 조화로운 삶을 경험할 것을 강조하는 프로그램을 담배공장 노동자 자녀들을 위해 발도르프 학교에서 펼쳐 나간다. 이처럼 슈타이너는 1925년 생을 마감할 때까지 자신의 인지학적, 정신적 세계를 사회에 알리기 위해 많은 활동을 하였다(황해익 외, 2018).

1. 이론적 배경

1) 슈타이너의 인간관

슈타이너는 인간의 본질을 신체, 영혼, 정신이라는 인간의 삼자적 구조를 통해 경험할 수 있고 육체와 영혼과 정신이 삼위일체되어 전체가 하나로서 작용할 때 진정한 인간으로 거듭할 수 있다고 강조하였다. 그는 인간의 본질과 외적 세계의 관계 정립에만 관심을 기울인 것이 아니라 눈으로 볼 수 없는 영적인 세계, 즉 정신적이고 초월적인 세계에까지 관심의 영역을 넓혔다.

슈타이너는 인간을 물리적 신체, 생명체, 감정체, 자아체 네 가지 구조로 성립된 구성체로 보았다(서영숙 외, 2019).

- 물리적 신체(Physischer Leib)
  정신을 뺀 나머지 육체, 즉 눈에 보이는 물질적 형태(뼈, 근육, 장기, 피부)를 가지고 있다.

- 생명체(Aetherleib)
  생명을 가진 신체는 성장한다. 먹고, 배설, 호흡, 성장, 외부자극에 반응하는 것 등은 식물과 공통된 요소를 지닌다.

- 감정체(Asrtalleib)
  고통, 즐거움, 충동, 열정 등을 감정이라고 하는데, 인간은 감정체를 가지고 있어서 생각하고 느끼고 의지를 갖는 다양한 정신활동을 한다. 동물과 공통적인 요소를 지닌다.

- 자아체(Ich-Leib)
  인간에게만 존재하는 인간 고유의 특징으로 '나'를 인식할 수 있는 힘을 '자아'라는 말로 표현한다. 자아를 통해서 충동이나 감정 등을 통제하고 조절한다.

2) 발달 단계

슈타이너의 발달이론에 따르면 인간의 성장 발달은 7년마다 커다란 변화를 보이며, 7년 단위의 3단계를 거친다고 설명하였다. 출생에서 7세까지는 유아기로서 물리적 신체의 탄생, 7세에서 14세까지는 아동기로서 표상력체(表象力體)의 탄생, 14세 이후에서

21세까지는 청년기로 감정체의 탄생으로 분류하였다.

(1) 1단계: 출생~7세(물리적 신체의 탄생)

물리적 신체의 탄생 시기로 신체발달과 함께 의지가 형성되는 시기이다. 이 단계의 아동들은 전적으로 감각적 존재이므로 야단치거나 경고하는 것이 아닌 모방할 만한 가치가 있는 환경을 조성해 주는 것이 중요하다. 이 시기는 환상과 상상을 탐색하는 것이 중요하며, 영유아 자신이 신체와 감각을 최대한 발휘할 수 있게 해야 의지력을 가지고 성장해 나간다.

(2) 2단계: 7~14세(생명체 탄생)

생명체 단계로 영구치가 자라는 시기이다. 생명체는 외부세계에서 발생하는 일에 대해 적응하고 자신을 가다듬어 가며, 사고할 능력을 가지게 된다. 발도르프 학교에서는 가슴으로 세상을 받아들이는 아동기의 특징을 고려하여 예술적인 교육을 중시한다. 발도르프 학교는 예술교과를 가르치는 것이 아니라 수업 전체 구성을 예술적으로 한다. 또한, 어떤 주제나 내용에 관하여 예술적이고 상상력이 풍부한 방법으로 소개된 지식은 모든 아동이 흥미롭게 배우고 기억함으로써 지식을 머리로 이해하는 것이 아니라 마음으로 이해할 수 있는 사람이 될 것이라고 하였다.

(3) 3단계: 14세~21세(감정체의 탄생)

14세 전후가 되면 사춘기를 맞이하는 아픔을 겪게 되는데, 3단계에서는 감정체로서의 주기로 전환된다. 이 시기는 주변의 모든 것에 영향을 받는 민감한 시기로 독립적 판단 의지가 생겨나며, 영혼의 기초에 눈을 뜨게 된다. 또한 세계와 인간에 대한 더 깊은 인식 욕구가 나타나고 추상적 사고능력이 생기며 자신이 영혼의 힘, 즉 감정과 의지로 환경과 더 자유롭고 더 독립적으로 맞선다. 이 시기에는 학습자가 적절하게 탐색하고 연관성을 찾도록 해 주면 감정체가 발달한다.

슈타이너는 인간은 3단계인 신체-영혼-정신의 단계로 발달해 가고, 개인차는 있지만 3단계의 발달적 순서가 조화를 이룰 때 전인적 인간이 된다고 하였다. 교과나 지식을 가르치는 것보다 혼자의 힘으로 학습하고 생각할 수 있는 능력을 키우는 것이 중요하다고 보았다(서영숙 외, 2019).

3) 기질론

슈타이너의 인식학적 관점에서 볼 때, 교육은 인간에 대한 깊은 이해에서 출발되어야 한다. 슈타이너는 영유아가 가지고 태어나는 기질에 대해 관심을 두게 되었고, 인간의 다양성을 설명하기 위해 네 가지 기질로 구분하였다.

(1) 다혈질

다혈질 유형의 영유아는 성격이 급하고 충동적이고 감정적인 유형으로 인내심이 부족한 대부분의 영유아에게서 볼 수 있는 기질이다. 낙천적인 성격으로 다른 사람과 잘 어울리는 사교적인 특성을 가지기 때문에 칭찬과 사랑으로 따뜻한 관심을 가지며 적절한 운동량을 주어야 할 필요가 있다.

(2) 담즙질

담즙질 유형의 영유아는 열정적이고 에너지가 넘치며 의지력과 활동력을 가졌다. 지구력과 지도력은 있으나 타인에 대한 인정이 결여되어 공격심, 복수심 등으로 입장이 대립되는 상대를 만나면 양보할 줄 모르기 때문에 이들에게 필요한 것은 자아통제이다. 담즙질 유형의 영유아는 예리한 지성을 가지고 있어서 분명한 목표가 있으면 추진력과 실천력을 가지고 있는 특성이 있다.

(3) 우울질

우울질 유형의 영유아는 내성적이고 감수성이 예민하다. 어려움과 힘든 처지를 함께 하며 괴로움과 고통을 표현할 수 있는 사람들과 교류하려고 한다. 이러한 기질의 영유아는 다른 사람의 고통을 접하게 되면 자신의 문제를 소홀히 할 수 있기 때문에 자신의 문제에 주의를 환기시킬 수 있는 환경을 제공하며 먼저 자신의 아픔을 극복하도록 도와야 한다.

(4) 점액질

점액질 유형의 영유아는 꿈꾸는 듯 공상적이다. 앉아 있기를 좋아하고 안락함을 추구하며 변화를 싫어한다. 인내심이 많아서 어려운 상황에서도 참고 잘 견뎌 내기도 하고 편안하고 화를 내지 않지만 다른 사람들에게 무관심하다. 그러나 다양한 관심거리를 갖고 많은 일을 추진하는 사람에게 이끌리며, 한 번 이끌리기 시작하면 깊이 몰두한다. 이러한 기질의 영유아에게는 냉담이나 무관심에 적절한 반응을 보이며, 자신의 관심과 내부에만 갇혀 있지 않도록 도와야 한다.

2. 발도르프 프로그램의 목적 및 특성

슈타이너의 교육목적은 원만한 인간관계의 형성과 한 인간으로 자신의 삶을 펼쳐 나갈 수 있는 능력을 개발하는 것이며 신체, 영혼, 정신이 조화를 이루어 발달하는 것이다. 특히, 슈타이너는 인생은 전체가 하나의 통일체이며, 유아기의 영유아를 아는 것만이 아니라 인간을 알아야 할 필요가 있으며, 다른 어떤 단계의 교육보다 영유아의 발달에 대하여 잘 알아야 한다고 강조하였다(김수영 외, 2019).

발도르프 프로그램의 구체적인 목표는 다음과 같다(정윤경, 2004).

- 자유를 향한 교육

  발도르프 프로그램이 추구하는 자유는 내적 자유를 말하며 발도르프 교육에서 도달하고자 하는 내적 자유는 자기 억제와 책임을 포함한다. 자유를 추구하는 교육은 개인의 능력을 충분히 개발할 수 있는 교육으로 내면 활동의 의지, 감정, 사고 활동을 개발함으로써 자신의 삶을 의식적으로 이끌어 갈 수 있는 인간을 기르는 데 목적이 있다.

- 통합성을 추구하는 교육

  발도르프 프로그램은 교육을 통해 전인적이며 조화롭고 통합적인 인간으로 발달시키고자 한다. 통합적 교육은 지적 관념만을 길러 주는 교육이 아니라 인지적, 도덕적, 실용적 재능의 발달을 모두 중요하게 생각하고 장려해 가며 촉진한다.

- 영성 회복의 교육

  슈타이너는 인간을 고립된 개별자로 이해하지 않고 전체 우주와 하나라고 인식한다. 슈타이너가 추구하는 통합적 교육은 한 인간의 내면세계인 영혼과 우주 전체의 영적인 부분과 연결되어 있는 정신이 눈에 보이는 신체에 파고들 수 있게 교육하는 것을 의미한다. 신체, 영혼, 정신의 통합적 발달을 통해 신체, 정서, 지적, 영적인 영역 모두가 교육의 목적에 포함된다.

발도르프 프로그램의 원리에 대해 살펴보면 다음과 같다(이순형 외, 2005).

- 영유아 발달특성을 고려한 적기교육

  출생부터 7세 영유아의 두드러진 발달특징으로는 신체기관의 형성, 여러 신체 활동과 운동능력의 발달, 말하기와 사고하기, 도덕성 형성을 들 수 있다. 슈타이너는 이러한 발달특징을 살피고 충족시킬 수 있도록 해야 한다고 하였다.

• 모방과 본보기 교육

출생에서 7세 영유아는 자신을 둘러싼 세계를 온 감각기관을 통해 느끼고 모방하면서 내면화해 간다. 발도르프 프로그램에서는 언어 습득, 신체발달 과정에서 성인의 본보기는 매우 중요한 역할을 하며, 이 과정에서 영유아는 상대방과 소통하고 관계를 형성하는 방법의 기초를 습득하게 된다.

• 리듬과 반복을 경험하는 교육

인간의 삶과 이를 둘러싼 모든 환경에는 리듬이 존재한다. 호흡, 심장박동, 봄 · 여름 · 가을 · 겨울, 자고 일어나는 것도 리듬의 연속이다. 발도르프 프로그램은 이러한 리듬에 따라 활동이 진행되며, 매일의 생활도 들숨과 날숨의 활동이 적절히 반복되도록 한다. 날숨에는 정리정돈, 자유놀이, 바깥놀이, 나들이 등이 속하며, 들숨에는 라이겐, 심사, 이야기 듣기, 낮잠 시간 등이 해당된다. 하루일과는 정확한 시간표에 의한 규칙적인 생활이 아니라 영유아의 내적 상태를 관찰하면서 삶의 리듬을 바탕으로 형성한다.

• 상상력을 중시하는 교육

영유아기는 상상력이 넘치는 시기로 발도르프 프로그램에서는 상상력에 제한을 가져오는 구조화되고 정교한 놀잇감을 제공하지 않는다. 자연물을 이용한 놀잇감, 무엇인가 채워질 여지가 있는 놀잇감을 제공하며, 동화도 영유아의 상상력을 동원해 완성될 수 있기 때문에 마찬가지다.

발도르프 프로그램은 비디오나 TV도 시청하지 않는다. 이는 영유아로 하여금 상상력을 펼칠 시간과 기회를 빼앗을 뿐만 아니라 집중력을 방해하기 때문이다. 발도르프 프로그램은 영유아의 상상력을 자극할 수 있는 실물에 가까운 자연적이고 다양한 놀잇감이 적합하다.

3. 발도르프 프로그램의 운영

1) 발도르프 프로그램의 내용

발도르프 프로그램의 내용을 살펴보면 자유놀이, 작업, 동화듣기, 예술활동으로 구분할 수 있다(황해익 외, 2008).

(1) 자유놀이

발도르프에서의 자유놀이 시간은 영유아가 자신의 몸과 마음의 힘을 집중하여 놀이하는 시간이다. 각자 개별적 에너지를 가지고 등원하는 영유아들이 획일적이고 공동의 작업을 하는 활동이 아니라 스스로 세상 안으로 들어가는 능동적인 활동이기 때문에 자발성과 자율성이 내면화되는 시간이다. 발도르프 프로그램에서의 놀잇감은 조개껍질, 나뭇조각, 통나무, 천, 헝겊 등의 자연물이며 이를 가지고 놀며, 구조화되고 정교한 놀잇감은 지양하고 모든 놀잇감은 일상생활에서 쉽게 접할 수 있는 것을 사용하여 영유아들이 상상력을 펼칠 기회를 제공하고자 하였다.

출처: 독일 발도르프 교육.

그림 5-3 발도르프 인형

(2) 작업

발도르프 프로그램은 영유아에게 목공예, 수공예 등 다양한 작업을 즐기도록 하며 바느질과 수예 등의 수작업을 통해 영유아들의 소근육 발달이 촉진되도록 한다. 수작업을 위해 제공되는 재료는 천 조각, 가위, 실, 바늘꽂이 등으로 중요한 것은 교사의 개입보다는 영유아 자신이 가지고 있는 능력과 아이디어를 통해 작업에 임할 수 있도록 자유롭게 놓아 둔다는 것이다. 교사는 바늘에 실을 잘못 꿰거나 실에 매듭을 짓는 일과 같이 영유아 스스로 해결하기 어려운 상황에서 조심스럽게 도움을 주게 된다.

작업재료

색실로 만든 공

출처: 독일 발도르프 교육.

그림 5-4 발도르프 작업

(3) 동화 듣기

발도르프 프로그램은 영유아들에게 2~4주 동안 같은 시간에 같은 동화를 듣도록 한다. 동화는 그림을 동반하지 않고 교사가 직접 들려주며 이야기가 끝난 후에도 교육의 목적에 의한 교훈이나 교화는 언급하지 않는다. 동화 듣기는 동화의 내용을 숙지하는 데 목적을 두기보다는 뛰어놀던 영유아들의 활발한 기운을 차분하게 가라앉히는 역할을 하며, 교사와의 만남을 통해 즐거움을 느끼게 한다. 교사는 같은 동화를 반복해서 들려주면서 영유아들이 상상을 통해 새로운 창조를 경험하며 안정감을 느끼도록 해야 한다. 또한, 매일 영유아와 교사의 관계를 새롭게 형성해 나가면서 삶의 기쁨을 느끼도록 해야 한다.

(4) 예술활동

발도르프 프로그램에서는 다양한 일반활동이 제공되면서도 동시에 서로를 리듬감 있게 연결하기 위해 요일별 예술활동이 제공된다. 예술활동은 수채화 그리기, 오이리트미, 점토 만들기 등으로 이루어진다,

오이리트미는 음악과 그림을 동작으로 재현하는 동작예술로 인간의 신체 움직임을 통해서 영적 상태와 정신적 상태, 인간 전체를 투사하여 표현하는 동작예술이다. 오이리트미를 통해 영유아는 신체와 영혼의 합일을 느낄 것이고 자신들이 느끼고 감상했던 추상적인 느낌과 생각을 신체를 통해 눈으로 볼 수 있는 동작으로 표현해 낼 수 있음을 알게 된다.

또한 수채화 그리기는 특정 대상을 그리는 것이 아니라 영유아의 발달에 맞게 자연스럽게 빨강, 노랑, 파랑의 세 가지 색깔로 마음껏 색채감을 표현해 볼 수 있도록 하는 것이 특징이다. 교사는 선보다는 면으로 형태가 드러나는 그림을 그리도록 본을 보여줌으로써 영유아들이 면에 생동감을 표현하고 결과에 대한 느낌을 갖도록 돕는다.

오이리트미

수채화 그리기

출처: 독일 발도르프 교육.

그림 5-5 발도르프 예술활동

2) 발도르프 프로그램 운영의 특징

발도르프 프로그램은 물리적 환경, 연령집단 구성, 계획된 활동, 하루일과, 사회적 관계의 중요성을 강조하며, 운영의 특징은 다음과 같다(Roopnarine & Johnson, 2010, 박찬옥 외, 2018).

(1) 환경구성

발도르프 프로그램에서 환경은 아름다움과 질서에 대한 감각을 형성한다. 슈타이너는 영유아가 환경에 민감하며 오감을 통해 정보를 받아들이고 신체를 통해 환경을 경험한다고 하였다. 교실 벽지는 문양이 없고 색상은 화려하거나 자극적이지 않고 단순하고 은은한 연분홍을 사용한다. 교실의 단순미는 밀랍을 바른 목재 가구나 천연섬유에 식물 염색을 하여 만든 커튼 자연물을 이용해 만든 놀잇감 등을 통해서도 표현된다.

발도르프 교실 및 건물의 지붕, 기둥, 교실 칸막이는 최대한 각을 세우지 않고 둥근 곡선만이 있다. 이러한 환경은 영유아들이 가장 편안해할 수 있는 어머니의 품과 같은 느낌을 교실에서도 받게 되며, 자연과 최대한 유사한 환경 속에서 영유아는 내재되어 있는 본성을 발현시킬 수 있다.

발도르프 프로그램의 실외환경은 자연과 인접해야 한다. 나무가 우거진 뒷동산, 공원, 시냇물, 오솔길 등 영유아가 언제라도 산책을 갈 수 있는 환경이어야 한다. 실외영역 한쪽에는 영유아들이 날씨의 영향을 덜 받는 놀이 공간이 마련되어야 한다. 그 외에도 모래밭, 오두막 집, 탈 것이 다닐 수 있는 곳이 있으나 영유아 교육기관에 설치되어 있는 그네, 미끄럼틀, 정글짐 등은 없다. 발도르프 프로그램에서는 최대한 자연물을 활용하여 실외환경을 조성한다.

발도르프 유치원 실내환경

발도르프 유치원 실외환경

출처: 독일 발도르프 교육.

그림 5-6 발도르프 학교 환경구성

(2) 모방과 놀이

발도르프 프로그램은 영유아가 공동체 의식을 발달시킬 수 있는 모방과 놀이를 강조한다. 영유아는 본질적으로 성인의 일에 호기심을 가지고 자신의 지식을 심화하기 위하여 모방을 하기 때문에 발도르프 프로그램은 영유아에게 모방할 가치가 있는 것을 제공하고자 한다. 교사는 간식 준비, 책상과 바닥 닦기, 식물에 물 주기 등 의미 있고 일상적인 일들에 몰두한다. 이러한 교사의 일을 영유아에게 강요하지 않고 스스로 모방하도록 함으로써 공동체 안에서 자신의 역할을 배우고 다른 사람에게 의존하는 것도 배우도록 한다. 또한 놀이를 통해 다른 역할을 시도하고 갈등을 해결하면서 의사소통의 다양한 방법을 경험하면서 사회적 기술을 배우고 집단 안에서 생활하는 방법을 배우게 된다.

(3) 혼합연령 집단

발도르프 프로그램은 3세부터 6세까지의 영유아를 중심으로 혼합 연령집단을 조성한다. 혼합연력 구성은 어린 연령의 영유아는 높은 연령의 영유아를 존경하며 역할 모델을 삼게 된다. 높은 연령 영유아는 돌봄과 책임감 있는 태도를 배우게 되며 사회적 인지 기술을 향상시키게 된다. 이러한 혼합연령 집단 구성은 영유아가 가족적인 분위기를 경험하게 되며, 같은 나이로 구성된 학급에서보다 더 자연스럽게 성장과 발달을 하게 된다.

(4) 일과 구성

일과 구성의 주요 원리는 두 가지 주요 '호흡기'에 기초하여 구성한다. 자신의 내적 욕구에 따라 놀이할 수 있는 '날숨'의 형태와 외부의 규칙이나 자극을 받아들이는 '들숨'의 형태가 조화롭게 순차적으로 구성되는 것이다.

표 5-1 발도르프 프로그램 일과 구성

시간	일과 내용
7시 30분~	등원 시작(8시 30분까지 전원 등원 완료) (교사는 7시 10분까지 출근)
7시 30분~9시 15분	자유놀이(주로 실내), 간식준비
9시 15분~10시 30분	정리시간 화장실 가서 손씻기(식탁 차리기) 리듬놀이를 중심으로 한 아침 circle time 아침 식사
10시 30분~11시 30분	자유놀이(주로 실외) 날씨가 좋은 경우: 모래놀이, 줄넘기, 손수레, 갈퀴 날씨가 좋지 않은 경우: 따라 뛰기, 잡기, 산책
11시 30분~12시	실외놀이 정리시간 신발을 실내화로 갈아 신기 손씻기 동화듣기(오전의 마무리)
12시~12시 30분	귀가하기

출처: 신희의 외(2018).

4. 발도르프 프로그램의 실제

발도르프 프로그램을 운영하고 있는 세종시 발도르프 유아교육기관의 운영 실제를 소개하면 다음과 같다.

1) 발도르프 교육의 기본철학

01 관계성

자연과의 관계를 통해 살아가는 사람
인간과의 관계를 통해 살아가는 삶

02 조화

행동과 느낌, 사고가 조화로운 사람

03 창의성

자신을 온전히 세상으로 향하고 세상에서 경험한 것을 들여와 다시 자기만의 것으로 스스로를 창조하는 능력

04 개별성

자신의 고유한 개별성에 적절한 삶을 사는 자유로운 사람

2) 발도르프 교육의 기본원리

- 자유로운 인간교육
- 인간의 발달과정에 초점을 둔 영유아기의 학습원리
- 인간의 본질적인 삶을 통한 생활교육
- 현재를 충실하게 하는 교육

3) 발도르프 교육의 특성 및 방법

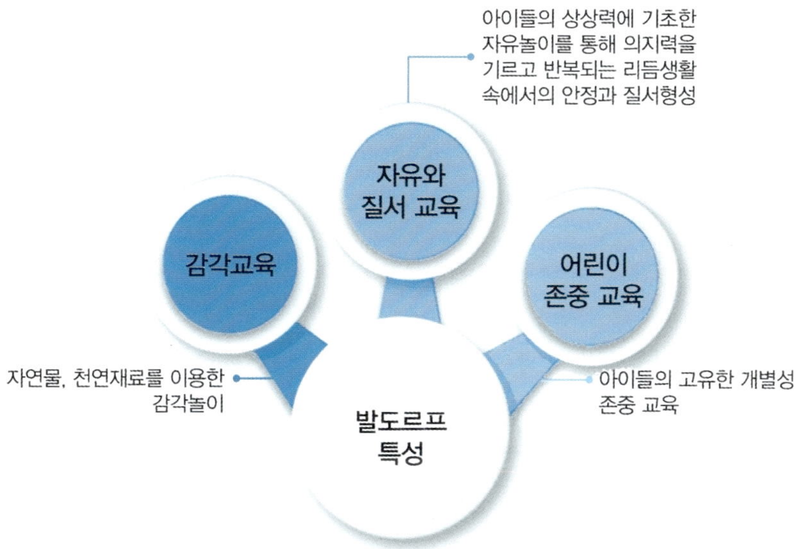

- 교사의 모범과 모방
- 환경조성: 감각, 조화, 미학, 자유, 창조 삶
- 생활 안내: 기본생활
- 리듬생활 – 시간, 공간, 영혼의 질서
- 생활작업
- 예술활동
- 자유놀이: 상상력, 창의력
- 감각놀이
- 세상탐험, 나들이, 발도르프식 수, 문자교육

4) 발도르프 교육의 환경구성

(1) 발도르프 교육의 환경구성 원리

① 어린이를 보호하는 환경

② 어린이가 스스로를 만들어 가는 환경

③ 질서와 조화

④ 자연과 계절에 어우러지는 삶의 공간

(2) 발도르프 교육기관의 환경구성의 특성

① 감각적 경험이 풍부한 환경

② 가공되지 않는 (자연주의) 환경

③ 상상력을 키우는 환경

④ 조화롭고 미학적인 환경

⑤ 자연, 계절의 변화와 어우러지는 환경

⑥ 삶을 위한 환경

5) 주요 교육활동 내용

① 생활작업 ② 감각놀이 ③ 예술놀이

④ 리듬놀이 ⑤ 창의적인 자유놀이 ⑥ 기본생활습관

⑦ 꽃밭, 텃밭 가꾸기 ⑧ 모듬놀이 ⑨ 탐험놀이(숲 탐험)

6) 주요활동

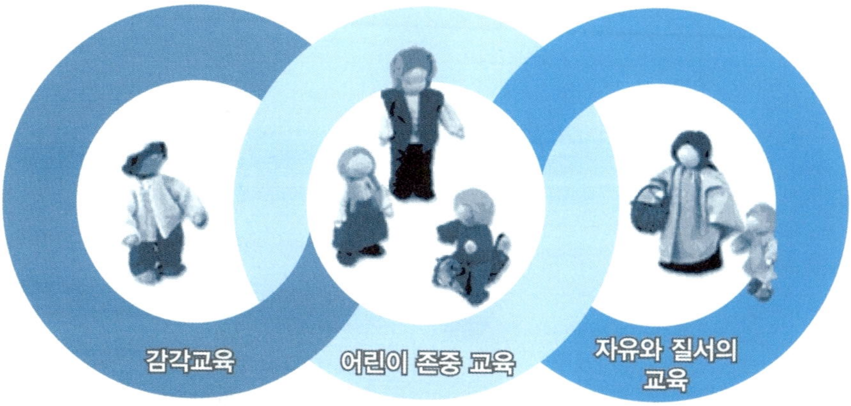

- 자연물, 천연재료, 감각놀이 단순한 놀잇감, 예술활동

- 어린이의 고유한 개별성 존중 교육

- 어린이의 상상력에 기초한 자유놀이
- 의지력과 리듬생활을 통한 삶의 교육과 생활습관 지도
- 상상력을 고무하는 자유로운 놀잇감

7) 리듬생활

리듬생활의 기초로 호흡과 반복을 실행한다.

- 들숨: 자신의 외부세계로부터 안으로 들여오는 것(공동체 활동, 식사, 낮잠 등)
- 날숨: 자신이 외부세계로 향하여 발산하는 것(자유놀이, 예술활동, 생활작업 등)

표 5-2 영아반 일일 리듬생활 구성 예시

시간	활동내용	호흡	비고
7:30 – 8:30	통합보육	날숨	오전 통합보육
8:30 – 9:00	등원 및 자유놀이 / 건강관찰		기본운영
9:00 – 9:20	일상생활(기저귀 갈기 및 손씻기)		
9:20 – 9:30	아침모임	들숨	
9:30 – 10:00	오전 간식		
10:00 – 11:00	오전 자유놀이 및 기저귀 갈기	날숨	
11:00 – 11:10	리듬놀이	들숨	
11:10 – 11:40	실외 자유놀이	날숨	
11:40 – 12:00	옷 정리 및 손씻기, 점심준비	들숨	
12:00 – 13:00	점심 및 이 닦기		
13:00 – 15:00	낮잠 준비 및 낮잠		
15:00 – 15:30	일어나기 및 기저귀 갈기	날숨	
15:30 – 16:00	오후 간식	들숨	
16:00 – 17:30	오후 자유놀이	날숨	
17:30 – 18:00	감각놀이	들숨	
18:00 – 19:30	개별적 귀가지도	날숨	연장보육

표 5-3 유아반 일일 리듬생활 구성 예시

시간	활동내용	호흡	비고
07:30 – 8:30	교실정비, 통합보육	날숨	오전 통합보육
08:30 – 9:00	등원, 아침인사, 건강관찰, 자유놀이	들숨	기본보육
09:00 – 9:30	화장실 다녀오기 및 손씻기 및 아침모임	들숨	
09:30 – 10:00	오전 간식		
10:00 – 11:00	오전 실내 자유선택놀이 / 생활작업 / 예술활동	날숨	
11:00 – 11:30	대그룹활동 / 리듬놀이(라이겐) / 목공놀이	들숨	
11:30 – 12:30	실외 자유놀이	날숨	
12:30 – 13:30	점심식사 준비 및 식사 / 이 닦기	들숨	
13:30 – 15:00	이야기(전래동화) 듣기 / 낮잠 및 휴식 / 조용한 활동		
15:00 – 15:30	정리 및 화장실 다녀오기	날숨	
15:30 – 16:00	오후 간식	들숨	
16:00 – 16:30	다례(만 5세) / 오후 자유놀이	날숨	
16:30 – 18:10	오후 자유선택 놀이 / 감각놀이		
18:10 – 18:30	하루일과 마무리 및 평가하기	들숨	
18:30 – 19:30	개별 귀가지도 및 자유놀이	날숨	연장보육

표 5-4 월간의 생활리듬: 탄생하여 성장, 성숙을 거쳐 절정을 이룬 후 소멸하는 생명의 과정

시기	생활내용	호흡	비고
첫째 주	교실환경 꾸미기 작업	시작	축제날에 따라 변동 가능하며, 절기에 따라 3~5주가 될 수 있음
둘째 주	놀잇감 제작 및 의식주 생활작업	전개	
셋째 주	축제준비 작업 및 축제	절정	
넷째 주	마무리 생활작업 및 대청소	소멸	

표 5-5 주간 리듬생활: 영혼의 느낌과 시간의 흐름이 조화로운 생활

구분	월	화	수	목	금	토
예술활동 (유아반)	밀납크레용 그림 그리기	밀납 점토 작업	습식수채화 그림 그리기	양모솜작업	밀납크레용 그림 그리기	*
발도르프식 문자/수교육 (유아반)	*	발도르프식 문자교육	*	발도르프식 수학교육	*	*
실외활동	정원놀이	주변 산책	정원놀이	주변 산책	탐험놀이	*
텃밭작업	밭 매기	심기	가꾸기	수확하기	대청소	*
특별활동	영어	체육	영어	음악	영어	*
호흡	시작	타오름	균형	조화	완성	영원

▣ **일일 리듬생활: 호흡을 기초로 한 일과 구성**

- 들숨: 자신을 외부 세계로부터 안으로 들여오는 것(공동체 활동, 식사, 낮잠 등이 이에 속함)
- 날숨: 자신을 외부 세계로 향하여 발산하는 것(자유놀이, 예술활동, 생활작업 등이 이에 속함)

표 5-6 2020년 유아(만 3~5세) 기준

월	리듬/주제	의 미	생활작업	축제
3	새맞이달 (춘분) 3.1.~3.28.	교사는 어린이를 새롭게 맞이하여 새로운 환경에 적응하며 관계를 형성하고 만남의 교육을 실천한다.	• 봄 환경 구성하기 • 대청소 및 놀잇감 유지보수	새맞이축제 (3/19)
4	잎새달 (삼짇날) 3.30.~5.2.	물 오른 나무들이 저마다 잎을 돋우며 산과 들에 꽃이 피고 본격적인 봄이 시작된다.	• 절기음식 만들기(딸기잼, 쑥버무리 만들기) • 대청소 및 놀잇감 유지보수	봄나들이 (4/23)
5	어울림달 (소만) 5.4.~5.30.	어린이와 가정의 소중함을 느끼고 더불어 살아가는 주변 이웃에 감사함을 표현하며 마음을 나눈다.	• 카네이션 만들기 • 놀잇감 유지보수 및 대청소	한마음 어울림축제 (5/9)

월	리듬/주제	의 미	생활작업	축제
6	누리달 (단오) 6.1.~6.27.	온 누리에 생명의 소리가 가득 차게 넘치며 삶에 활기와 즐거움이 더해진다.	• 여름환경 구성하기 • 단오축제 준비하기 (창포물 만들기, 수리취떡 만들기) • 절기음식 만들기 (매실 다듬기, 매실원액 만들기) • 대청소 및 놀잇감 유지보수	단오제 (6/25)
7	물놀이달 6.29.~8.1.	장마와 더위가 시작되는 시기로 오방색 구슬과 유두 국수를 먹으며 건강하게 여름을 이겨 내기 위한 준비를 한다.	• 천연 염색하기(치자, 소목, 자근) • 수박화채 만들기 • 대청소 및 놀잇감 유지보수	물놀이축제 (7/21)
8	타오름달 (유두) 8.3.~8.29.	태양의 사랑으로 곡식이 무르익어 가고 여름 놀이와 시원한 음식으로 무더위에 지친 건강을 회복한다.	• 봉숭아물 들이기 • 유두팔찌 만들기 • 대청소 및 놀잇감 유지보수	여름축제 (8/20)
9	열매달 (추석) 9.2.~9.28.	한 해 동안 농사지은 결실에 감사하고 옛것과 오늘날의 것들을 통해서 생활의 지혜를 얻는다.	• 가을 환경 구성하기 • 오미자청 만들기 • 대청소 및 놀잇감 유지보수	가족숲체험 (9/26)
10	하늘연달 (중양절) 9.28.~10.31.	단풍과 국화가 만발하여 자연의 수채화를 만끽한다.	• 추석 음식 만들기(송편, 다식) • 전통 음식 만들기(두부) • 사과잼 만들기 • 대청소 및 놀잇감 유지보수	추석축제 (9/28~9/29일)
11	미틈달 (월동) 11.2.~11.28.	겨우내 먹을 음식을 장만하여 건강한 삶을 준비하고 저장음식을 통해 음식의 과학을 경험한다.	• 윤빛 나눔 장터 준비하기 • 유자청 만들기 • 김장재료 다듬기, 김장하기 • 대청소 및 놀잇감 유지보수	김장축제 (11/19)
12	나눔달 (동지) 11.30.~1.2.	낮이 가장 짧고 밤이 길며, 땅의 기운이 가장 깊숙이 들어가 새로운 탄생을 위한 준비를 하듯, 동지를 보내며 팥죽을 먹고 추운 겨울을 건강하게 지낸다.	• 겨울 환경 구성하기 • 동지 축제 준비하기(긴 등 접기) • 성탄축제 준비하기(케이크 만들기) • 대청소 및 놀잇감 유지보수	작은음악회 (12/11) 동지제 (12/20) 성탄축제 (12/23~24)

월	리듬/주제	의 미	생활작업	축제
1	해맞이달 1.4.~1.30.	새로운 해를 맞이하여 몸과 마음을 다듬고 고요한 눈의 세상을 통해 겨울의 변화를 느낀다.	• 털실 공예(공/목걸이/팔찌) • 대청소 및 놀잇감 유지보수	겨울축제 (1/21)
2	매듭달 2.1.~2.27.	한 살을 더 먹으며 성장의 기쁨을 누리고 졸업과 학년의 오름을 축하한다.	• 설날 음식 만들기(쌀강정) • 대청소 및 놀잇감 유지보수	설축제 (2/9~2/10) 매듭축제 (2/18)

출처: 윤빛어린이집(http://www.yunbit.co.kr).

CHAPTER 06

생태유아교육 프로그램

산업문명과 정보화 사회의 폐해로 인하여 어린이의 잃어버린 자연적 본성을 찾아주고자 하는 교육의 필요성이 대두되었다. 이 장에서는 이러한 시대, 사회적 요구를 반영하여 탄생한 생태유아교육의 개념과 이념 및 방향을 살펴보고자 한다.

1. 생태유아교육의 이해

1) 생태유아교육의 개념

생태유아교육은 생태(eco)와 유아교육(early childhood eduaction)을 합친 말이다. 생태유아교육은 이 땅에서 자발적으로 생성된 우리만의 교육이며 한국의 유아교육이다. 「우리 아이들을 걱정하는 모임」에서 출발하여 '생태유아교육강좌'의 강연으로 이어졌다. 그 후 부산대학교 부설어린이집의 현장 연구사례들이 책으로 출판되고 교육현장에서의 실천과 연구가 지속되면서 생태유아교육이라는 용어가 자리잡게 되었다.

생태유아교육은 유아생태교육과는 서로 다르다. 유아생태교육은 유아들에게 언어교육, 수학교육, 미술교육 등과 같이 유아교육의 교과를 중심으로 기계론적 세계관의 관점에서 교육하는 것을 의미하는 것이다. 그러나 생태유아교육은 생태학적 접근의 유아교육이며, 생태론적 세계관에 기초한 새로운 유아교육이다(김은주, 2003).

이처럼 기존의 유아교육을 새롭게 전환하고자 하는 생태유아교육은 첫째 아동중심 교육과정으로부터 생명중심 교육과정으로, 둘째 개인중심 교육과정으로부터 공동체중심 교육과정으로, 셋째 이성중심 교육과정으로부터 아이들의 몸 · 마음 · 영혼을 모두 돌보는 교육과정으로의 변화를 의미한다. 생태유아교육은 살아 숨쉬는 생태계의 생명을 존중하고, 자연과 아이들이 공존하고 공생하며, 아이들의 몸과 마음 그리고 영혼의 건강을 되살리는 자연친화적 유아교육이다(임재택, 2005).

생태유아교육에서는 자연의 순리에 순응하며 살고 옛 어른의 생활 속 혜안을 현재의 삶과 지혜롭게 연결하며 자연과 공존하는 생활양식을 실천한다(김은주 외, 2017). 우리 조상들은 대대로 이어져 내려온 생활의 지혜를 토대로 공동체 안에서 자녀를 함께 양육하였다. 그리고 자연의 순리와 사람의 도리를 기본으로 어려운 일도 기쁜 일도 함께 나누는 교육을 몸소 실천하였다. 생태유아교육은 이러한 옛 선조들의 생활문화를 현대의 유아교육현장에서 다시금 되살리고자 하는 교육적 의지를 담고 있다.

생태유아교육의 개념을 한마디로 정의하는 것은 어려움이 있다. 따라서 생태유아교육의 개념을 다각적으로 접근하여 그 의미를 살펴 볼 필요가 있다. 이에 생태유아교육의 개념을 정리하여 다음과 같이 소개한다(임재택, 2008).

첫째, 생태유아교육은 생명 사상 또는 생태론적 세계관에 바탕을 둔 유아교육이다. 우리 민족의 신앙을 포함하여 동서양의 생명사상에 바탕을 두고 있다. 그러므로 아동중심 유아교육을 포괄하면서 그것을 넘어서는 보다 높은 차원의 근원적인 생명중심 유아교육이다.

둘째, 생태유아교육은 새로운 패러다임의 유아교육이다. 산업문명의 최대 피해자인 아이들의 병든 몸과 마음 그리고 영혼을 살리고, 자본과 경쟁의 논리가 지배하는 유아교육 현실을 개선하고자 하는 새로운 패러다임의 유아교육이다.

셋째, 생태유아교육은 자연의 순리에 따르는 자연친화적인 유아교육이다. 이는 생태유아교육이 자연의 본성을 지닌 아이들을 자연의 순리대로 스스로 잘 자라도록 돌보고 기르는 일을 하는 것이다.

넷째, 생태유아교육은 아이를 한울님으로 모시는 아이살림의 유아교육이다. 즉, 생태유아교육은 아이라는 생명을 한울님으로 모시고 살리는 아이모심과 아이살림의 유아교육이다.

다섯째, 생태유아교육은 생명의 원리에 따라 아이라는 생명을 모시고 살리는 생명살림의 유아교육이다.

마지막으로, 생태유아교육은 자연의 순리에 따라 우리 선조들이 아이를 기르는 지혜에 바탕을 둔 오래된 미래의 유아교육이다.

2) 생태유아교육의 이념과 방향

교육 이념 및 방향	이념	생명 중심 유아교육	공동체 중심 유아교육	몸 · 마음 · 영혼의 유아교육
	방향	자연을 되찾아 주는 유아교육	놀이를 되찾아 주는 유아교육	아이다움을 되찾아 주는 유아교육

출처: 임재택(2005). 재구성.

생태유아교육은 인지 위주의 수업중심 교육에서 진정한 놀이중심 교육으로, 가르치는 교육에서 따듯한 돌봄과 더불어 배우는 교육으로, 기존의 실내중심 교육에서 '밖으로 밖으로' 향하는 유아교육이다. 이러한 변화의 움직임은 생태유아교육을 '생명중심 유아교육, 공동체중심 유아교육, 몸 · 마음 · 영혼의 유아교육'이라는 이념을 가진 교육으로 자리하게 한다. 생태유아교육의 이념을 다음의 내용을 통하여 살펴보기로 한다(김은주 외, 2017).

(1) 생명중심 유아교육이다.

기계론적 세계관에 따른 인간중심주의가 유아교육에서는 아동중심 교육으로 나타난다. 아동중심 유아교육은 기존의 성인중심 유아교육을 극복하기 위한 발상이었지만 아동중심이라는 틀에 갇혀 한 개인으로서의 아동에 국한되는 국부적인 관점의 유아교육을 만든 측면이 있다. 이에 생명중심 유아교육은 기존의 아동중심 교육을 반성하고 생명중심 교육으로 전환하는 것이다. 이러한 생명중심 유아교육은 서로 영향을 주고받는 생명공동체인 아동과 아동, 사람과 사람, 나아가 사람과 자연 만물과의 관계성 속에서 교육을 실천한다.

(2) 공동체중심 유아교육이다.

경쟁이 우선되는 현대사회에서는 사람과 사회와 자연이 별개로 분리되게 된다. 또한 사람들은 각자가 해야 할 일만 충실하면 된다는 기능론적 이기주의에 빠져들고 공동체 의식은 점차 사라지고 있다. 생태유아교육에서는 경쟁보다는 함께 어울리고 혼자의 힘보다는 다수의 힘이 강하고 의미 있다는 것을 유아기부터 느낄 수 있도록 한다.

사람이 모든 만물과 서로 상호작용하면서 연결되어 있는 존재라는 것을 알게 된다면, 자연을 마구 파헤치지 않을 것이다. 그리고 모든 생명은 부분이 유기적 전체이며 또 전체이면서 부분이라는 것을 알게 된다면, 타인을 애써 이기려고 하지도 않을 것이다. 생태유아교육은 사람과 사람이 더불어 살아가는 사람공동체, 개인과 가족이 함께 어우러지는 가족공동체, 사람과 사회가 함께 하는 사회공동체, 사람과 자연이 함께 하는 생명공동체를 실현하는 방향으로 이루어질 필요가 있다.

(3) 몸과 마음 그리고 영혼의 유아교육이다.

생태유아교육에서는 사람의 이성과 감성, 정신과 육체, 지능과 감각을 함께 강조하고 통합하여 교육한다. 건강하게 돌보아야 하는 몸·마음·영혼의 내용은 다음과 같다(임재택 외, 2017).

① 몸

예로부터 자연에서 얻은 재료는 병든 몸을 치유해 주었다. 각종 화학조미료를 배제하고 시간과 정성을 들인 건강한 조리법으로 조리한 음식을 섭취하는 것은 건강한 배설을 하는 것으로 이어진다. 이는 몸의 건강을 유지하는 데 꼭 필요한 과정이다. 또한 아이들은 밖으로 나가 대자연 속에서 자연이 주는 것에 관심과 즐거움을 갖고 마음껏 뛰어 놀아야 건강한 아이로 자랄 수 있다.

② 마음

몸과 마음은 서로 연결되어 있어 어느 한쪽이 불편하면 다른 한쪽으로 그 양상이 나타난다. 아이들의 마음이 평온하고 자유로워야 새로운 에너지를 발산하며 건강하게 뛰어놀 수 있다.

③ 영혼

아이들의 영성이 건강하지 못하면 결국 몸과 마음도 병들게 된다. 충만한 영혼은 마음의 어두운 그림자를 사라지게 하고 몸의 회복에도 깊게 관여한다.

생태유아교육의 방향은 '자연과 놀이와 아이다움을 되찾아 주는 교육'으로 그 내용은 다음과 같다(백정이 외, 2020).

(1) 자연을 되찾아 주는 교육이다.

날마다 피었다 지는 꽃과 그 꽃을 찾는 나비, 숲속에서 부는 바람에 이는 나무 소리,

기울고 차는 달의 모양과 비추이는 은은한 빛 등 자연은 우리에게 넘치는 감성과 행복감을 안겨 주고 새로운 예술적 기운을 북돋아 준다. 사람은 계절에 따라 달라지고 변화하는 자연의 품속에서 좋은 기운과 정기를 얻는다(임갑빈 외, 2004). 아이들도 산과 들로 나가 흙을 밟고 바람을 맞으며 뛰어 놀 때 자연성을 회복하고 감성을 재충전하게 된다. 또래는 물론 여러 연령의 아이들이 함께 자연 속에서 놀며 자라던 시절에는 자연이 곧 교사이고 교육의 터전이었다.

(2) 놀이를 되찾아 주는 교육이다.

아이들이 즐겁게 놀이할 수 있도록 지원하는 것이 곧 교육이다. 아이들은 자연으로 나가 마음껏 놀이할 때 충분한 즐거움을 느끼고 밤에 잠도 푹 잔다.

사람은 일을 하면서 즐거움을 발견하고 보람을 느끼며 건강한 삶을 살아갈 수 있다. 아이들도 즐겁게 놀이할 때 몸과 마음과 영혼이 건강하고 맑아진다. 아이들의 놀이와 일 그리고 공부는 따로 떼어 놓을 수 없이 하나로 통합되어야 한다. 즉, 아이들은 자연 속에서 놀이와 일을 하며 새로운 것을 학습하고 배움을 지속하는 것이다. 자연의 품안에서 활기차게 뛰어논 아이들은 성인이 되어서도 활기차게 자신의 일을 해나갈 수 있게 된다.

(3) 아이다움을 되찾아 주는 교육이다.

생명을 가진 모든 것들은 자연에서 나고 결국 자연으로 돌아간다. 자연의 본성을 갖고 나고 자란 아이들의 아이다움은 그 자체로 맑고 선하고 존귀하다. 이러한 아이다움을 간직할 수 있어야 하는데, 성인문화에 흡수되어 어른의 흉내를 내는 아이들이 근래에 더욱 늘어나고 있다. 자연을 자주 접하고 자연과 함께 하는 생활을 되돌려 준다면 자연을 닮은 아이들의 본성을 살리게 된다. 생태유아교육은 아이의 태어난 그대로의 본성인 아이다움을 간직하도록 돕는 교육이다.

2. 생태유아교육의 목적 및 목표

생태유아교육은 자연환경 파괴로 발생된 환경 문제와 영유아들의 신체적 · 정신적 문제가 더욱 심각해짐에 따라, 새로운 유아교육으로 그 문제를 해결해 보려는 목적에서 출발하였다(김은주, 2003). 또한 생태유아교육은 사람들이 서로 하나가 되어 협력하고 더불어 살아가며 행복한 세상을 만들기 위해 아이들의 몸과 마음 그리고 영혼의 건강을 찾아주는 것을 목적으로 한다(하정연 외, 2009).

생태유아교육의 궁극적 목적은 현 시대를 사는 아이를 포함한 모든 생명체들이 서로 서로 살리는 생명의 원리를 따라 '살림의 교육'을 이루는 것이다. '살림의 교육'이란 아이살림과 교육살림을 통하여 궁극적으로 생명살림을 실현하는 것이다. 우선 아이살림은 아이들이 행복하게 사는 세상을 만드는 것이다. 아이들이 행복하기 위해서는 몸과 마음과 영혼이 건전하게 조화를 이루어야 한다. 또한 이성과 감성 그리고 영혼이 균형 있는 안정을 갖춤으로써 가능해진다. 다음 교육살림은 사람과 사람이 더불어 사는 세상을 열어 가고자 하는 것이다. 따라서 가정과 학교 그리고 더 나아가 사회가 함께 더불어 사는 교육을 실천한다. 그리고 마지막으로 사람과 자연이 하나 되는 세상을 만들고, 자연과 사람 그리고 사물, 즉 모든 만물을 살리는 생명살림 교육을 이루는 것이다. 생태유아교육에서는 도달하고자 하는 교육의 목표를 아이의 이미지로 구체화하고 있다. 생태유아교육을 통하여 기르고자 하는 아이는 한마디로 '신명(神明) 나는 어린이'이다. 신명(神明)은 생명현상의 발현과 관련되어 있는 것으로 하늘과 땅이 교감하여 만물을 생성해 내는 신령스럽고도 밝은 최고의 덕인 천지신명(天地神明)의 의미를 담고 있다. 이에 더해 소우주이자 소천지인 인간의 몸과 마음에 음양의 조화가 극에 달해서 몸과 마음이 좋고 천지의 기운과 상통하는 경지인 사람의 신명(人之申明)의 의미를 담고 있다(임재택, 2005).

즉, 생태유아교육에서 '신명 나는 어린이'란 음의 기운과 양의 기운의 조화를 이루면서 또한 각자의 개성과 창의성을 지닌 아이다운 아이를 말한다(하정연 외, 2009). '신명'

의 사전적 의미를 살펴보면 '흥이나 멋'으로 정리되어 있고, '신(神)'이란 어떤 일에 흥미나 열성이 생겨 매우 좋아진 기분을 뜻하며, '명(明)'이란 어리석음을 깨고 진리를 깨달는 지혜를 의미한다.

이를 반영하여 정리하면, 생태유아교육에서 실천적 교육을 통해 기르고자 하는 어린이상은 음과 양의 조화를 이룬 아이, 달리 말하면 개성과 창의력을 가지면서 흥겨움과 우리 멋이 흘러넘치는 가운데 자연과 하나 되며, 사람과 더불어 행복한 삶을 누리는 어린이다운 어린이를 말한다. 생태유아교육에서는 생태유아교육의 목표가 되는 '신명 나는 어린이'의 구체적인 모습을 10가지로 제시하고 있다. 신명나는 어린이의 구체적 모습은 튼튼한 어린이, 즐거운 어린이, 스스로 하는 어린이, 새로운 것을 생각하는 어린이, 예의 바른 어린이, 생명을 존중하는 어린이, 일을 귀하게 여기는 어린이, 우리 것을 아는 어린이, 지구를 지키는 어린이, 더불어 사는 어린이이다(임재택, 2008). 다음의 그림에서와 같이 생태유아교육의 목표가 되는 '신명 나는 어린이'상은 유기적이고 조화롭게 표현된다.

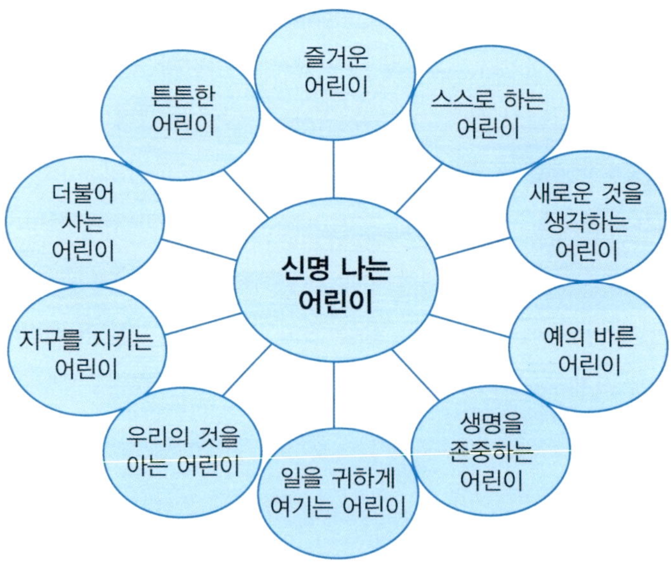

그림 6-1 생태육아교육의 신명 나는 어린이상

3. 생태유아교육의 운영

잃어버린 자연과 놀이와 아이다움을 되찾기 위한 구체적인 방안으로 생태유아교육의 실제적 이해와 실천이 뒷받침되어야 한다. 이 장에서는 생태유아교육의 교육적 가치를 교육현장에서 실천하는 교육 내용과 프로그램을 통하여 살펴보도록 한다. 또한 생태유아교육기관의 일과 운영과 아이들의 '삶'에 함께 동행하는 교사의 역할을 소개하고자 한다.

<table>
<tr><td rowspan="3">교육과정</td><td rowspan="2">교육내용</td><td colspan="7">몸교육 · 마음교육 · 영혼교육 / 이성교육 · 감성교육 · 영성교육</td></tr>
<tr><td>삶교육</td><td>땀교육</td><td>관계교육</td><td>감각교육</td><td>앎교육</td><td>감성교육</td><td>영성교육</td></tr>
<tr><td>실천프로그램</td><td colspan="7">노인아동/몸짓놀이/세시풍속/먹을거리/산책/텃밭가꾸기/도 · 농교류/손끝놀이/절제절약/초기적응/바깥놀이/자연건강/명상/감성/영성/태교/생태미술/생태문학/생태음악...</td></tr>
</table>

출처: 임재택(2005). 재구성.

1) 생태유아교육 프로그램의 내용

생태유아교육 프로그램의 교육 내용은 자연의 영역을 포함하여 실생활에서 체험할 수 있는 내용으로 선정하여 구성하는 것이 중요하다. 또한 생태유아교육의 목표인 '신명 나는 어린이'로 자라 행복한 세상을 살아가는 데 도움이 되는 교육 내용으로 몸교육 · 마음교육 · 영혼교육이 진행되어야 한다. 아이들의 이성과 감성과 영성도 함께 돌보는 이성교육 · 감성교육 · 영성교육도 실시해야 한다. 이러한 교육내용을 바탕으로 세분화하여 제시한 삶교육, 땀교육, 관계교육, 앎교육, 감각교육, 감성교육, 영성교육의 내용을 다음과 같이 살펴보고자 한다(하정연 외, 2021).

(1) 삶교육

우리가 살아가며 행하는 모든 것들이 곧 교육이 된다. 따라서 아이들이 일상에서 먹고, 자고, 노는 모든 경험의 내용이 아이들의 삶교육 내용으로 귀결된다. 아이들의 일상적인 삶과 관련한 모든 것을 통하여 몸과 마음 그리고 영혼이 건강하고 행복한 생명체로 살아가게 된다.

(2) 땀교육

사람은 몸을 움직여 노동의 가치를 배우고 건강한 신체와 마음을 유지한다. 그리고 아이들은 일상의 삶속에서 놀이하며 몸을 움직이고 땀을 흘리며 일의 과정을 경험한다. 아이들이 스스로 땀을 흘리는 과정에서 영혼의 해로운 것이 배출되고, 아이들은 일의 가치와 소중함을 배우게 된다. 놀이와 같은 일, 일과 같은 놀이를 통하여 몸과 마음 그리고 영혼까지 건강한 생명력을 몸에 익히게 된다.

(3) 관계교육

아이들은 세상 만물과 다양한 관계 맺는 경험이 필요하다. 사람과의 관계, 자연과의 관계, 사물과의 관계 맺음을 통해 역동적인 삶을 살게 되고 다른 생명의 존엄성을 깨닫게 된다. 어린이와 교사 그리고 부모, 더 나아가 지역사회와 관계 맺기 하는 경험을 통해 아이들은 자연과 생명을 배려하고 보살피는 태도를 익히게 된다. 생태유아교육기관에서 아침에 만날 때 그리고 귀가 전 헤어질 때 다 같이 맞절을 하기도 하는데, 이는 사람과의 관계에 대한 교육의 실천이다.

(4) 앎교육

아이들이 자연 속에서 행복하게 살아가기 위해서는 자연과 삶의 이치를 깨닫고 필요한 삶의 지혜를 발견할 수 있어야 한다. 생태유아교육에서는 아이들에게 단편적인 지식을 교육하기보다는 일상생활에서 아이들의 산 경험을 통해 직접 터득한 앎, 곧 지혜를 중요시한다. 사람들과의 관계 속에서 더불어 살아가는 데 필요한 태도와 계절의 변화와 규칙성에 대한 지식 그리고 기본적인 예의범절 등이 앎교육의 내용이 된다.

2) 생태유아교육 프로그램의 유형

생태유아교육 프로그램은 생태유아교육의 목표인 신명 나는 아이로 기르기 위해 필요한 구체적인 실천내용이다. 이러한 생태유아교육 프로그램들을 다음과 같이 소개하고자 한다(https://www.ecochild.or.kr).

(1) 산책 프로그램

아이들은 어린이집과 유치원 주변 지역을 산책하며 친구들과 자유롭게 걷는 것을 즐긴다. 같은 길을 다시 걷거나 낯선 길을 걸으며 세상의 이야기를 듣고 경험하며, 다양한 현상을 접하게 된다. 또한 산책은 자연을 관찰하는 기회를 제공하며, 여러 자연물을 직접 보고, 만지고, 듣고, 느끼고, 냄새를 맡을 수 있는 체험활동이다. 아이들은 산책하며 모든 감각을 통하여 자연과 교감하고 자연물을 이용하여 놀이하며 사고와 개념을 넓히는 기회도 갖게 된다. 실내에서는 제한된 일과를 살고, 제한된 사물을 접하며 움직임 또한 제약이 따르게 된다. 그러나 산책은 맑은 날 뿐만 아니라 흐리고 비오는 날에도 자유롭게 나설 수 있다. 아이들의 산책은 특별히 계획하지 않고 자연의 요소와 만날 수 있는 곳이라면 하루일과 중 언제라도 틈새시간을 이용하여 별도의 준비 없이 나갈 수 있다.

(2) 절제 · 절약 프로그램

절제 · 절약 프로그램을 통하여 아이들은 생활 속에서 불필요한 소비욕구를 조절하고 물자를 아껴 쓰는 생활의 변화를 경험하게 된다. 절제 · 절약 프로그램은 영유아들에게 생태의 기본 핵심인 순환과 돌림의 경제를 인식시키고 실천하도록 돕는 프로그램이다. 이와 동시에 낡은 옷 하나도 그 존재 가치를 인정하고 섬기려는 옛 어른들의 '섬김의 문화'가 갖는 의미를 아이들에게 전하기 위함이다. 절제 · 절약 프로그램을 통하여 아이들은 생활 속에서 불필요한 소비요구를 조절하고 물자를 아껴 사용하는 태도의 변화를 경험하게 된다. 아끼고 나누며 바꿔 사용하고 다시 쓰는 아나바다 운동, 폐품을 재활용하는 시장놀이, 음식물 쓰레기로 퇴비 만들기 등을 지속하는 데 있어 무엇보다 가정과의 연계가 중요하며 부모 협조를 위한 유아교육기관의 구체적인 노력이 필요하다.

(3) 바깥놀이 프로그램

아이들을 교실 밖으로 데리고 나가려는 노력이 곧 생태유아교육 실천의 출발점이 된다. 바깥놀이를 선호하는 아이들은 바깥환경에는 즐거움과 기쁨의 요소가 가득하다는 것을 알고 있다. 이는 실내에서 벗어나 공간의 구속이나 제재 없이 온몸을 자유롭게 움직이며 놀이할 수 있기 때문이다. 바깥에는 아이들이 좋아하는 물, 흙, 나뭇잎, 돌,

꽃 등 자유자재로 놀이할 수 있는 자연이 기다리고 있다. 또한 가정에서 보내준 재활용 놀이감을 사용하여 흙과 모래를 주무르고 쓸어 담고 쏟으며 놀이하기도 한다. 바깥놀이는 계절과 날씨에 관계없이 흐린 날, 비 오는 날, 추운 날에도 할 수 있는 일상생활 속 놀이이다. 이러한 바깥놀이를 통해 아이들은 자신이 가지고 있던 지식과 개념을 펼쳐 나가고 지적인 호기심과 상상력을 키우며 생명의 소중함을 느끼게 된다.

(4) 세시풍속 프로그램

아이들은 세시풍속을 통해 계절의 변화에 따라 달라지는 생활의 주기를 깨닫게 된다. 그리고 세시풍속에 포함된 24절기와 명절의 의미를 경험하고 놀거리와 먹거리를 풍요롭게 재현해 본다. 세시풍속은 우리 겨레의 얼을 느끼고 건강한 먹을거리를 즐기며 함께 즐길 수 있는 놀이를 통하여 조상들의 지혜를 알 수 있게 한다. 이때 성인의 지휘 하에 진행하는 것이 아니라, 아이들이 직접 잔치를 준비하고 참여하며 생활의 일부로 받아들이게 된다. 동짓날 팥죽과 절기음식을 만들어 먹고 명절에는 팽이치기, 딱지치기, 널뛰기 등을 즐기며 옛 선조들의 풍습을 전수받아 아이들의 삶과 자연스럽게 연결시켜 준다.

(5) 손끝놀이 프로그램

손끝놀이란 바느질하기, 실뜨기, 구슬 꿰기 등 아이들의 손가락을 사용해서 할 수 있는 모든 놀이를 말한다. 아이들의 놀이 속 손끝의 움직임은 단순한 육체적 과정이 아니라 정신적 과정까지 연결되어 있으므로 손의 사용을 통하여 머리와 마음과 손이 조화롭게 발달하는 전인적인 존재가 될 수 있다. 손끝놀이는 시간과 공간의 큰 제약 없이 진행하는 활동으로, 교실의 안과 밖을 자유롭게 이동하며 쉽게 놀이할 수 있다. 손끝놀이의 소재는 자연물과 같은 자연소재의 놀이감이나 자주 이용하기 손쉽고 저렴하면서도 손끝의 정교함이 요구되는 것이 좋다. 아이들은 자연스런 손끝 움직임을 통하여 무언가를 만들면서 점차 손으로 하는 일에 대한 건전한 인식도 자리잡게 된다.

(6) 몸짓놀이 프로그램

몸짓놀이는 몸의 동작으로 놀이하며, 정확하고 바른 자세를 형성해 나가는 것이다.

아이들의 몸을 자극시키며 놀이하는 몸짓놀이는 몸의 안과 밖을 유연하고 건강하게 하며 아이들이 우리의 고유한 몸짓을 경험할 수 있도록 한다. 또한 몸이 건강해지고 정서가 순화되며 한국인의 정신과 기를 되찾게 한다.

몸짓놀이 유형으로는 동물이나 자연현상과 관련된 춤이나 전통무예 그리고 체조 형식 등이 있으며, 아이들이 따라할 수 있는 수준에서 재미있는 동작으로 진행하고 있다.

(7) 텃밭 가꾸기 프로그램

사람은 흙에 기대어 생명을 유지하고 건강한 삶을 이어나간다. 텃밭 가꾸기는 아이들이 흙냄새를 맡고 흙을 만지는 온전히 흙과 만나는 시간이다. 잡초를 뽑고 물을 주고 땅을 일구며 생명을 돌보는 보람과 성취감도 느낄 수 있다. 그리고 흙의 소중함을 알게 되고 반복적인 계절의 변화를 체험하며 자연의 규칙성도 깨닫게 된다.

텃밭에서 난 제철의 작물은 유기농 농산물로 아이들의 간식이나 요리활동에 사용하기도 하고 키우고 있는 동물들에게 먹이로 주기도 한다. 텃밭을 마련할 땅이 없다면, 각 지역에서 분양하는 텃밭용지를 신청하거나 가까운 주말농장을 빌려 사용할 수 있다. 건물이나 교실의 안과 밖에 화단이나 큰 화분을 이용하여 작물을 키울 수도 있다.

(8) 명상 프로그램

명상이란 생각과 감정을 고요히 가라앉히고 내면을 들여다보는 행동이다. 또한 명상은 눈을 감고 생각하는 것, 마음을 닦는 것, 참된 자기를 찾는 것 등으로 설명된다.

아이들은 자신의 몸을 느껴 보거나 심장소리에 귀기울이거나 천천히 걷는 등의 다양한 명상활동을 접하게 된다. 이러한 명상활동을 통해 스트레스는 줄어들고 심신의 안정감을 찾을 수 있다. 명상활동은 아이들의 연령과 수준 그리고 반응을 고려하여 실시하는데, 특히 낮잠시간 전에 긴장된 몸을 자연스럽게 풀 수 있게 한다. 아이들은 호흡명상, 차 명상 등에 참여함으로써 더 잘 보고 정확히 듣고 세심하게 느끼며 자신을 돌아보게 된다. 명상은 번잡한 세상에 지친 아이들의 몸과 마음 그리고 영혼을 맑게 유지하는데 도움을 준다.

(9) 먹을거리 프로그램

건강한 삶을 살아가기 위해서는 먼저 건강하게 먹는 것이 기본이다. 아이들이 잘 자라는데 있어서 어떤 먹을거리를 어떤 방법으로 먹는지가 중요한 일이다. 또한 먹을거리는 의식주의 일부로 민족의 정체성과 문화의 표현이기도 하다. 자연에서 나고 자란 건강한 먹을거리보다 인공적인 맛에 길들여져 있는 아이들의 먹을거리 문화를 바꾸는 것은 중요한 문제이다. 아이들에게 건강한 먹을거리를 제공하기 위해서는 우선 어린이집과 유치원의 급식과 간식을 생명력이 깃든 먹을거리로 바꾸어 갈 필요가 있다. 그리고 텃밭에서 자란 제철의 작물을 수확하여 간단하게 요리하는 등 아이들이 직접 건강한 먹을거리를 만들어 볼 수 있다. 주변지역의 농장을 찾아 유기농 농산물을 더 다양하게 살펴보고 경험해 보는 것도 좋은 방법이다. 국 없는 날, 고기의 양 줄이기, 인스턴트 음식 안 먹는 날 등에 관한 안내문을 가정에 배부하여 가족이 함께 동참할 수 있도록 격려한다. 또한 농산물을 사고 팔 수 있는 장터를 열어 인근 주민들이 유기농 농산물을 마련하게 할 수도 있다.

(10) 노인 · 아동 상호작용 프로그램

노인 · 아동 상호작용 프로그램은 과거 대가족의 장점을 아이들의 교육에 적용하고자 하는 프로그램이다.

'노인에겐 보람을, 아이에겐 사랑을'이라는 취지 아래, 노인들이 유치원이나 어린이집의 자원봉사자로 참여한다. 단절된 채 살아가던 노인과 아이들이 만나 주기적으로 교류하고 상호작용하며 다양한 놀이를 함께 하게 된다. 이때 노인들은 일을 통하여 기쁨과 보람을 느끼고 아이들은 노인에 대한 친숙함과 애정이 생기며 존중하는 태도를 배울 수 있다. 지역사회의 자원봉사자나 가정의 조부모가 프로그램 참여 대상이 될 수 있으며 장 담기, 김장 등의 행사에 초대되기도 한다. 텃밭 가꾸기를 도와주는 텃밭 할아버지, 전래동화나 옛이야기를 들려주는 이야기 할머니 등 자원봉사자의 역할은 아이들의 상황과 연령에 따라 다르게 적용할 수 있다.

(11) 생태미술 프로그램

아이들은 타고난 예술적 감각을 발휘하며 미술을 통하여 자신만의 감성을 드러낸다. 아이들이 그린 그림 속에는 호기심, 기쁨, 두려움, 희망 등의 감정이 담겨 있고 기분과 상태가 표현되어 있다. 미술은 이런 아이들의 감성을 깨우고 다양한 생각과 표현을 펼치는 장이 된다. 생태유아교육에서의 미술은 사람과 사람과의 관계, 사람과 자연과의 관계를 연결시켜 주는 매개체이다. 자연으로부터 얻은 나뭇조각, 솔방울, 열매 같은 자연물을 활용하여 또래 및 다른 연령의 아이들과 공동작업을 할 수 있다. 그리고 염색하기와 같은 활동을 하며 주변 사람들과 어울리고 직접 체험하는 미술을 경험한다. 자연과 함께 하는 미술은 아이들이 계절의 변화에 따른 자연의 순환과 재활용품을 활용하는 물질적 순환을 이해할 수 있도록 한다. 이와 같이 생태미술은 아이들의 영성을 깨우고 다양성을 존중하며, 관계성을 살리고 순환성을 이해하는 방향으로 실천해야 한다(하정연 외, 2020).

(12) 도시 · 농촌 교류 프로그램

'농촌이 살아야 도시가 살고, 나아가 사람과 자연 생태계가 살 수 있다'는 취지 아래 전개되는 프로그램이다. 아이들은 도시 · 농촌 프로그램을 통하여 자연과 먹을거리의 소중함을 느끼게 되고, 다른 지역의 문화를 이해하게 된다. 결론적으로 자연과 농촌 그리고 도시를 동시에 살리는 데 의의가 있다. 실천 가능한 활동으로는 농사체험, 문화유적지 탐사, 개펄체험, 민박, 습지관찰, 도서대여, 친구 맺기, 편지쓰기 등이 있다.

(13) 자연건강 프로그램

건강은 건강할 때 지켜야 한다. 아픈 아이들에게 적절한 조치를 취하는 것도 필요하지만, 건강한 아이들에게 초점을 맞추어 건강교육을 실시하는 것도 필요하다. 아이들이 스스로 건강한 생활습관을 형성하여 면역력과 자연치유력을 높여줄 수 있어야 한다. 이러한 면역력과 자연치유력을 회복하기 위해서는 일상생활을 중심으로 아이들의 식의주(食衣住) 생활을 돌보는 것이 필요하다.

유아교육기관에서 진행하는 아이들의 건강에 도움이 되고 실천하기 쉬운 바람 목욕, 물 마시기, 차 마시기, 절 운동 등이 그 내용에 해당된다. 교사들은 아이들의 건강에 대해 개별적인 관심을 더욱 기울이고, 정확하고 올바른 건강 정보를 정리하여 제공하여야 한다(김은주 외, 2017).

3) 생태유아교육기관의 일과 운영

(1) 일과 운영의 방향

생태유아교육기관의 하루 일과 운영은 아이들의 입장에서 충분히 놀이할 시간을 주고 아이들 한명 한명마다 서로 다른 개별적 놀이시간도 확보해 주어 즐겁고 자유로운 분위기에서 놀이할 수 있도록 진행한다. 이러한 일과 운영의 기본적인 방향은 다음과 같다(임재택 외, 2016; 김은주 외, 2017, 2019).

첫째, 통합된 프로그램과 일과 시간으로 운영한다. 틀에 맞춘 대집단 활동을 줄이고 아이들마다의 놀이에 대한 욕구를 존중하여 일과시간표를 구체적이고 촘촘하게 계획하지 않는다. 또한 아이들의 놀이는 하루 일과 속에서 정해진 시간의 구획에 따라 분리하지 않고 서로 통합적으로 운영한다. 따라서 아이들은 세부적인 시간의 경계를 두지 않고 시간의 큰 틀 안에서 자신이 원하는 놀이에 스스로 선택하여 참여할 수 있다.

둘째, 아이들의 생활 리듬에 맞추어 놀이시간을 운영한다. 생태유아교육기관의 놀이시간은 자연스럽게 아이들의 생활 속 리듬에 집중할 수 있는 시간으로 보장되어야 한다. 여기에서 말하는 시간은 아이들 각자가 아이 자신의 세계에 몰입할 수 있는 놀이시간으로, 아이 한명 한명이 자신의 내면을 충분히 표현할 수 있는 개별적 시간의 의미이다. 따라서 놀이시간은 아이들이 주체가 되어 체험하는 시간감각을 중심으로 느슨하고 완만한 흐름으로 운영되어야 한다.

셋째, 공간의 경계를 자유롭게 넘나드는 일과를 운영한다. 아이들 놀이는 공간이 반 이상을 차지한다. 이러한 아이들 놀이를 위해서는 무엇보다 닫힌 공간을 열어 공간을 이동할 수 있는 자유를 주는 것이 좋다. 공간과 공간을 연결하고 열어주어 아이들의 자발적 선택에 따라 이동할 수 있도록 한다. 아이들의 놀이는 안과 밖의 경계가 허물어질수록, 내부의 각 공간간 이동이 원활할수록 자유롭게 만나 통합되고 확산된다.

넷째, 다양한 사람들과 관계를 맺는 일과 운영을 한다. 아이들은 사람과의 만남에 대한 각자의 색과 반응을 가지고 있다. 기본적으로 사람과 사람의 만남에 대한 다양한 기대를 가지고 있으며 보다 여러 사람들과의 만남이 필요하다. 특히 아이들의 놀이는 상품화된 인공적인 놀잇감이 필요한 것이 아니라, 여러 사람들과의 만남과 어울림 속에서 이어지고 살아날 수 있다. 교육기관 안에서는 또래와 다른 연령의 아이들, 학부모와 조부모, 교사와 기타 교직원들과의 관계를 경험한다. 또한 아이들은 밖으로 발을 내딛으며 많은 사람들과 만나고 사람들의 다양한 삶의 모습을 보면서 지역사회와도 관계를 맺게 된다.

(2) 일과의 구성

마당이나 아궁이, 숲속 등 아이들이 놀이하는 환경을 뜻하는 공터라는 물리적 공간 속에서 분절되고 정해진 시간이 아닌 자유롭고 유연한 시간을 경험하도록 한다. 충분히 주어진 시간은 아이마다 자신의 놀이를 통해 사고의 깊이가 더해지고 놀이에 더 깊이 몰입할 수 있는 기회를 주기 때문이다.

일과의 구성은 아이들마다의 체험시간과 생활의 리듬에 맞추고 있어 생태유아교육 기관의 하루 일과표는 매우 간단하고 단순하다. 다음은 생태유아교육의 철학에 따라 운영하는 어린이집의 7세 반 일과운영 시간표이다.

표 6-1 일과표 예시

시간	활동
09:00~12:00	등원 및 자유놀이 (아침 호흡명상 및 오전 새참, 실내 자유놀이, 바깥놀이, 산책, 텃밭, 몸짓놀이 등 포함)
12:00~13:00	점심
13:00~16:00	자유놀이 및 오후 새참
16:00~18:00	귀가 준비 및 자유놀이 하원

출처: 김은주 외(2019).

4) 교사의 역할

생태유아교육을 담당하는 교사는 아이들을 바르고 건강하게 기르기 위해 따듯한 눈으로 세상을 바라보고 바른 품성을 지녀야 하는 사람이다. 또한 아이들을 온전한 인격체로 존중하며 현재의 삶을 함께 살아가는 생활의 동반자로써 평등한 관계를 유지할 수 있어야 한다. 이러한 교사는 다음의 역할을 담당하여야 한다(임재택, 2008).

(1) 돌보는 삶을 살아야 한다.

교사는 아이들을 엄마처럼 돌보고 살펴야 한다. 생태유아교사는 일반 유아교사의 역할보다 생활 속에서 따듯한 돌봄을 통해 엄마의 역할을 실천하는 것이다. 즉 생태유아교사는 '아이가 스스로 잘 자라고 더불어 잘 자라도록 돌보는 사람'이다. 생태유아교사는 엄마와 같은 마음과 정성으로 아이들을 돌보는 삶을 살아야 한다.

(2) 땀을 흘리는 교육을 실천해야 한다.

교사는 땀을 흘릴 줄 알고 땀의 의미를 체득한 사람이다. 교육은 생각하면서 움직이고 또 움직이면서 생각하는 과정을 통해 머리, 가슴, 손, 영혼이 느낄 수 있는 교육이어야 한다. 교사가 먼저 몸을 움직이고 땀 흘리는 줄 알아야 참교육을 실천할 수 있다.

(3) 모심을 실천해야 한다.

교사는 아이들을 모시고 섬겨야 한다. 모심과 섬기는 마음의 근본은 바로 사랑이다. 사랑하는 마음을 근본으로 아이들을 모시고 섬기는 것이 생태유아교사이다. 아이는 지극한 사랑과 섬김 속에서 자연과 우주 질서를 따르고 존중하는 아이로 자라날 것이다.

(4) 생명의 결대로 키워야 한다.

교사는 인간의 다양성을 인정하고 아이의 생명의 결대로 키워야 한다. 이는 관계를 통해 조화를 이루고 계절의 흐름에 따라 생명력을 회복하는 방법이다. 진정한 교육은 자연 속에서 자연과 인간, 인간과 인간과의 관계를 회복할 수 있어야 한다.

(5) 지금을 준비해야 한다.

교사는 아이들이 행복한 지금을 준비해야 한다. 생태유아교육의 계획은 자연스러워야 하는데, 억지로 맞추는 계획이 아니라 자연의 리듬과 아이의 삶의 결에 맞추는 계획이다. 교사도 내일을 준비하는 것이 아니라 지금 행복한 교사가 필요하다. 교사가 먼저 지치고 힘들면 아이들이 행복할 수 없기 때문에 지금 행복한 교사가 지금 행복한 아이를 키울 수 있는 것이다. 아이들의 지금을 열어주고 풀어가는 교사가 생태유아교사이다.

(6) 조화로운 관계를 이루며 미적 체험을 경험해야 한다.

교사는 조화로운 관계를 이루고 미적 체험을 경험해야 한다. 생태유아교사는 자연의 조화와 공생관계을 잘 알고 있는 사람이다. 그리고 이러한 자연의 관계를 삶의 질서 속에서 풀어나가야 한다. 자연의 관계와 인간의 관계를 조화롭게 이루며 아이들을 가르치지 않고 함께 노는 기쁨을 공감하도록 한다. 또한 아이와 함께 마음 깊은 곳을 감동시키는 미적 체험을 경험하도록 해야 한다.

4. 생태유아교육의 실제

1) 제주관광대학교 부속유치원의 사례

생태유아교육을 실천하는 제주관광대학교 부속유치원의 운영 사례를 제시함으로써 생태유아교육의 실제에 대한 이해를 돕고자 한다.

(1) 연간교육계획안

제주관광대학교 부속유치원에서는 새 학기가 시작되기 전 교사가 예상하는 놀이 주제를 바탕으로 연간교육계획안을 작성 후 실행과정에서 유연하게 적용하며 재구성할 수 있다. 따라서 연간교육계획안의 내용은 기관의 상황이나 유아의 놀이경험에 따라 시기와 기간을 자율적으로 운영하는데, 특히 유아와 함께 만들어 가는 교육과정을 실천하는 데 중점을 둔다.

새 학기가 시작되기 전 사전 설문조사를 통해 학부모의 의견도 적극적으로 반영하여 교육과정과 부모지원계획을 수립한다. 이러한 과정을 통해 유아의 흥미를 고려한 연령별 중점프로그램을 계획하는 데 '오감으로 느끼는 놀이', '계절 따라 즐기는 놀이', '자연에서 배우는 탐구놀이'가 그 예이다.

〈표 6-2〉는 연령통합 프로그램으로 '함께하는 자연체험놀이'인 생태놀이의 연간계획안이다. 우영팟(텃밭의 제주방언) 놀이와 자연과의 산책, 다양한 절기 놀이, 오름 등반 등의 체험놀이를 진행하고 있다.

표 6-2 생태 놀이 연간교육계획안 예시

월	생태 놀이	월	생태 놀이
3	• 우영팟: 우영팟 둘러보기 • 산책: 유치원 산책길을 따라 걸어요.	9	• 산책: 포도 넝쿨길을 걸어요 • 먹을거리: 포도 꼬치 만들기
	• 우영팟: 모종 정하기		• 먹을거리: 송편 빚기
	• 우영팟: 돌 고르기 / 산책: 연못 관찰하기		• 세시풍속: 우리나라 민속놀이하기 • 먹을거리: 매실차 마시기
	• 손끝: 펀치 구멍 따라 바느질 하기		• 산책: 가을 곤충 관찰하기 • 우영팟: 잡초 매기
4	• 산책: 한식 나들이 / 우영팟: 모종 심기	10	• 손끝: 털실 직조하여 가방 만들기
	• 손끝: 봄 꽃 모양 바느질 하기 • 산책: 봄 꽃 찾기		• 산책: 가을 하늘 바라보기
	• 산책: 비 오는 날 산책하기1		• 먹을거리: 곶감 만들기
	• 산책: 쑥을 찾아라 / 먹을거리: 쑥 전 만들기		• 산책: 밤 따기 / 산책: 유치원 과실수 맛보기
5	• 우영팟: 잡초 매기 / 산책: 풀로 하는 놀이		• 산책: 낙엽놀이하기
	• 산책: 꽃다발 만들기	11	• 우영팟: 작물 재배하기
	• 우영팟: 우영팟 물주기		• 우영팟: 작물 재배하기 • 손끝: 행성 바느질하기
	• 손끝: 보리 손놀이		• 먹을거리: 김장하기
	• 먹을거리: 매실 담그기		• 산책: 은행잎 다발 만들기

월	생태 놀이	월	생태 놀이
6	• 손끝: 장명루 만들기 • 산책: 대추나무 시집 보내기	12	• 손끝: 둘이서 하는 실뜨기 1
	• 손끝: 혼자서 하는 실뜨기 1		• 먹을거리: 고구마 구워 먹기
	• 먹을거리: 감자전 만들기		• 세시풍속: 동지 잔치
	• 산책: 접시꽃놀이		• 산책: 겨울 눈 관찰하기 • 우영팟: 밭 정리하기
7	• 산책: 비 오는 날 산책하기 2 • 우영팟: 작물 재배하기	1	• 손끝: 털실로 목도리 짜기
	• 우영팟: 작물 재배하기 / • 먹을거리: 재배작물로 요리하기		• 산책: 겨울 연못 관찰하기 / • 산책: 상록수와 낙엽수 관찰하기
	• 먹을거리: 여름 과일 화채 만들기 / • 세시풍속: 유두구슬 팔찌 만들기		• 세시풍속: 연날리기
	• 산책: 물 그림 그리기 / 산책: 봉숭아 물들이기		• 먹을거리: 호떡 만들기
8	• 산책: 매미 관찰하기 / 세시풍속: 등목/탁족하기	2	• 세시풍속: 입춘방 쓰기
	• 세시풍속: 거풍하기 / 우영팟: 밭 정리하기		• 손끝: 둘이서 하는 실뜨기 2
	• 산책: 강아지 풀 놀이 / 우영팟: 2학기 작물 정하기		
	• 손끝: 혼자서 하는 실뜨기2 / 우영팟: 작물 심기		

(2) 절기에 따른 세시풍속 체험활동

생태유아교육에서는 절기와 세시가 일 년의 계획을 세우는 중요한 기준이 된다. 절기와 세시 풍속의 내용에는 아이들이 다양한 자연물을 이용하고 많은 사람들과 신명나게 어울리는 놀이가 포함되어 있다. 아이들은 이를 통해 계절의 변화에 따른 생활의 주기를 자연스럽게 익히고 자연과 생명을 존중하며 더불어 살아가는 삶의 지혜를 배운다.

표 6-3 세시풍속 진행 사례: 입춘

◈ 입춘 ◈

놀이의 실제	놀이 내용
'입춘'의 의미	• '입춘' 24절기 중 첫 번째 절기임 – 아낙들은 집안 곳곳에 쌓인 먼지를 털어 내고 남정네들은 겨우내 넣어 둔 농기구를 꺼내 손질하며 한 해 농사에 대비하였음 – 일년 농사의 시작이 이제부터임 – 농가에서는 '입춘대길', '건양다경'의 입춘첩을 붙여 한 해의 무사태평과 농사의 풍년을 기원함 – 제주도에서는 입춘굿을 하여 풍년을 기원함
절기에 따른 우영팟(텃밭)농사 이야기	• 절기에 따른 우영팟(텃밭) 가꾸기 – 1년 농사를 지을 우영팟의 돌을 골라내었음  〈밭의 돌 고르기에 한창인 유아들〉
체험과 놀이를 통한 절기 · 세시풍속 이야기	• 오신채 맛보기 – 옛 어른들이 입춘날에 냄새와 맛이 독특한 다섯 가지 채소를 왜 먹는지 알아봄 오신채 중 파를 먹어 보며 맛을 느껴 보고 탐색해 볼 수 있는 경험을 갖음 • 입춘방 쓰기 – 입춘대길의 뜻을 알아보고 입춘방을 써서 가족의 건강과 행복을 기원함 • 탐라 입춘굿 놀이 – 입춘굿의 영상자료를 살펴보고 입춘굿의 의미를 알아봄. 친구들과 입춘탈을 만들고 역할을 정하여 유치원 주변을 돌아보며 유치원의 행복을 기원함 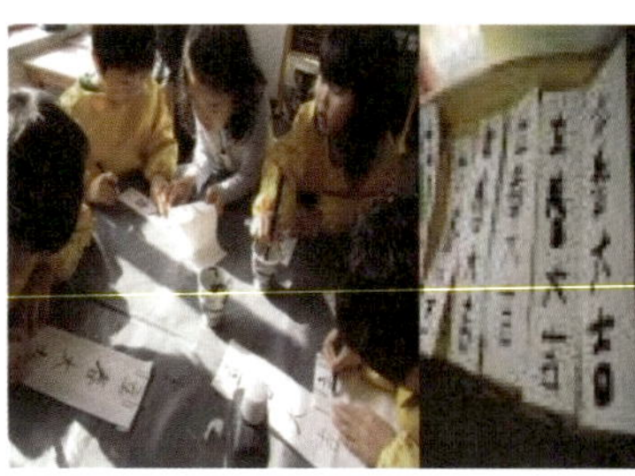 〈입춘방 써 보기〉  〈탐라 입춘굿 놀이〉

(3) 일일교육일지

제주관광대학교 부속유치원의 일일교육일지는 치밀한 계획중심에서 벗어나 하루 동안 이뤄지는 교육의 실제에 초점을 맞춰 기록하고 있다. 내일의 놀이계획은 고정된 것이 아니므로, 진행될 놀이를 간단히 언급한다. 그날의 흔적 남기기, 놀이기록, 놀이 속 배움에 대한 기술에 좀 더 집중하고 놀이에서 발견된 상호작용, 아이들의 반응, 그리고 다양한 관계적 측면에서 관찰과 반성이 이루어진다. 다음의 일일교육일지의 두 예시를 통해 구체적으로 살펴볼 수 있다.

표 6-4 일일교육일지 예시

<table>
<tr><td>주제</td><td colspan="3">봄에 볼 수 있는 곤충-개미</td><td>날짜</td><td colspan="2">2021년 4월 19일~4월 23일</td></tr>
<tr><td rowspan="2">연령</td><td rowspan="2">만 5세</td><td rowspan="2">반</td><td rowspan="2">하늘반</td><td rowspan="2">담임</td><td rowspan="2">김아생</td><td>수업일수</td></tr>
<tr><td>1~5</td></tr>
<tr><td>날짜</td><td>월(4/19)</td><td colspan="2">화(4/20)</td><td>수(4/21)</td><td>목(4/22)</td><td>금(4/23)</td></tr>
<tr><td>지원 계획</td><td>건강 5행</td><td colspan="2">건강 5행
저작 운동</td><td>저작 운동
교통안전 교육
'좌우를 살펴보아요'</td><td>건강 5행
기본생활습관
'친구의 이야기를 경청해요'</td><td>저작 운동
건강 5행</td></tr>
<tr><td>놀이 예상 계획</td><td>바깥놀이
(개미집 찾기)
동화
(손바닥 동물원)
준비재료: 개미 관련 책, 동화책 준비</td><td colspan="2">개미집 관찰하기
준비 재료: 개미관찰함
다음날 반영된 점을 기록함</td><td>★개미집 상상하여 그리기
★블록으로 개미집 만들기
★이야기 나누기: 개미도 소중한 생명이 있어요</td><td>★개미 역할놀이
준비재료: 개미 머리띠, 개미집을 나타낸 게시 자료</td><td>★흙 구덩이 파기</td></tr>
<tr><td>흔적 남기기</td><td>유아들이 공연에 필요한 재료나 물건을 지원해 줘야겠다.(예를 들어, 라이트테이블, 마이크 등)</td><td colspan="2">미술재료를 활용하며 작품을 만들다보니 나무재료가 주가 아닌 다른 재료가 주가 된 것 같아 교사가 방향을 잡아 주며 목공작품을 만들 수 있도록 도와주어야겠다.</td><td>유아들의 작품을 보며 단단하지 않은 부분은 글루건을 이용하여 고정할 수 있도록 지원해야겠다.</td><td>유아들의 흥미가 지속될 수 있도록 전시회 마지막까지(작품을 전시하고, 환경구성 하는 등) 유아들과 함께 진행할 예정이다.</td><td>유아들끼리 작품에 대해 더욱 공유할 수 있는 시간을 마련해야겠다.</td></tr>
<tr><td>주간 놀이 평가</td><td colspan="6">유아들이 개미를 관찰하던 중에 개미를 괴롭히는 행동이 보여서 개미를 관찰할 때 개미의 생명을 존중해야 함을 함께 모여 이야기를 나눌 필요가 있었다. 개미에 대한 관심은 바깥놀이를 갈 때마다 지속되었다. 교실에서도 개미를 그림으로 그리거나 개미에 관련된 책을 읽는 모습도 보였다. 교실을 개미집으로 꾸며 보고 싶어 하여 땅 속처럼 보일 수 있는 방법을 생각해 보고 교실을 꾸며 보았다. 그리고 개미집을 만들고 그 안에서 개미를 흉내 내면서 놀이가 지속되었다. 다음 주까지 놀이가 진행될 듯하다.</td></tr>
<tr><td>놀이 기록 유아</td><td colspan="6">김○○ – 개미 공연 역할을 정하는 장면
이○○ – 목공놀이시간 친구들의 작품을 개선해 주는 장면</td></tr>
</table>

놀 이 기 록 지

연령 / 반 이름	만 3세 / 별님반	담임		수업일수	54~57
주 제	다양한 공룡알 놀이				

날 짜	교육지원	예상 계획	놀이 기록	놀이 속 배움
월 (5/17)	*저작 운동 *건강 5행 *기본생활습관 [친구와 눈을 맞추며 이야기해요]	☺새참 ☺바깥놀이 ☺점심 ☺자유놀이	 자유놀이 - 클레이로 만들었던 알을 가지고 놀이하다보니 많은 친구들이 가지고 놀이하게 됨 → 알 부족 현상 발생 → 갈등상황 발생 - 클레이가 있으면 더 만들자고 제안. → 클레이 제공 - 다양한 색을 골라 혼합하면서 만들어봄 - 햇빛에 말려서 놀기로 함. → 오늘은 현재 있는 알로 다투지 않고 놀기로 약속함. 	★자연탐구 – 생활 속에서 탐구하기 – 물체의 특성과 변화를 여러 가지 방법으로 탐색한다
화 (5/18)	*저작 운동 *건강 5행 *7대 안전교육 [이럴 때 이런 약]	☺새참 ☺바깥놀이 ☺점심 ☺자유놀이	바깥놀이 자유놀이  	
수 (5/19)			부처님 오신 날  	
목 (5/20)	*저작 운동 *건강 5행	☺새참 ☺바깥놀이 ☺점심 ☺자유놀이 →실습선생님 부분놀이지원	자유놀이 	
금 (5/21)	*저작 운동 *건강 5행	☺새참 ☺바깥놀이 ☺점심 ☺자유놀이	자유놀이  	

(4) 가정과의 연계

생태유아교육을 실천하는 데 있어 무엇보다 학부모의 적극적인 협조가 중요하다. 제주관광대학교 부속유치원에서는 유치원의 놀이중심 교육과정과 생태프로그램의 부모 이해를 돕기 위해 아이들의 놀이내용을 정리하여 가정과의 공유 및 학부모와의 적극적인 소통에 힘쓴다. 이는 아이들의 생활모습을 학부모에게 전달하는 사후보고서의 성격으로, 아이들 놀이의 진행과정과 놀이 속 반응을 담아 구체적으로 기술하고 가정의 협조 및 준비사항도 안내한다.

표 6-5 가정과의 놀이공유 예시

두근두근 해님반에 가면

진행기간: 2021년 5월 10일 (월) - 5월 21일 (금) 까지

지난 주는 해님반 친구들이 바깥놀이를 하다가 여러 구멍들을 발견하게 되었어요. 어떤 구멍일지 알아보니 개미집으로 이어지는 구멍들이었어요. 그렇게 개미집에 관심을 갖게 되고, 개미집에 사는 개미들의 모습을 관찰 해 볼 수 있었답니다. 해님반이 관찰하고 찾아본 개미들의 모습, 함께 살펴볼까요 ?

여기도 구멍, 저기도 구멍, 무슨 구멍들이지 ?

바깥놀이를 하다 유치원 곳곳에 구멍이 있는 것을 발견하게 되었어요 ! 어떤 구멍일까 관찰을 하다가, 개미가 나오는 것을 보게 되었고 개미들이 사는 곳임을 알 수 있었답니다.

개미야, 개미야 어디있니 ?

개미집을 찾고 나서부터는 개미에 대한 관심이 매우 많아졌어요. 그래서 바깥놀이를 하면 늘 개미집을 찾고, 개미를 관찰했답니다. 개미에 관련된 동화를 함께 감상해보거나, 개미에 대해 궁금한 점을 서로 이야기 나누어 보기도 하였어요 ! 이를 통해 개미들은 '페로몬'을 통해 소통한다는 새로운 사실을 알게 되었답니다 ☺

개미가 너무 궁금해 !

개미를 관찰하다 보니 개미 역할에 대해 궁금해졌어요. 각 개미(수개미, 여왕개미, 병정개미, 일개미)의 역할에 대해 집에서 알아보기로 했고, 발표를 해보았답니다. 친구들이 알아 온 새로운 사실을 친구들과 함께 이야기 나누어 보기도 했어요 !

개미에 대해 알아보니, 개미집 속에 있는 개미들은 어떻게 살고 있는지도 궁금해졌어요. 다양한 자료를 통해 개미는 각 방을 만들어 산다는 것을 알 수 있었답니다. 그래서 우리도 해님반에 개미집을 만들어 보았어요 !

개미야, 넌 어떤 먹이를 가장 좋아하니 ?

개미에 대해 알아보던 중 개미들이 땅에 떨어진 음식들을 먹이창고에 보관한다는 것을 알게 되어 어떤 것을 가장 좋아하는지 예측해보고 관찰해보기로 했어요 !

해님반이 먹이로 주고 싶어 했던 과일, 초콜렛, 과자, 빵, 계란, 꿀, 사탕을 준비해서 주변에 놓아주었더니 정말로 개미들이 나와 먹는 것을 볼 수 있었어요. 하지만 꿀과 사탕은 개미 몸에 끈적끈적하게 달라붙어서 힘들어하는 모습을 보게 되었고, 다음 시간에는 물에 녹여서 놓아주고 다시 관찰을 해보기로 했답니다.

이 외에도 해님반 친구들은 즐겁게 놀이했어요 !

이 외에도 개미집을 그려보거나, 개미 만들기, 개미 머리띠 만들기 등 다양한 활동도 이루어졌답니다.

♥ 학부모님께 ♥

이 전에는 개미를 가지고 놀이하는 친구들이 많았지만 지금은 개미에 대한 궁금증과 존중으로 바뀌어 가고 있는 해님반 친구들의 모습이 보인답니다. 아이들이 지나가는 개미를 보며 "개미다!"하고 끝나는 것이 아니라 개미가 무엇을 하는지, 개미는 어떻게 소통을 하는지, 무엇을 좋아할지 스스로 생각해보고 놀이로 풀어나가는 해님반 친구들이 참 기특하기도 하네요.

여전히 개미에 대한 관심이 많은 우리 해님반 친구들에게 유치원에서 소개해주고 싶은 개미의 새로운 지식이나 동화책, 사진 등 있으시다면 보내주세요. 유용하게 사용한 후 다시 돌려보내 드리도록 하겠습니다 ☺

- 절기에 대해 알아보아요(나무에 물 오르는 곡우) -

곡우는 24절기 중 여섯 번째 절기로 곡식에 필요한 봄비(雨)가 내려 백곡(穀)을 기름지게 한다하여 붙여진 말입니다. 그래서 '곡우에 가물면 땅이 석자가 마른다'는 뜻이 있답니다. 또한 곡우 때는 나무가 한창 물 오르는 시기로 고로쇠나무를 비롯한 나무의 수액을 받아 먹으면 위장병이 낫는다하여 즐겨 마셨다고 하지요. 음력 삼월은 강풍으로 인해 비닐하우스가 날아가는 피해를 입기도 하고, 고온건조한 '높새바람'이 불어 농작물에 막대한 해를 입히기도 한답니다. 그래서 농가에서는 "산내린 바람(높새바람) 맞으면 잔디 끝도 마른다."고 바짝 긴장했대요. 또 황사가 날아와 산천을 온통 누런 먼지로 뒤덮기도 한답니다. 서해에서는 조기가 많이 잡힌대요. 흑산도 근해에서 겨울을 보낸 조기는 곡우 때면 북상해서 충청도 격렬비열도 쯤에 올라와 있고 이때 잡은 조기를 '곡우살이'라 부른다고 합니다. 유치원에서도 곡우를 맞이하여 나무물오르는 소리 듣기, 조기구워먹기, 조기잡기 게임 등 다양한 활동을 해보려고 합니다.

제주관광대학교 부속유치원에서는 아이들이 기관에서 알게 된 절기에 따른 세시풍속의 내용을 책으로 엮어 가정으로 안내하기도 하고, 가정통신문을 통해 가정 내에서도 세대 간의 소통을 확산시키는 노력을 기울이고 있다. 아이들의 변화가 잘 드러날 수 있는 사진이나 교사의 기록을 포함하여 관련 내용을 정리하여 보내기도 한다.

2) 숲유치원의 운영

(1) 역사 및 가치

숲유치원은 숲을 교육공간으로 사용하며 계절과 날씨에 관계없이 매일 숲에서 자유롭게 놀이하며 자연을 배우는 대안교육으로(장희정, 2010), 아이들이 숲속에서 자연과의 유기적인 관계에 더욱 집중하며 건강하게 자랄 수 있도록 하는 전인교육이다. 따라서 숲에서 만나는 모든 대상과 현상이 교육의 내용이 되고 숲에서의 놀이가 바로 배움으로 이어진다. 최초의 숲유치원은 덴마크의 엘라 플라타우(Ella Flatau) 부인이 자신의 자녀들과 숲에서 놀이한 것을 시작으로 이웃 주민들의 아이들이 함께 참여하면서 부모주도형 숲유치원으로 탄생하게 되었다. 독일의 숲유치원은 덴마크의 영향을 받았고 정식으로 인가받아 운영하는 공공법인의 숲유치원은 1990년 초에 설립되어 각종 단체와 정부의 후원을 받아 지역사회에 자리매김하였다. 그 후 숲유치원은 인근 국가인 스위스와 오스트리아로 전파되었고 세계의 다른 나라들로도 빠르게 퍼져 나갔다(곽노의 외, 2011).

숲유치원에서의 체험과 순환에 대한 경험은 아이들의 몸과 마음을 건강하게 자라는 것을 돕는다. 또한 숲속의 자연을 만끽하는 아이들은 생기로운 생명감을 느끼고 조화롭게 공존하는 삶을 깨닫게 된다. 곽노의(2011)는 숲유치원이 아이들에게 주는 인성교육적 측면의 가치를 다음과 같이 정리하였다.

첫째, 아이들은 숲에서 심리적 안정을 찾게 된다. 숲은 그 자체로 아이들에게 심리적 안정감과 치유를 경험하게 하고 숨겨져 있던 자연적 감수성을 깨우게 된다.

둘째, 어린이들이 자신에 대한 신뢰감을 갖도록 한다. 숲에 들어가 놀이하는 아이들은 주도적으로 놀이거리를 찾고 도전하며 무엇을 할 것인지 스스로 결정한다. 이러한 과정을 통해 자신의 결정에 대한 긍지를 가지고 신뢰감을 높일 수 있다.

셋째, 긍정적인 정서와 친사회적 행동이 증가한다. 닫힌 공간에서의 억눌렀던 욕구와 스트레스를 해소하고 마음껏 움직이면서 신체발달은 물론 마음의 평화와 긍정적인 기분을 느끼게 된다. 또한 서로 다른 생각을 수용하며 놀이하고 즐기는 과정에서 논쟁과 협의도 함께 일어남으로 아이들의 사회성도 기르게 되는 것이다.

넷째, 타인을 존중하는 태도를 갖게 된다. 자연을 구성하는 다양한 요소들을 접하면서 우리는 모두 각기 고유한 존재임을 깨닫게 되고 자연에서 맺은 관계에 대해 인식하며 서로를 존중하는 태도를 갖게 된다.

다섯째, 새로운 상상력을 발휘하고 창의적으로 사고한다. 무엇이든 될 수 있는 자연 놀이감으로 자신만의 상상력을 펼친 놀이의 내용과 깊이를 더하고 독창적인 것을 만들어 낸다.

여섯째, 경이로움, 몰입의 기쁨 등의 정서와 감동을 느끼게 된다. 이러한 정서는 사고 능력이 필요한 학습상황에서나 습득해야 하는 상황에서 그것을 해내고자 하는 동기가 될 수 있다.

(2) 운영 형태

우리나라의 숲유치원은 2000년대 독일의 숲유치원이 소개되면서 숲에서의 교육에 관심을 기울이기 시작했다. 2008년부터 산림청에서는 전국의 국유림을 중심으로 유치원이나 어린이집과 협약을 맺어 체험형 숲유치원을 운영하고 있다. 숲 해설가들이 안내하는 프로그램을 제공하면서 삼림청이 지원하는 숲 체험활동과 다양한 설립주체에 의한 숲유치원이 유아교육현장에 확산되고 있는 것이 특징이다(이명환 외, 2011). '숲유치원'이라는 명칭은 유치원이나 어린이집의 숲체험 놀이나 숲놀이 방과후 활동 등을 포괄하는 개념으로 사용할 수 있다(장희정, 2010). 매일 숲에서 교육하는 국내의 매일형 숲유치원으로는 인천대학교 숲 유아교육연구소 부설의 숲유치원을 포함하여 최근 지방 자치 단체의 적극적인 지원으로 2020년 3월 개원한 세종시의 공립숲유치원 등이 있다. 그 외 일반 어린이집이나 유치원에서 진행하는 프로젝트 형식의 산책형 숲유치원은 일반유아교육기관에서 교사에 의해 진행되는 숲 체험 위주의 숲유치원이다.

(3) 숲에서의 놀이 유형

아이들은 놀이를 통해 삶을 알아가는 방법을 터득하게 되는데, 자연 속에서 놀이하는 동안 사물과 현상을 연구하고 실험한다. 그리고 새로운 생각을 더하여 어려움을 해결하고 지속적으로 함께 시도하며 다른 사람들과의 협력적 태도도 갖추게 된다. 김은숙(2017)은 이러한 숲에서의 아이들의 놀이를 놀이감의 소재특성으로 구분하여 놀이 내용을 안내하고 있다.

① 자연물을 사용하는 역할놀이

숲에는 무궁한 자연소재의 변화 가능한 자연물이 사시사철 존재한다. 아이들은 이러한 자연물을 활용하여 다양한 형태로 제작하거나 자연물을 더 돋보이게 표현해 보거나 상징놀이의 소품으로 활용한다. 나만의 생각으로 탄생한 자연물 놀잇감으로 놀이는 더 풍요로워지고 아이들의 창의적인 사고는 계속 긍정적인 자극을 받게 된다.

② 나뭇가지 등을 이용한 쌓기 놀이

숲을 이루고 있는 모든 자연의 요소가 아이들에게는 놀이도구가 된다. 특히 나뭇가지는 가장 먼저 집게 되는 자연물이다. 숲의 입구에서부터 너나없이 나뭇가지를 하나씩 찾아들고 걸으며 흙 위에 긁적여 보거나 물속에 넣어 휘휘 저어보기도 한다. 숲속에서 두께가 서로 다른 나뭇가지들을 입체적으로 쌓아 보거나 여러 방향으로 놓아보며 나뭇잎, 솔방울, 돌 등을 더해 배열하기도 한다.

③ 공구를 활용한 소근육 놀이

숲유치원의 아이들은 숲에서 공구를 이용하여 놀이를 할 수 있다. 따라서 숲에서 활용할 수 있는 도구를 안전하게 사용하는 법을 배우고 익히게 된다. 숲 놀이에서 도구를 준비해 주면 아이들은 특별한 지시없이도 공구를 활용하여 스스로 놀이를 할 수 있다.

④ 흙놀이

흙놀이는 다른 놀이에 비하여 아이들이 스스로 조작하여 만들어 가기 쉽다는 장점이 있다. 쌓아보기도 하고 뭉쳐도 보고, 파보기도 하고 길을 만들어 보기도 직접 흙을 만져가며 촉감을 느끼기도 한다.

⑤ 끈놀이

아이들은 양모실이나, 파이핑 끈, 밧줄 등 끈의 질감과 형태에 따라서 여러가지 놀이를 만들어 갈 수 있다. 숲에 있는 또 다른 자연의 소재들을 가지고 묶어보고 이어보고 풀어보고 고정시켜 보면서 끈을 조작하여 놀이한다. 끈을 사용할 때 신체 여러 부위를 사용하게 되어 신체적 움직임에도 도움이 되는 놀이이다.

(4) 숲유치원 운영의 실제

다음은 숲 체험 활동을 강조하는 국내 유아교육기관의 사례를 살펴보고자 한다. 각 기관의 환경과 상황에 적합한 방법으로 아이들의 숲 체험 활동을 지원하고 자연친화 교육과정을 운영하고 있다.

① 인천대학교 숲유치원

인천대학교 숲유치원의 유아들은 아침에 숲으로 등원하여 오전 4시간을 매일 청량산 숲에서 놀이한다. 아이들이 직접 체험하는 교육내용을 중심으로 운영하며 만 3~5세 유아가 숲 유치원의 참여 대상이다. 구체적인 교육 내용은 숲에서 쉽게 찾을 수 있는 소재에 관한 교육, 계절과 상황에 따른 교육, 자연물의 변화를 반영한 교육으로 다음의 표를 통해 이와 같은 내용을 살펴보기로 한다(이명환 외, 2011).

표 6-6 인천대학교 숲유치원 연간계획

학기	주제	내용	학기	주제	내용
1학기	안녕	숲과의 만남 숲속에는 무엇이 있을까	2학기	곤충	숲의 생태 / 숲의 곤충 거미는 곤충일까?
	숲 친구들	숲에서 만나는 흙, 돌, 나무 숲에서 만나는 자연물		바람과 낙엽	식물의 열매가 익었어요 단풍이 들고 낙엽이 쌓여요
	숲의 나무들	봄이 되었어요 키 큰 나무와 키 작은 나무		지구와 환경	지구는 어떻게 생겼을까? 지구가 아프다고 해요
	숲의 동물들	숲속의 가족들 푹신푹신한 땅 / 흙속에는 무엇이 있을까?		동식물의 겨울 준비	동 · 식물의 겨울준비 나뭇잎과 꽃은 어디에서 생길까?
	나무의 구조	나뭇잎이 궁금해요 나무의 겉모습, 속모습을 살펴요		숲속 친구들, 안녕	눈과 얼음이 궁금해요 나무를 이용해 (새, 곤충)집 만들기 숲속 친구들, 이제 안녕!
	물과 물속 생물들	숲속에 비가 내리면 물은 어디로 갈까?			

출처: 이명환 외(2011).

② 부산대학교 부설 어린이집 '숲반'

잃어버린 아이들의 몸과 마음, 영혼을 건강하게 하고 아이들의 놀이와 아이다움을 되찾아 주기 위해 부산대학교 부설 어린이집은 생활형 숲반을 운영하고 있다. 산책에서 시작된 '숲반'의 구성은 학부모의 신청과 협조를 받아 만들어졌으며 매일 아침 어린이집 근처 금정산으로 숲체험을 나가고 있다. 숲반은 어린이집이나 유치원에서 한 학급 정도를 정해서 실시하는 프로그램으로, 아이들이 신학기부터 갑자기 숲에서 생활하는 것에 대한 어려움을 이해하고 준비해야 한다. 즉, 숲이라는 공간에 대한 아이들의 심리적 불안감을 줄이고 천천히 적응할 수 있도록 숲 탐색기, 숲 친밀기, 숲 생활기로 나누어 단계적인 접근을 시도하고 운영하는 것이다(임재택 외, 2012). 〈표 6-7〉은 아이들의 숲 적응에 관한 내용을 계획한 것으로 오전 반일 일과를 중심으로 제시하였다.

표 6-7 어울림 숲반 적응계획

단계	시기	횟수	주요 내용	중점 보육
1단계 숲 탐색기	3월 첫째 주~ 넷째 주	주 2-3회	• 숲 생활 장소 탐색하기 • 숲 탐색하기	• 어울림 숲반의 구성원과 친숙해질 수 있도록 돕는다. • 교내를 중심으로 산책을 가며 산책 시 약속을 정한다. • 숲 입구까지 산책을 한다.
2단계 숲 친밀기	3월 다섯째 주 ~4월 넷째 주	주 2-3회	• 숲 둘러보기 • 숲 친해지기 • 숲반 장소 정하기	• 이전 어울림 숲반이었던 유아들을 중심으로 숲을 탐색한다. • 금정산 참샘골, 삼밭골을 중심으로 숲을 본다. • 숲에서 본 나무, 풀, 꽃 등에 대해 이야기 나눈다.
3단계 숲 생활기	5월 첫째 주~	주 3-5회	• 숲 생활에 익숙해지기 • 숲에서 생활하기	• 유아가 생활하기 좋은 장소를 정해 장소을 정해 본다. • 숲에서 생활할 때 필요한 물품을 만들어 본다. • 숲에 다녀온 뒤 추후활동(일기 쓰기, 책 만들기 등)을 한다.

출처: 임재택 외(2012).

③ 풀무원 어린이집의 숲놀이

풀무원 어린이집은 인근 도보 10분 거리 내에 있는 대모산으로 매일 오전 숲체험 활동을 진행하고 있다. 숲과 관련된 주제가 선정되면 한 달에서 두 달여간 숲 프로젝트를 실시하는데, 프로젝트 실시기간 중에는 매일 오전 숲에서 자유롭게 놀이하고 오후에는 어린이집 건물 내에서 교육과정에 따른 놀이가 이루어진다. 어린이집으로 돌아온 오후에도 오전 중 숲속에서 일어난 놀이의 내용과 연계된 교육환경을 제공하고 관련된 교육과정을 운영한다. 또한 이 과정에서 아이들이 주체적으로 놀이를 발전시킬 수 있도록 충분한 놀이시간을 보장해 준다. 다음 내용은 2019년 풀무원 어린이집에서 진행된 숲 산책 활동의 예상안과 교사의 저널을 통해 아이들의 숲속 놀이의 시작을 구체적으로 살펴볼 수 있다. 교사는 아이들이 원하는 방향으로 놀이가 흘러갈 수 있도록 도와주고 놀이에서 나타난 유아의 호기심과 다양한 반응에 함께 관심을 가지고 집중한다.

표 6-8 숲 놀이 예상안

대모산에 처음 오른 날: 작은 움직임에서부터 시작된 자연과의 만남

유아반이 되어 대모산에 처음 오른 열매반 어린이들 아이들에게 자연으로 둘러싸인 대모산은 새롭고 신기한 공간이었으리라 생각이 듭니다. 그래서일까요? 처음 대모산에 도착한 아이들은 마음껏 자연을 즐기리라는 교사의 기대와는 달리 다소 머뭇거리는 모습을 발견할 수 있었습니다. 하지만 시간이 지날수록 조금씩 햇살반 형님들을 따라 나뭇가지를 주워 떨어진 낙엽을 건드려 보기도 하고, 흙을 만져 보며 도토리와 작은 열매를 발견하기도 하며 점차 자연과 만나 가는 모습을 볼 수 있었습니다.
그저 살짝 만져 보는 작은 움직임에서부터 시작된 아이들의 탐색은 자연에 더욱 깊숙이 들어갈수록 아이들마다의 관심사에 따라 새롭게 마주한 [대모산]을 탐색해 갔습니다

"낙엽을 치워 보자!"
도토리가 있어요~!"

"나무껍질이 있어!
울퉁불퉁해서 이상한
느낌이야~"

움직임 속에서 만난 자연: 특별한 자연을 발견한다.
그리고 두 번째, 대모산에 오른 날.
"먹어! 먹어!"를 외치며 까르르 웃음 짓는 어린이들. 웃음소리에 자연물을 줍고 있던 다른 아이들 또한 궁금했던 것일까요? 몸을 쭈그려 가까이 들여다보던 중, 모아 둔 자연물 중 나뭇잎을 꺼내고 이야기합니다.

"(나뭇잎을 나무 밑동 구멍에 넣으며) 우리 먹이도 주자! 먹어! 먹어! 먹어! 먹어!"
한 아이의 제안을 시작으로 아이들은 주변 공간을 둘러보며 구멍에 넣을 자연물, 즉 먹이를 찾아 가져옵니다. 그리고 "먹어! 먹어"를 외치기를 반복합니다. 그렇게 얼마가 지났을까요?

놀이 초반과는 다르게 자연물을 먹이라고 이야기하며 가져와 나무 밑동 구멍에 넣으며 "이것도 먹을래?"라는 질문을 하는 아이들. 마치 사람에게 말을 걸 듯이 질문을 하기 시작했다는 것에 교사는 자연과 만나는 아이들의 모습 속에서 주고받음의 관계가 시작되는 것에 주목하게 되었습니다.
그렇다면, 아이들은 지속적인 자연과의 관계 안에서 어떤 변화를 마주해 갈까요?
앞으로 자연과 만나 가는 아이들의 이야기들이 더욱 궁금해져 갑니다.

[3월 5주 예상안]

등원 및 맞이하기	• 선생님과 부모님께 "안녕하세요" 인사해요.	
실내 자유놀이	• 자연의 빛과 색이 만난다면? • 대모산에서 발견한 자연물을 탐색해요. • 시간이 지나면 달라지는 나뭇잎	• 작은 나무블록 도미노 놀이 • 나무 블록으로도 만들 수 있어요. • 하나, 둘, 셋, 넷 ! 몇 개가 있을까?: 도토리 수 놀이
실외 대체 놀이	• 신체 기구: 보자기 & 솔방울 공 / 신체 게임: 보자기로 나르는 자연물 놀잇감, 친구와 솔방울 공 주고받기	
활동	• (이야기 나누기) 우리들만의 대모산 이야기: 자연물 놀이 공유 / (게임) 어떤 그림자일까?	
안전교육	• (실종유괴예방) 낯선 사람에 대해 알아요.	
다음 주 일정 안내	• 3월 26일(화) 딸기 농장 체험 현장학습이 있습니다. – 시간: 9시 30분~13시 도착 예정 / 복장: 체육복 & 운동화 – 준비물: 간단한 간식, 물 & 음료수, 수저, 도시락통(도시락통은 25일 월요일까지 보내 주세요.)	

교사의 생각 나눔 저널

먹어먹어와의 관계가 깊어질수록 유아들은 먹이를 주는 것 외에도 또 다른 보살핌의 모습들(지푸라기 이불 덮어 주기, 나뭇가지 칫솔로 이 닦아 주기 등)을 나타내기 시작했고, 견고해지는 그들의 관계 속에서 모두에게 소중한 존재가 되었기에 나무 밑동에게 유아들마다 해 주고 싶은 것들은 각기 다른 형태로 나타났다.

유아들에게 쌓여 가는 먹어먹어에 대한 감정들은 자연스럽게 일상생활 속에서 표현되고 있었다. 그림으로 표현한 먹어먹어, 밖에서 주워 온 자연물로 표상한 먹어먹어, 그림책에서 만난 먹어먹어까지... 유아들은 어김없이 생활 속에서 먹어먹어와 비슷하거나 연상되는 무언가의 흔적을 찾아내기도, 직접 표현해 내기도 했다. 심지어 유아들은 가정으로 돌아간 순간에도 먹어먹어를 잊지 않았다. 주말 동안 부모님과 함께 대모산을 올라 먹어먹어를 소개해 주기도 하며 먹어먹어에 대한 생각과 감정에 대해 공유해갔다. 먹어먹어를 만나는 유아들의 모습 속에서 조금은 특별함을 발견할 수 있었다. 먹어먹어를 만날 때면 평소보다 조심스럽고, 섬세해지는 어린이들. 누군가 지나갈 때면 양손으로 먹어먹어를 감싸며 보호하기도 하고, 지속적으로 먹이를 찾아 먹여 주고, 혹여나 추울까 지푸라기 이불을 덮어 주기도 했다. 유아들은 숲속 쉼터 구석에 작게 자리 잡고 있는 나무 밑동을 보며 지켜 주고 싶고, 보살펴 주고 싶은 마음이 들어서였을까? 작고 약한 어떤 존재에 대한 따뜻한 마음, 아니라면 누군가의 보살핌과 보호가 필요한 작은 먹어먹어에게 유아들과 같은 동질감을 느꼈던 것은 아닐까?

CHAPTER 07

다문화 교육 프로그램

1. 다문화 교육 프로그램의 배경 및 개념

1) 다문화 교육 프로그램의 배경

우리 사회는 이미 다인종·다문화 사회로 접어들었다. 국제결혼에 의한 이주 외국인 유입이 꾸준히 증가 및 다인종 다문화 국제화 사회로 급속히 진입하면서 다문화적 배경을 가진 영유아들의 수도 더불어 증가하고 있다. 다양한 가치와 문화 생활양식이 공존하고 있으며, 매우 빠른 속도로 변화하고 있는 가운데, 한국 사회는 외국인을 사회 구성원으로 받아들이는 것이 국가적 과제가 되었으며, 정책, 법과 제도, 사회-문화적 관심과 배려가 요구된다.

다문화란 한 사회에 다른 문화적 배경을 가진 이주자가 유입되어 여러 소수 문화가 함께 공존하여 특정 문화라고 단정하기 어려운 다양화된 문화를 의미한다(박재옥, 2013). 이렇게 다문화적 배경을 가진 영유아들이 증가하면서 영유아교육 및 보육기관에서 영유아의 발달에 적합한 효과적인 다문화 교육 실시에 대한 요구가 증가하고 있다. 영유아 교육 현장에서 이루어지는 다문화 교육이 주로 다문화적 배경을 가진 영유아들을 위한 내용으로 이루어지고 있는 가운데 다문화 영유아들에 관한 관심뿐만 아니라 우리 사회의 주류 문화권에 속한 영유아들을 대상으로 하는 다문화 교육에 보다 많은 관심이 필요하다. 우리 사회의 모든 구성원들이 다양한 문화에 대한 이해와 공감 능력을 갖춤으로써 진정한 의미의 평화로운 사회를 구현하는 것이 교육의 궁극적인 지향점임을 고려할 때, 문화적 배경을 가진 영유아들뿐만 아니라 주류문화에 속하는 영유아들까지 모두 다문화 교육의 주요 대상으로 고려해야 한다(김정원 외, 2014).

2) 다문화 교육 개념

다문화의 사전적 의미는 '한 사회 속에 다양한 국가와 다양한 문화가 혼재하는 것' 또는 '단절된 문화를 결부시키고 반영하며 적용하는 것'으로 정의하고 있다. 다문화는 문화가 시간과 장소에 따라 생성, 변화, 소멸하고 서로 맞물려 부딪치면서 생성된 개념이다. 다문화 교육은 그 나라의 상황에 따라 다른 양상으로 이루어질 수 있으며 학자마다 다문화 교육의 개념도 다양하게 정의되고 있다. 이에 다문화 교육에 대한 개념을 정리해 보면 다음 〈표 7-1〉과 같다(이은미, 2017).

표 7-1 다문화 교육의 개념

연구자	다문화 교육의 개념
김영옥 (2010)	각기 다른 인종, 성, 언어, 계층 등을 이해하고 존중하여 삶을 긍정적으로 변화시킴으로서 다문화 사회에서 공동의 목표를 지향하며 의사소통할 수 있는 지식, 태도, 기술을 준비하는 교육, 즉 다양한 문화의 세계의 사람들과 상호작용하는 방법을 가르치는 교육
박성연 (2002)	다양한 문화, 민족성, 사회적 계층의 배경을 가진 유아들에게 다양한 문화를 존중하고 이해함을 강조하는 교육
박찬옥외 (2005)	모든 사람들의 서로 다른 문화적 차이를 이해할 수 있는 능력을 길러 주는 교육

연구자	다문화 교육의 개념
양옥승 (2008)	다문화 시대에 적응할 수 있는 능력을 함양하고 다양성의 가치를 존중하는 다문화 시민 의식을 형성하기 위한 교육
Banks & Banks (2004)	• 다양한 민족, 집단의 유아들에게 균등한 교육의 기회를 보장하는 것을 목표로 하는 교육 • 다양한 사람들과 상호작용, 의사소통, 협력을 하는 데 필요한 지식, 기능, 태도를 습득하도록 돕는 교육
이기숙 외 (2001)	유아 자신의 정체성 확립과 다른 민족이나 인종에 대해 올바른 지식을 구성하도록 돕고 다문화 사회에 적합한 가치와 태도를 습득하는 교육
Sleeter & Grant (1987)	다양한 문화적 배경을 갖고 있는 유아들이 서로 의사소통하고, 서로 협력하고 또한 그들 스스로 긍정적으로 생각하도록 돕는 교육

이상에서 제시한 학자들의 의견을 종합해 보면 다문화 교육이란, 첫째, 모든 인간은 평등하다는 개념을 바탕으로 자신의 정체성에 대해 긍정적인 변화를 돕도록 하는 교육이다. 둘째, 서로 다른 문화적 차이를 이해하고 인식하여 다양성을 수용하고 존중해 주는 교육이다. 셋째, 집단 속에서의 적극적인 상호작용을 하면서 배려와 소통의 역량을 길러 주는 교육이라고 할 수 있다. 즉, 다문화 교육은 자신의 긍정적 정체성을 형성하고 나와 다른 문화의 다름을 존중하며 상호교류와 소통을 통해 협력을 증진하기 위한 교육이라 할 수 있다(이은미, 2017).

또한 반편견 교육(anti-bias education)이란 공정하지 못하고 한쪽으로 기울어지거나 치우친 생각 및 어떤 사물에 대한 편애, 싫어함, 두려움을 통해 나타나는 견해나 경향을 극소화하는 교육으로 인종, 민족, 성 등에 따른 각종 차별을 없앰으로써 사회정의와 평등을 실현하고자 하는 교육이다. 반편견 교육은 편견에 대해 좀 더 실천적이고 적극적인 접근을 강조한 개념이라는 점에서 다문화 교육의 또 다른 접근 방법이라 할 수 있다.

3) 한국의 다문화 방향

다문화 교육이란 성, 인종, 문화, 계층, 계급, 개인의 정체성을 발달시키며 다양한 집단 내에서 구성원을 서로 인식하고 수용하며 협력적, 사회적 관계를 형성하는 데 목적을 두고 있다. 다문화 교육은 다인종 사회에서 필요성을 제기하여 발전하였지만, 한국 사회에서도 다문화 교육에 대한 요구가 점차 증가하고 있는 추세이다.

한국 다문화 교육의 특징은 국가가 주도하는 관점에서 시작되었다. 지금까지 우리 사회의 다문화 교육은 이주민들을 한국 사회의 적응과 정착을 위한 것이 주목적이었다. 21세기 한국 사회에서 요구하는 시민은 다문화 시민성을 갖춘 창의적 인재라고 할 수 있다. 한국의 다문화 교육도 단지 이주민만을 위한 것이 아니라 다문화된 한국 사회의 다문화 시민 양성이라는 차원에서 포괄적인 다문화 교육이 요구된다(황정미 외, 2007).

우리의 아이들이 다문화 사회에서 편견을 갖지 않고 성장하도록 하는 것이 우리의 중요한 과제가 되고 있고, 다양한 문화의 차이점과 공통점을 두루 수용하고 의사소통을 할 수 있는 능력을 기르는 다문화 교육이 중요해졌다. 세계화 시대에 접어들면서 우리 사회는 점차 다양한 문화 속에서 삶을 영위하는 사람들이 늘어나고 있다. 이러한 사회적 분위기 속에서 다문화 교육이 무엇보다 우선적으로 추구해야 할 중요한 이슈가 되고 있다. 이러한 현실을 볼 때 한국 사회에서 다문화 교육은 필연적이라고 할 수 있다.

따라서 다문화 교육은 문화적 소수 집단에만 한정되는 것이 아니라 우리 사회의 모든 구성원들이 소득, 계층, 지역, 성별 등의 차이를 이유로 소외되거나 배제되지 않고 함께 살아가는 다문화 시민으로 성장할 수 있도록 하는 교육이어야 한다. 이를 위해 한국의 다문화 교육은 소수 집단만을 위한 다문화 교육에서 벗어나 주류집단 모두를 위한 다문화 교육이 되어야 한다. 하지만 한국의 다문화 교육은 여전히 다문화 가정 자녀들의 정체성을 확립시켜 주거나 상호 이해를 증진시키지 못하고 있다. 겉으로는 다문화주의의 개방성과 다양성을 추구하는 것 같지만 실제로는 아직도 동화주의적 다문화 성격을 많이 갖고 있다. 이와 같은 상황을 고려할 때 우리 사회는 다문화 시대의 비전을 기반으로 다문화 사회의 변화와 요구에 대응할 수 있는 새로운 시각이 필요하다(이은미, 2017).

2. 다문화 교육 프로그램의 목적 및 목표

1) 다문화 교육 프로그램의 목적

다문화 이해의 중요성이 강조되면서 이를 교육적으로 접근시킨 것을 다문화 교육이라고 하며(김영옥, 2007), 이처럼 다양하게 변화하는 문화와 교육에 대한 관심은 다문화 교육의 시도를 낳게 하였다. 다문화 교육은 다양한 인종과 다양한 문화를 가진 사람들이 서로를 인정하고 가치를 존중하여 타인에 대해 개방적, 비판적, 반편견적인 태도를 지니도록 하는 교육이라 할 수 있다.

다문화 교육은 다양한 문화, 민족, 성, 사회적 계층의 배경을 가진 어린이들이 공평한 교육적 기회를 가질 수 있도록 하는 것이며, 또한 어린이들이 문화에 대한 긍정적 태도, 인식, 행동을 발달시킬 수 있도록 돕는 데 목적을 둔 교육과정을 말한다. 유아 다문화 교육은 주류 일반 유아들을 대상으로 인간 존중과 각 문화에 대한 존중을 바탕으로 개인 및 각 문화의 고유성 및 차별성과 다양성의 가치를 인정할 수 있게 하는 교육이라고 할 수 있다(박재옥, 2013). 유아 다문화 교육 프로그램은 다문화에 대한 수용과 존중, 문화의 다양성 인정, 긍정적인 자아 개념 형성, 긍정적 태도와 평등적 가치의 수용, 다른 문화와 고정관념에 대한 편견의 대처 문제 및 해결의 방법 등을 유아 스스로 실행하기 위한 관점에 맞추어야 한다.

다문화 교육 프로그램은 다문화 가정 및 비다문화 가정 영유아 모두가 자신과 집단의 정체감을 형성하고, 자신의 문화뿐만이 아니라, 다양한 문화를 존중하며, 편견을 가지지 않고 평등하다는 신념을 가지고 다양한 사람들과 협력을 통해 조화롭게 지내도록 하여 글로벌 사회에서 적응하는 것을 목적으로 한다(한국보육진흥원, 2016). 다문화 교육의 궁극적인 목적인 사람의 삶을 평화롭고 정의롭게 하며 더 나아가 넓은 안목으로 세계를 이해하고 진정한 시민사회를 이루고자 하는 데 있다.

2) 다문화 교육 프로그램의 내용

다문화 교육 프로그램의 내용은 문화적 다양성 인식하기, 편견 없는 사고하기, 정체성 형성하기, 평등 신념 갖기, 다양성 존중하기, 타인과 협력하기 등의 핵심 요소를 포함해야 한다.

이는 영유아가 인종과 민족, 배경 등에 대한 편견을 가지지 않고 각자의 특수성을 수용하고 존중하고 배려하며 협력할 수 있는 분위기가 형성되도록 해야 함을 강조한다.

다문화 교육에서, 다루어야 할 내용에 대한 학자들의 의견을 정리해 보면 다음과 같다(교육과학기술부, 국가 평생 진흥원, 중앙 다문화교육센터, 2018).

표 7-2 다문화 교육 프로그램의 핵심요소와 의미

핵심요소	의미
다양성	유사점과 차이점을 가지고 있는 다양한 개인과 집단이 존재하는 것을 알고 이러한 다양성을 존중하는 마음을 갖도록 한다.
평등성	국가, 민족, 인종, 성, 신체적 능력, 사회계층은 모두 다르지만 인간은 모두 평등하다는 긍정적인 태도와 가치를 형성하도록 한다.
반편견	선입견, 편견, 고정관념 및 차별대우에 대한 비판적인 사고를 형성하고 이러한 문제에 대처할 수 있는 능력을 길러 준다.
정체성	긍정적인 자아개념과 자아정체감 및 집단 정체성을 형성할 수 있도록 한다.
협 력	다양한 사람들과의 상호작용 능력과 협동 능력을 증대시킨다.
문화이해	문화 간의 유사점과 차이점을 알고, 각 문화에 대한 이해 및 존중심을 기르며, 문화 간 긍정적인 태도를 발달시킨다.

다문화 교육을 통해 모든 유아들은 자신과 타인에 대해 긍정적인 마음과 태도를 가지고, 다양한 문화에 대하여 개방적인 태도로 다양성을 인정하게 되며 더 나아가 타인에 대한 편견을 줄이고, 그 차이를 이해하고 존중함으로써 모든 사람들이 더불어 살아가야 함을 알고 실천할 수 있게 되는 것이다.

다문화 교육이 유아교육에서 강조되는 이유는 영유아 시기 동안 아이들은 인종, 사회 · 경제적 지위, 성, 신체적 · 사회적 능력, 종교에 있어서 다른 사람들을 대하는 태도가 형성되기 때문이다. 따라서 교육 현장에서는 영유아들이 쉽게 다문화를 경험할 수 있는 기회가 충분히 제공되어야 한다. 유아기 때부터 긍정적인 자아개념을 형성하는 것은 반드시 필요하며 성, 인종, 민족 등에 상관없이 모든 사람을 존중하며 편견에 적극적으로 대처할 수 있는 반편견 교육이 절실히 요구된다.

유아 다문화 교육은 문화적 다양성을 존중하고 차이에 대한 편견이 없이 수용할 수 있도록 편견에 대한 비판적 사고를 형성시키고 문제 상황에 대처할 수 있는 능력을 기르는 내용 및 문화적 배경이 다른 또래와 상호작용 능력의 증진, 친사회적 행동과 협력 능력의 증진을 담아야 한다. 편견이나 고정관념은 유아기에 형성되므로, 유아 다문화 교육은 다른 문화에 대한 편견과 고정 관념에 대한 비판적 접근과 편견에 대처하는 능력과 문제 해결 능력을 기르는 교육이기 때문에 꼭 필요하다. 홀과 롬버그(Hall & Rhoomberg, 1995)는 유아에게 나타나는 편견의 영역을 열 가지로 제시하며 이 영역을 반편견 교육과정에 포함시킬 것을 제안하고 있다. 이들이 제시한 편견의 영역은 〈표 7-3〉과 같다.

표 7-3 다문화 교육 프로그램 내용 반편견 영역과 정의

영역	정의
능력 (ability)	• 신체적 · 정신적 · 정서적 능력과 그 범위 • 유아들에게 가장 공통적으로 인식되는 능력은 신체적 능력 • 겉으로 나타나는 능력에 대한 인식은 유아기 때부터 나타나므로 각기 다른 능력의 차이를 존중하는 교육 필요
연령 (age)	• 늙거나 젊게 보이는 것 • 실제로 나이가 많고 적은 것, 또는 실제 나이에 관한 것 • 유아기 때부터 나이가 들어가면서 노인이 되는 것이 자연스러운 현상이며 이러한 인식을 노인을 공경하고 경험을 존중하는 태도를 갖추도록 지도해야 함
외모 (apperence)	• 키(크다/작다) • 몸매(살찌다/마르다) • 손상된 상태(흉터 등) • 유아들은 외모에 대한 관심이 높으며 또래들 사이에서 외모에 대한 편견은 사회 관계 형성에 있어서 매우 중요한 요인이 됨. 교사는 자신과 다른 외모를 가진 또래를 이해하고 수용하여 원만한 대인관계를 형성하고 유아기 때 긍정적인 자아인식, 사회관계가 형성되도록 관심을 가져야 함
신념 (belief)	• 어떤 것에 대해 믿거나 믿지 않는 것을 망라함 • 다양한 종교, 무신론, 무속신앙과 같은 자연의 힘에 대한 믿음 • 자연에 의존하는 믿음 등 • 유아들의 신념은 주로 부모들이 가진 신념에 동화되어 가진 편견이므로 타인이 가지고 있는 다른 입장을 이해하고 수용하는 태도를 갖도록 해야 함
계층 (class)	• 개인의 생활양식을 반영하는 사회 · 경제적 지위 • 계층을 결정하는 요인(직업, 주거형태, 복장, 교육수단, 교육적 배경 등)
문화 (culture)	• 같은 집단의 구성원들이 공유하는 생활 방식, 사고, 신념, 언어, 공휴일, 기념일, 관습등 • 자신의 문화에 대한 소중함과 자부심을 갖고 다른 문화에 대한 수용적인 태도와 개방적인 태도를 갖는 것이 필요하며 더 포괄적이고 깊이 있게 문화를 이해하는 노력이 필요함
가족구성 (family)	• 가족 구조 편부, 편모, 입양부모, 새엄마, 새아빠, 조부모 및 가족 구성원의 역할 • 유아교육기관에서는 교육 과정안의 다양한 가정의 이해를 반영하여 자연스럽게 다양한 가정을 이해하고 존중하도록 교육해야 함. 교사는 다양한 가정에 대한 선입견을 갖고 부모나 유아를 대하지 않도록 유아들에게 모델링이 되어야 함
성 (gender)	• 남자 또는 여자로서의 명명, 성에 의한 구별, 성차별 • 성 역할 교육은 남녀의 능력의 차이가 아니라 신체의 차이임을 알도록 교육하여야 하며, 여성과 남성의 능력이나 성향을 고정관념에서 벗어나서 함께 도우며 살아가야 함을 알려 주어야 함

영역	정의
인종, 민족(race)	• 피부색, 머리카락, 얼굴 및 신체 모습 등과 같은 유전적으로 결정된 특징 및 공통의 뿌리에 의해 연결된 집단 • 어린 시기에 다문화 교육의 참여 경험은 다양한 인종과 문화에 대한 편견을 줄이는 좋은 방법으로 인종에 대한 선호에서 벗어나 차별적인 태도를 지양해야 함
성애 (sexuality)	• 성적 지향, 성적인 선호, 성적인 관심

다문화교육 내용에서 강조하고 있는 반편견 교육의 목적이 추구하고 있는 것은 다양한 사람들이 각기 자기 자신과 타인을 존중하는 태도를 갖게 함으로써 결과적으로 나와 다른 외모, 문화, 생각, 생활 방식을 가진 사람들을 이해하고 수용하여 더불어 살 수 있는 기반을 만들고자 하는 것이라 할 수 있다(교육인적자원부, 2007). 궁극적으로 반편견 교육의 핵심은 유아들에게 정체감을 길러 주고 다양성을 인정함으로써 편견에 대항하는 능력을 길러 주게 되며, 유아들 개개인은 그들이 갖고 있는 능력을 최대한으로 발휘하게 되는 것이 반편견 교육의 목적이라고 할 수 있을 것이다.

3) 다문화 교육의 필요성

김영옥 등(2011)도 다양한 가치와 문화 그리고 생활양식이 공존하며 놀랍게 변화하고 있는 현대 사회에서 유아들이 보고 들은 것이 풍부하지 않으면 편견을 갖기 쉬운 시기라는 점에서 각각 유아기 다문화 교육의 필요성을 제기하였다. 발달 특성의 관점에서도 유아기 다문화 교육의 필요성이 제기되었다.

유아들은 만 1~3세에 자신뿐만 아니라 타인의 피부색, 성, 신체 구조 등에 관심을 보이고, 만 4세가 되면 민족 집단과 성에 대한 정체성을 가질 수 있으며, 만 5, 6세가 되면 민족 · 집단, 성 이외에도 사회 계층, 장애 상태, 지역 등에 따른 생활 방식과 하위 문화의 다양성을 인식하고 집단 구성원으로서 자신을 동일시하기 시작하기 때문에 유아기 다문화 교육의 필요성을 제기하였다(양옥승, 1997). 유아기는 호기심이 많고, 자기중심적 사고가 발달하는 특성 때문에 주변 사람들의 가치와 생각, 행동 방식 등을 당연하게 생각하여 자신의 문화 잣대로 다른 문화를 판단하는 자기 문화 중심주의의 기초가 형성될 수 있으므로 유아기에 다양한 문화를 이해하고 존중할 수 있도록 다문화 교육을 실시할 필요가 있다.

이상의 논의를 정리하면, 다문화 교육은 모든 인간에 대한 편견과 차별의 제거, 다양성과 차이에 대한 이해와 수용, 이질적인 문화 및 사회집단의 평화적 공존을 추구하는 교육이라는 점을 알 수 있다. 다문화 관련 연구들은 다문화 교육의 시기는 다양한 인종, 성, 사회적 계층에 대한 편견이나 고정관념이 형성되기 이전의 유아기임을 역설하고 있다.

3. 다문화 교육 프로그램의 운영

제4차 표준 보육 과정과 개정 누리과정에 근거하여 다문화 교육 프로그램이 놀이 및 일상생활에 적용될 수 있도록 교사는 환경구성 및 자료 제공 및 시간적 지원을 해야 한다. 만 2세경이 되면 편견이 생기기 시작하고, 자신과 다른 사람과의 차이를 구분하기 시작하므로 다문화 교육 프로그램은 만 2세부터 적용하는 것이 바람직하다. 특히 영유아기는 다양한 문화에 대한 이해, 자세, 관점 등을 형성하는 데 있어 가장 민감한 영향을 받는 시기로 다른 사람과의 관계에서 인종, 민족, 사회적 계층에 대한 편견이 생길 수 있고, 이로 생긴 편견은 이후의 삶에 부정적인 영향을 미칠 수 있으므로 영유아기 다문화 교육은 매우 필요하고 중요하다.

표준보육과정 중 만 2세 보육과정은 기본생활, 신체운동, 의사소통, 사회관계, 예술경험, 자연탐구의 6가지 영역으로, 만 3~5세 보육과정은 신체운동, 건강, 의사소통, 사회관계, 예술경험, 자연탐구 5가지 영역으로 구성되어 있다. 영유아의 다문화 놀이를 위하여 교사들은 다양한 다문화 놀잇감을 제시하고 놀 수 있는 공간을 제공해 주고 충분한 놀이시간을 제공해야 한다. 한편으로는 교사는 영유아와 상호작용 해 줌으로써 영유아가 다문화 놀이를 통해 다문화 감수성이 증진될 수 있도록 해야 한다.

1) 표준보육과정과 다문화 교육

국가수준의 교육과정인 어린이집 표준보육과정은 영유아의 전인적인 발달과 우리 문화에 대한 내용의 이해와 실천을 통해 우리 사회에서 필요로 하는 인간을 양성하는 데 목표를 두고 있다. 보육과정에서 추구하는 인간상은 변화하는 사회의 흐름에 맞추어, 더불어 사는 인간상을 추구한다. 어린이집 표준보육과정에는 다음과 같이 다문화 교육 내용이 내포되어 있다. 이와 같은 내용은 특히 사회 관계영역에 잘 나타나 있다.

(1) 사회관계 영역의 내용

표준보육과정에서 사회관계 영역은 특히 다문화의 기본적인 다문화적 역량을 키우기 위한 교육내용이 포함되어 있다. 나를 알고 존중하기, 더불어 살아가기는 다문화 교육과 관련이 되어 있는 내용이다.

■ 목표

나를 알고 다른 사람과 더불어 생활하는 경험을 한다.

1) 나를 알고 긍정적으로 여긴다.

2) 다른 사람과 즐겁게 지내기 위한 태도를 기른다.

■ 내용범주 및 내용

내용범주	내용
나를 알고 존중하기	• 나와 다른 사람을 구별한다. • 나의 감정을 표현한다. • 내가 좋아하는 것을 한다.
더불어 생활하기	• 가족에게 관심을 가진다. • 또래와 함께 놀이한다. • 다른 사람의 감정과 행동에 반응한다. • 반에서의 규칙과 약속을 알고 지킨다.

2) 3~5세 누리과정과 다문화 교육

누리과정(교육과학기술부, 보건복지부, 2019)에서도 다문화 교육의 중요성을 '사회관계' 영역에서 중점적으로 언급하고 있다. 사회관계 영역의 성격을 설명하면서 "세계화가 이루어질수록 획일적인 문화 중심의 세계화 문제가 지적되면서 각국의 전통 문화 및 다양한 문화를 존중하는 다문화 교육의 중요성과 각 사람의 다름이 존중되고 공존하는 사회가 되어야 한다는 사회적 가치가 새롭게 조명되고 있다"고 전제하고 있다.

사회관계 내용을 보면 '나를 알고 존중하기, 나와 다른 사람의 감정 알고 조절하기, 가족을 소중히 여기기, 다른 사람과 더불어 생활하기, 사회에 관심 갖기'의 내용을 제시하고 있다. 특히 이 내용 범주에서 '사회에 관심 가지기'라는 세부 내용에는 "세계 여러 나라에 대해 관심을 갖고 서로 협력해야 함을 안다. 다양한 인종과 문화를 알아보고 존중한다"를 내용으로 제시하고 있다. 유아가 자신을 소중하게 여기고 자신과 타인의 다름을 이해하고 다른 사람들과 더불어 살아가는 능력과 바른 인성을 기르며, 더 나아가 우리나라와 다른 나라의 문화에 대해 관심을 갖고 다른 사람과 함께하는 공동체 의식을 함양한 유능한 민주시민 의식을 기르는 것을 다문화 교육의 내용이라 설명할 수 있다.

이와 같이 누리과정의 사회영역에서는 다문화와 관계된 여러 영역의 내용들이 총괄적으로 다루어지고 유아의 전인 발달을 돕는 다양한 접근 방법으로 통합보육을 권유하고 있다. 유아기 때부터 나와 다른 문화를 이해하고 존중하는 태도를 증진시키는 다문화 교육의 필요성이 그 어느 시기보다 중요함을 강조하고 있다. 앞으로 미래사회에 효과적으로 적응할 수 있는 유아교육을 수행하기 위해서는 무엇보다도 다른 사람 혹은 민족과 더불어 세계시민으로 살아가기 위한 기초를 형성하는 다문화 교육이 핵심이 될 것으로 예측된다(이은미, 2017).

(1) 누리과정과 연계된 다문화 교육

다문화 교육과 관련된 영역은 사회관계에서 잘 나타나고 있다. 사회관계 영역에서는 유아가 자신을 소중하게 여기고, 가족뿐만 아니라 또래와 사이좋게 지내며 자신이 속한 사회에서 더불어 살아가는 방법을 터득하여 더 나아가 사회에 적응해 나가는 기초 능력과 인성을 기르는 영역이라고 볼 수 있다.

(2) 사회관계 영역의 내용

■ **목표**

자신을 존중하고 더불어 생활하는 태도를 가진다.

1) 자신을 이해하고 존중한다.

2) 다른 사람과 사이좋게 지낸다.

3) 우리가 사는 사회와 다양한 문화에 관심을 가진다.

■ **내용범주 및 내용**

내용범주	내용
나를 알고 존중하기	• 나를 알고 소중히 여긴다. • 나의 감정을 알고 상황에 맞게 표현한다. • 내가 할 수 있는 것을 스스로 한다.

내용범주	내용
더불어 생활하기	• 가족의 의미를 알고 화목하게 지낸다. • 친구와 서로 도우며 사이좋게 지낸다. • 친구와의 갈등을 긍정적인 방법으로 해결한다. • 서로 다른 감정, 생각, 행동을 존중한다. • 친구와 어른께 예의 바르게 행동한다. • 약속과 규칙의 필요성을 알고 지킨다.
사회에 관심 가지기	• 내가 살고 있는 곳에 대해 궁금한 것을 알아본다. • 우리나라에 대해 자부심을 가진다. • 다양한 문화에 관심을 가진다.

3) 유아 다문화 교육 프로그램 기본 실천 방향

유아기의 교육과정에는 평등과 타인 존중, 감정 공감의 역량향상에 관심을 두는 다문화 교육을 포함하여 지도하여야 한다. 일상적인 보육과정에서 유아 다문화 교육을 실천하기 위해 고려해야 할 사항은 다음과 같다(홍길희, 박재옥, 2013).

첫째, 유아 다문화 교육은 연령별 누리과정의 생활주제 및 관심놀이를 분석하여 다문화 교육주제를 설정하여야 한다. 즉, 연령별 누리과정의 주별 소주제에서 다문화 교육 관련 요소를 찾아서 일반 가정의 유아가 다문화를 이해하고 경험하며 실행하도록 한다.

둘째, 다문화 교육은 유아가 일과 중에 통합적 교육으로 이해되어야 하며, 대 · 소집단활동, 실내외 자유놀이 등 모든 영역에서 다루어져야 한다.

셋째, 연령별 누리과정에서 인종, 민족, 문화, 개인의 다양성을 다문화 교육의 요소에 포함시켜야 한다. 예를 들어, 우리 동네의 소주제를 세분화하여 누리과정의 내용 체계와 다문화 교육의 내용이 포함되어 통합되도록 구성한다.

넷째, 유아는 다른 문화에 대하여 보기, 듣기, 이해하기, 경험하기, 익숙해지지, 통합하기, 실천하기가 가능하여야 한다. 또한 유아가 다문화에 대한 지식을 구체적으로 습득하도록 실물, 사진, 그림, 정보 자료, 생활소품, 사진, 그림 자료, 체험 교육 등, 시청각 자료를 동반하여 활용한다.

다섯째, 대 · 소집단 활동에는 이야기 나누기, 미술, 게임, 동화, 요리, 음악, 견학, 실외활동, 신체활동 등 다양한 활동이 되도록 하고, 실내자유놀이시간에는 역할, 쌓기, 수, 조작, 과학, 음률, 언어, 조형영역의 다양한 활동유형으로 구성하여 놀이를 통해 다문화 교육에 대한 확장이 이루어지도록 한다.

여섯째, 유아들이 문화를 이해하기 위해서는 유아가 생활 주변에서 쉽게 접하는 나라의 문화로부터 시작하여 보육시설의 지역 환경을 고려하여 점점 더 확대해 나가는 것이 적절하다.

일곱째, 교육 환경구성은 생활주제와 관련된 다문화 교육관련 요소를 반영한 교육과정으로 다문화 교육에 대하여 자연스럽게 친숙해질 수 있도록 구성한다.

4) 환경구성

(1) 바람직한 다문화 환경구성의 원칙

보육실은 영아와 교사가 함께 만나는 공간으로 보육실 환경은 다양한 의미를 부여한다. 특히 다문화 보육을 하는 데 있어서 보육실 환경은 영향이 크다고 할 수 있다. 환경구성안에서 편견적인 요소를 없애고 다양성을 고려한 환경구성이 필요하므로 영유아들이 다른 나라에 대한 호기심과 관심을 가지고 탐색하고자 하는 동기를 유발할 수 있도록 환경구성을 다양하게 해야 한다. 그러므로 영유아들이 생활 속에서 쉽게 접하는 교재, 교구, 환경, 도서 등 다양한 환경적 자원을 통하여 여러 나라의 문화를 자연스럽게 접하게 해야 한다.

다문화 보육에서의 바람직한 환경구성은, 우선 보육과정 안에 통합되는 것이어야 하므로 다른 나라의 특별한 날이나 물건을 장식 전시하는 것보다 영유아들의 일상생활을 반영하는 것이 더 중요하다. 환경을 구성할 때도 각국의 특별한 행사를 소개하는 방식으로 활동을 이끌어 간다면 영유아는 이국적 차이를 단순히 즐길 뿐이며 그 안에 포함되어 있는 다양한 삶의 가치, 방식, 신념 등은 경험하기 어렵다. 그러므로 단순히 여러 나라의 문화를 소개하거나 전시하는 것에 그치지 않고 교육기관과 영유아 주변의 다문화 가정과 연계하여 타 문화부터 접하도록 하는 것이 중요하다. 즉, 영유아들이 가정과 영유아들이 살고 있는 지역의 사회, 문화적 맥락을 고려하여 다양한 환경이 제공되어야 한다(최미숙, 김경숙, 윤현숙, 2008).

(2) 환경구성 시 고려할 사항

다문화 교육을 위한 환경을 구성할 때 고려해야 할 점은 다음과 같다(한국보육진흥원, 2011).

첫째, 영유아의 발달수준을 고려하여 환경을 구성한다. 영유아의 욕구와 흥미를 충족시킬 수 있도록 연령과 발달에 적합한 다양한 교재교구를 비치하여 영유아들이 쉽게 문화를 경험하고 탐색할 수 있도록 구성한다.

둘째, 활동 영역들이 통합될 수 있도록 환경을 구성한다. 활동이 특정한 한 영역에서만 이루어지거나 특정한 주제(세계 여러 나라 등)에 국한되어 전개되지 않고 전 영역 안에서 통합되어 지속적으로 진행될 수 있도록 영역을 구성한다.

셋째, 주변 세계를 자유롭게 탐색하여 다양한 경험을 할 수 있도록 각 영역마다 충분한 자료를 마련한다. 여러 나라의 문화에 대한 이해를 높힐 수 있는 실물이나 사진, 그림, 정보자료, 생활소품, 예술품 등 다양한 교재 교구를 준비해 둔다.

넷째, 교육자료 선정 시 다양한 삶의 모습을 제시해 줄 수 있고, 고정관념이나 편견의 내용이 들어 있지 않는 교재 교구를 제공해 주도록 한다. 각 흥미 영역에 다양성을 고려한 충분한 자료를 제공해 주되 편견의 요소를 가지고 있는 자료는 없는지 살펴보아야 한다.

다섯째, 영유아가 또래 및 환경과 적극적으로 상호작용을 경험할 수 있도록 환경을 구성한다. 사회화 기회를 제공할 수 있는 영역별 놀이가 자유롭게 이루어질 수 있으며 각 영역의 대 · 소집단 활동이 활성화될 수 있도록 잘 정돈하여 영역별로 구분하여 구성한다.

여섯째, 영유아들의 독립심과 자발성을 촉진시킬 수 있도록 환경을 구성해야 한다. 무엇보다 교재 교구는 영유아들이 손쉽게 꺼낼 수 있는 적합한 크기여야 하며, 성인의 도움 없이 선택하고 꺼낼 수 있도록, 낮은 선반에 비치한다. 또한 정리정돈을 쉽게 할 수 있도록 다양한 소품을 둔 용기나 선반, 정리장에 국가명을 포함한 그림 라벨을 보여 주어 그 나라의 문화를 이해할 수 있도록 제시하면 더욱 효과적이다.

(3) 발달에 적합한 다문화 교육 프로그램 교육자료 및 환경구성

환경은 통합적 유아 다문화 교육 프로그램의 효과적 실행을 위한 근본 조건이며, 영유아가 프로그램의 실행에 앞서 처음 접하게 되는 교수 자료이자 결과물이다. 영유아 발달에 적합한 다문화 교육 프로그램 교육자료 및 환경구성을 살펴보면 다음과 같다(보육교사일반직무교육, 2016).

표 7-4 영유아 발달에 적합한 다문화 교육 프로그램 교육자료 및 환경구성

연령	발달적 특징	교육 및 환경자료
0~1세	• 주변 사람들과의 유사점, 차이점 인식 • 피부색 구별	• 다양한 민족문화가 반영된 구체적인 인형
1~2세	• 피부색을 언어로 표현 가능함	• 다양한 피부색을 표현할 수 있는 미술활동자료 • 다양한 나라의 자동차
3~4세	• 자신과 타인에 신체 특징에 호기심 • 타인의 성, 피부, 신체구조에 관심을 보임 • 다른 사람의 특이한 문화 행동 인식	• 인종 차이를 보여 주는 퍼즐, 그림책 • 다양한 민족과 문화가 반영된 구체적인 인형 • 다양한 나라의 자동차 • 다양한 성, 인종, 신체적 차이에 제시된 그림

연령	발달적 특징	교육 및 환경자료
		• 다양한 인종의 여러 가지 머리모양 그림이나 사진 • 여러 인종과 다양한 성 역할에 관한 그림 퍼즐
4~5세	• 자신과 가족의 문화적 정체성 인식 가능 • 성, 연령, 사회계층, 지역, 종교, 능력, 국가 간의 차이점, 유사점에 관심을 보임 • 타인의 정체성, 생활방식, 태도가 있음을 이해하기 시작 • 다른 사람을 놀리거나 거부하는 것이 감정을 해치는 것임을 이해함 • 다른 사람과 다른 문화에 대해 호기심을 갖고 질문함 • 생활 차이에 대한 문제해결 방법을 찾을 수 있음	• 다양한 가족구성원에 대한 내용의 자료 • 여러 가지 공예품이나 작품의 복사본 • 여러 역할을 경험할 수 있는 역할놀이 소품 • 국가나 국가의 상징 • 지구본, 지도 • 여러 역할을 경험할 수 있는 소품 • 다양한 배경을 가진 예술가의 작품 • 여러 인종 집단의 종교, 음식, 의상, 가정생활에 관련된 자료

표 7-5 영역활동을 위한 교육자료(여성가족부, 한국건강가정진흥원 다문화 이해 교육자료)

영역	교육자료
역할 영역	• 여러 나라의 다양한 형태의 집 모형 • 다양한 민족을 상징하는 인형 • 세계 각국의 전통의상 및 신발, 모자, 장신구 • 여러 나라의 전통음식 모형 • 다양한 직업의 의상 • 각 나라의 특징을 나타낸 그림자료 및 사진
언어 영역	• 세계 여러 나라의 그림책, 동화, 그림엽서, 잡지, 신문, 화폐 • 여러 나라 언어글자카드 • 여러 나라의 속담, 인종, 관습, 생활장면을 볼 수 있는 자료 • 여러 나라를 상징하는 다양한 인형
도서 영역	• 동서양 및 다양한 문화권의 도서 • 여러 나라의 건축물, 음식, 민속품, 의상 등에 관한 그림책 • 전래, 현대의 다양한 그림책 • 여러 나라의 동시, 동요 • 다양한 장르의 반편견 동화 • 다양한 종류의 동화 및 인형 • 다양한 성 역할에 관한 도서

영역	교육자료
음률 영역	• 전래동요, 민요, 고전음악, 왈츠, 종교음악 • 음악자료, CD류, 동영상 자료 • 여러 나라의 전통악기 • 다양한 문화의 손유희, 노래, 게임 • 다양한 소리의 악기 • 여러 나라의 민속의상과 축제의상 • 세계 여러 나라의 악기 사진이나 그림, 음악 관련 책
미술 영역	• 여러 가지 색의 물감, 붓, 크레파스 등의 그리기 재료와 점토 • 다른 나라의 신문, 잡지, 폐품 등의 만들기 재료 • 여러 나라의 명화 • 여러 나라의 종이 접기 책, 그림책 • 여러 가지 피부색이나 머리카락 색을 가진 사람 등의 사진 • 전통예술품 등의 감상을 위한 자료
요리 영역	• 다양한 음식 및 채소, 과일 모형 • 여러 나라의 요리사 모자 • 여러 나라의 전통음식 사진 • 특별한 날에 먹는 음식사진 및 레시피 • 우리나라 각 지방의 토속음식 사진 • 다양한 조리도구와 식사용 도구 • 다양한 상차림과 서로 다른 식사 예절 사진 • 여러 나라의 전통시장 사진
신체 영역	• 여러 나라의 전통놀이 기구와 사진 • 각종 경기 유니폼 및 점수판 • 다양한 유형의 공 • 다양한 운동기구 • 여러 종목의 운동경기 사진과 동영상 자료 • 여러 나라 국가를 녹음한 CD, 세계 국기 플래시카드 • 나라를 대표하는 운동선수 사진

5) 다문화 교육을 위한 교사의 자세

다문화 교육은 유아기 동안에 성, 인종, 지위, 능력, 종교에 있어서 본인과는 다른 타인을 대하는 태도가 형성되는 시기이므로 유아들이 유아교육 기관에서 다문화를 접하는 기회가 제공되어야 한다. 유아기는 서로 다른 문화의 이해를 통해 수용적이고 개방적인 태도와 선입견 없는 긍정의 자아개념을 형성하게 때문에 더욱 강조된다. 그러므로 유아교육 기관의 교사는 영유아들이 쉽게 다양한 문화를 경험할 수 있도록 기회를 제공해야 된다.

더욱 다양한 문화적 배경을 가진 유아들과 생활하게 될 교사는 스스로 다문화에 대한 올바른 태도와 신념을 갖고 있어야 한다. 교사가 유아들이 다양한 문화의 가치를 인식할 수 있도록 교육내용과 방법을 모색하기 위해서는 무엇보다도 먼저 다문화 가정 유아들의 이해가 우선되어야 한다. 다문화 교육을 진행하는 데 있어서 교육환경의 주체인 교사가 가지고 있는 편견이나 고정관념은 유아의 정체성, 태도, 사고에 영향력을 미칠 수 있기 때문이다. 그러므로 교사는 다른 문화의 다양성에 대해 수용적인 자세와 긍정적인 인식과 행동을 함으로써 유아들이 생활하는 가운데 자연스럽게 다문화 및 반편견 교육이 다루어져야 한다.

(1) 다문화 가정 영유아의 생활지도를 위한 교사의 역할

다문화 가정의 영유아 생활 지도 시 교사의 역할은 다음과 같다(보육교사직무교육, 2016).

첫째, 교사는 영유아의 발달 수준에 적합한 생활지도를 할 수 있도록 하기 위해 먼저 영유아를 둘러싼 물리적, 인적 환경을 정비하도록 해야 한다.

둘째, 교사는 보육실 내에서의 갈등을 영유아의 실수 행동으로 간주하고 갈등을 가르침의 기회로 삼을 수 있도록 지원해 주어야 한다. 다문화 가정 영유아의 사회, 정서적 상황을 문제 행동이라고 규정하기 전에 보육교사 자신의 편견으로 인해 문제로 규정하게 된 것은 아닌지를 검토해야 한다.

셋째, 교사들은 다문화 가정 영유아의 사회, 정서적 상황에 대해 깊이 이해하고 직접적인 모델링을 통해 지도한다.

넷째, 다문화 가정 영유아의 다양한 부적응 행동에 대해 교사가 접근해야 할 필요성이 있는 경우 다문화 가정의 부모와 협력하여 가정과 어린이집이 연계하여 이루어질 수 있도록 해야 한다.

(2) 다문화 가정 부모 상담 시 보육교사의 역할

다문화 가정 부모는 한쪽 부모가 외국인이기 때문에 한국의 어린이집 문화, 자녀의 또래관계 및 발달과정, 학부모 연계 활동 등에 적극적인 참여가 어려울 수 있다. 따라서 어린이집에서는 다문화 가정 부모가 적극적으로 자녀 양육에 참여하고 어린이집을 비롯한 자녀, 또래의 학부모와 적극적인 커뮤니티 활동, 자녀의 전반적인 발달현황을 정확히 알고 있는지에 대한 점검 및 유도, 부모의 궁금증 및 어려움 해소 등을 위한 적극적인 상담 활동을 해야 한다.

다문화 가정 부모들을 대상으로 부모 상담을 하는 경우, 교사가 가져야 할 지침에 대해 언급하면 다음과 같다(한국보육진흥원, 2011).

첫째, 구체화되고 실제적인 자료를 제공한다.

둘째, 해당 국가의 양육문화에 대한 기초적인 지식을 가진다.

셋째, 집단 지도를 통해 파트너십을 구축한다. 다른 문화라 하더라도 서로 정서적으로 친밀하게 지낼 수 있는 어머니들을 대상으로 부모 상담을 집단적으로 시행할 수 있다. 그리하면 부모 상담도 이루어지고 동시에 파트너십도 구축해 줄 수 있다.

넷째, 자신감 향상 교육을 한다. 이주해 온 여성이어서 특별히 양육에 대한 어려움을 경험하는 것이 아니라 어느 누구나 부모 역할, 양육을 하는 것이 힘든 일이며, 그로 인해 어느 나라 부모들이건 상관없이 양육에서의 어려움을 경험한다고 상담해 주는 것이 도움이 된다. 그리고 현재도 잘하고 있다라는 긍정적인 강화를 자주해 주어 자신감을 향상시켜 주어야 한다.

다섯째, 다문화 가정 자녀의 행동이 문제 행동인지 아닌지에 대한 판단을 도와준다. 보육교사는 부모가 제한된 언어를 통해 자신의 자녀에 대해 의논하고 상담할 때 구체적으로 상황을 질의하여 정확한 판단을 할 수 있도록 평가적 지지를 제공해 주어야 한다.

여섯째, 교사 자신이 국가에 대한 부적절한 편견이 있는지 점검한다.

유아교육기관에서 다문화 가정 부모를 상담하는 목적은 자녀의 문제를 해결하고 개선하기 위함이며 부모를 조력하기 위해서이다. 부모 상담을 통해, 첫째, 자녀의 문제를 스스로 해결할 수 없는 영유아기 자녀의 문제 해결은 그 부모와 상담에 많은 의존을 할 수 밖에 없기 때문에 상담을 통해 자녀의 문제 행동을 해결하거나 개선할 수 있다. 둘째, 자녀의 문제 행동으로 인한 가족 및 자녀의 상황에 대한 분명한 인식과 자기 인식을 통해 다문화 가정 부모의 심리적 중압감을 감소시키고 안정감을 획득하게 한다. 다문화 가정들은 비다문화 가정에 비해 사회적 네트워크가 상대적으로 약하기 때문에 정보습득, 구체적 역할, 부모로서의 중심을 잃지 않기 등을 위해서 유아교육기관에서 부모 상담을 통해 지원해 주어야 한다(한국보육진흥원, 2013).

다문화 가정 어머니와 상담이 원만히 이루어지기 위해서는 신뢰가 형성되어야 하며, 상담이 진행됨에 따라 상호 교류가 원만해야 한다. 다문화 부모를 상담하기 위해서는 때로 통역이 필요한 경우가 있으므로 통역 동반 시 교사가 주의해야 할 내용을 동시에 알고 있어야 한다. 다문화 가정 부모 상담의 핵심 요소는 신뢰, 공감적 이해, 수용, 전문적 능력, 효과적인 의사소통 능력이다.

4. 다문화 교육 프로그램의 실제

1) 그림책을 활용한 다문화 교육 프로그램의 적용

그림책을 읽는 경험이 다양한 사람들이 처한 사회적인 상황과 맥락 그리고 입장을 효과적으로 고려하고 자신과 타인에 대한 감정 및 느낌을 자연스럽게 표현할 수 있는 기회를 제공해 줌으로써 다문화 교육을 위한 효과적인 교수 학습 방법이 될 수 있다. 그림책을 활용한 다문화 교육 프로그램의 내용(김정원 외, 2014)에 따르면, 유아교육 현장에서 유용한 교수 자료로 활용되고 있는 좋은 그림책을 활용한 다문화 교육은 유아들의 다문화에 관한 보다 긍정적인 태도 형성에 도움이 될 수 있다. 그림책을 중심으로 다양한 유형의 관련 활동을 구성하여 교육과정 전체에 다문화 교육에서 추구하는 가치가 골고루 스며들도록 구성한 그림책을 활용한 다문화 교육은, 유아들의 다문화에 대한 인식 및 태도를 보다 긍정적으로 변화시킴으로써 평화로운 사회를 이루어 나가는 데 효과가 있을 것으로 기대된다. 더욱더 구체적으로 살펴보면 다음과 같다.

첫째, 그림책을 활용한 다문화 교육 실시의 과정에서 유아들은 문화에 대해 단편적으로 이해하는 것에 머물렀던 상태에서 우리 문화의 공감과 이해를 토대로 다양한 문화의 특성을 적극적으로 연계시키며 이해하고자 시도하는 모습으로 변화하였다. 유아들은 우리나라 문화가 잘 표현된 좋은 그림책을 활용한 다문화 교육과정을 통하여 우리나라 문화에 대한 진정성 있는 이해를 하게 되면서 우리나라 문화뿐만 아니라 다른 문화에 대해서도 보다 깊이 있는 이해를 하기 시작하였다.

둘째, 유아들은 그림책을 활용한 다문화 교육에 참여하면서 다문화적 특성에 대한 수용적 태도와 타문화에 대한 편견적 태도가 공존하는 상태에서 보다 적극적으로 다양한 문화적 특성을 수용하는 태도로 변화되었다. 그림책을 활용하여 다양한 문화에 대한 진정성 있는 이해를 격려하는 유아 다문화 교육 프로그램은 자신이 속한 문화뿐만 아니라 타문화와의 깊이 있는 상호작용을 격려하는 역할을 하고 이를 통해 유아들의 비판적인 사고능력과 다문화에 대해 존중하며 타문화를 이해하려는 노력을 하는 데 도움이 된다고 결론을 내릴 수 있다.

셋째, 그림책을 활용한 다문화 교육은 유아들이 우리 사회에 존재하는 다양한 문화적 특성을 인정하고 다문화적 배경을 가진 사람들의 삶에 공감하고 존중하는 태도를 표출함으로써 모두 함께 평화롭게 살아가는 방법을 고민하기 위하여 필요한 태도를 형성하는 데 도움이 되는 것으로 밝혀졌다. 유아들은 그림책을 활용한 다양한 유형의 다문화 체험 활동을 통해 친구들을 배려하고 도와주며 친구들의 생각이나 생활 방식을 이해하고 인정하는 태도를 배우고 다양한 사회구성원들이 우리 사회에서 조화롭게 공존하는 것의 실제를 직접 체험하기도 하였다.

표 7-6 그림책을 활용한 다문화 교육 프로그램 내용의 예(김정원 외, 2014)

	그림책	그림책 정보	다문화 교육의 목표 및 내용	활동의 예
1	경복궁에서의 왕의 하루	• 청동말굽 • 2003년 출판 • 문학동네 어린이	경복궁에 대한 탐색을 통해 우리나라와 세계 여러 나라의 문화는 유사점과 차이점을 가지고 있음을 안다.	• 경복궁에는 무엇이 있을까/이야기 나누기 • 경복궁 꾸미기/미술 • 경복궁 견학하기/견학
2	손큰 할머니의 만두 만들기	• 채인선 • 2001년 출판 • 재미마주	우리나라의 명절과 전통적 가치관을 알아본다.	• 내가 경험한 만두/이야기 나누기 • 만두에 대한 동시 짓기/언어 • 커다란 솥 함께 만들기/쌓기놀이
3	아름다운 모양	• 한태희 • 2006년 출판 • 한림출판사	우리나라의 전통 무늬를 통해 우리의 문화적 특성을 탐색한다.	• 아름다운 전통 모양을 보고/이야기 꾸미기 • 조각을 이용해 무늬 만들기/미술 • 칠교놀이하기/조작

	그림책	그림책 정보	다문화 교육의 목표 및 내용	활동의 예
4	루비의 소원	• SY브리지스 • 2004년 출판 • 비룡소	우리나라와 중국이 가진 문화의 유사점과 차이점을 생각한다.	• 우리나라 중국 일본의 섬 비교하기/이야기 나누기 • 중국 옷 입고 루비가 되어 보기/역할 • 붓글씨로 쓴 우리 이름 꾸미기/미술
5	빈화분	• 데미 • 2006년 출판 • 사계절	중국문화에 존재하는 다양성의 가치를 인정하고 수용한다.	• 책에 나온 그림 속 문화 찾기/언어 • 중국 문화 만나기/게임 • 등불축제 구성하기/미술 역할
6	은지와 폭신이	• 히아시아키코 • 1994년 출판 • 한림출판사	일본의 식생활에 대해 알아보고 우리나라 식생활과 비교해 보며 유사점과 차이점이 있음을 안다.	• 일본의 도시락 문화 알아보기/이야기 나누기 • 일본 음식점 놀이하기/역할 • 도시락 꾸미기/조작

표 7-7 만 3세용 누리과정 그림책 선정목록의 예(최유미, 2018)

	다문화 내용	책 제목	작가 (글/그림)	국가	선정 사유	기타 특징
1	정체성	행복한 의자나무	랑 슈린	대만	볼품없고 자기밖에 모르던 나무가 누군가의 칭찬으로 인해 행복해지고 스스로를 가꿔 나가는 이야기를 담고 있다.	대만 아동문학상 '목동 피리상' 수상
2	다양성, 반편견	나는 나답게 너는 너답게	마띠유 드로리에/ 카트린 프로토	프랑스	생김새, 피부색, 습관, 행동, 재능 등 일상에서 만나게 될 다양한 '차이'를 긍정적으로 받아들이는 경험을 제공한다.	
3	정체성	사랑스러운 까마귀	베아트리스 퐁따넬/ 앙트완 기요빼	프랑스	생김새, 피부색, 습관, 행동, 재능 등 일상에서 만나게 될 다양한 '차이'를 긍정적으로 받아들이는 경험을 제공한다.	

	다문화 내용	책 제목	작가 (글/그림)	국가	선정 사유	기타 특징
4	반편견	돼지책	앤서니 브라운	영국	여성 문제와 가사노동에 대해 다루고 있다. 성역할에 대한 고정관념을 비판적으로 바라볼 수 있게 한다.	제35회 문화관광부 추천도서
5	공동체 협력	화내지 말고 예쁘게 말해요	안미연/ 서희정	한국	정확하고 효과적인 의사전달 방법 경험하게 하여 올바른 언어습관을 기를 수 있게 도와준다.	
6	다양성, 정체	발명가가 되고 싶다고?	주디스 세인트 조지/ 데이비드 스몰	미국	세계의 발명가들의 일화를 통해 다양한 삶이 있을 수 있음을 알고, 노력을 통해 꿈을 이루는 과정을 경험하며 자아 정체성을 기를 수 있다.	글작가미국 어린이책 작가협회상 황금연상

우수한 그림책을 활용하여 다문화 교육을 하는 것은 유아들에게 흥미를 유발시켜 즐거운 마음으로 활동 안에 빠져들게 하여, 그림책 안의 맥락적인 상황 속에서 다양한 문화를 자연스럽게 받아들일 수 있게 하는 긍정적인 교육 방법이다. 그림책을 활용한 다문화 교육 프로그램이 유아의 인종 및 타문화에 대한 태도에도 긍정적인 영향을 미치며, 다문화 반영 도서를 통한 토의활동은 유아의 인종에 대한 선호도와 고정관념에 긍정적인 영향을 주고, 다문화 그림책을 활용한 교육 활동을 경험한 유아들은 다양한 가족과 이혼에 대한 태도에 긍정적인 효과가 있다.

그림책을 통한 교육 활동은 게임과 신체 활동, 음률 활동 등 다양한 교육 활동으로 확장될 수 있다. 이때 중요한 것은 역시 교사의 다문화 역량과 관점이다. 따라서 교사는 끊임없이 자신의 인식을 살피며 교육 환경과 도서의 선정, 유아들이 다양성을 고려해야 할 것이다.

2) 통합적 유아 다문화 교육 프로그램

다문화 교육의 내용은 5세 누리과정의 생활주제에 부합하는 다문화 교육 주제를 설정하여 5세 누리과정 활동 내에서 유아 다문화 교육이 통합적으로 실행되도록 한다. 즉, 5세 누리과정의 주별 소주제에서 유아 다문화 교육 관련 내용요소를 추출하여 실행함으로써 일과활동 중에 다문화 교육이 통합적으로 이루어질 수 있도록 한다(박재옥, 2013).

첫째, 유아가 대 · 소집단 활동과 실내외 자유놀이영역에서 다문화 관련 놀이활동을 할 수 있게 하였다

둘째, 다문화 교육 프로그램의 내용 요소는 5세 누리과정과 다문화적 내용을 일과 운영 속에서 자연스럽게 통합시켜 인종의 다양성, 민족의 다양성, 문화의 다양성, 개인의 다양성이 포함되도록 하며 다양한 사회를 이해하고 협력하는 것을 교육내용으로 통합하여 구성하였다.

셋째, 통합적 유아 다문화 교육의 접근 방법은 유아가 흥미와 경험을 통하여 다문화적 지식과 태도를 습득할 수 있도록 교육하며 다양성 보고 듣고 이해하기, 경험하기, 익숙해지기, 통합하기, 실천하기를 비롯해 시청각 자료를 활용할 수 있는 방법으로 구성하였다.

넷째, 유아의 다문화 활동은 생활주제와 통합하여 유아들이 흥미를 느낄 수 있고 친숙한 활동이 되도록 하였다. 유아의 대 · 소집단활동은 이야기 나누기 미술, 게임, 동화, 요리, 음악, 견학, 실외, 신체 표현 등 다양한 활동이 되도록 하였다. 자유 선택 활동 시간에는 역할, 쌓기, 수 · 조작, 과학, 음률, 언어, 조형 영역의 다양한 활동유형으로 구성하여 유아가 습득한 다문화 지식과 태도를 놀이를 통해 확장되도록 구성하였다.

다섯째, 다문화 교육의 중심은 유아의 생활 주변에서 쉽게 경험할 수 있는 중국, 일본, 베트남, 필리핀, 태국, 몽골 등 아시아 국가들의 문화를 중심으로 다른 나라를 이해하게 하는 내용으로 구성하였다. 예를 들면, 우리나라 동네 모습과

다른 나라의 동네 모습을 비교하여 문화의 다양성을 이해하기, 날씨로 인하여 달라지는 다른 나라의 식생활, 다른 나라의 레저문화, 다른 나라의 관광지, 다른 나라의 과거와 현재, 미래의 교통과 교통수단 등을 5세 누리과정의 학습활동과 연결시켰다.

여섯째, 어린이집 환경구성은 생활주제와 관련된 다문화 교육 내용 요소를 반영하여 제시하며, 유아들로 하여금 친숙하게 느낄 수 있도록 분위기를 조성하고, 각 영역마다 연령에 적합하게 다양한 문화를 이해할 수 있는 환경이 구성되도록 하였다.

표 7-8 통합적 다문화교육프로그램 적용의 예_만 5세반 우리동네(박재옥, 2013)

<table>
<tr><th rowspan="2">생활주제</th><th rowspan="2">주</th><th rowspan="2">소주제</th><th rowspan="2">다문화 활동명</th><th colspan="2">다문화</th><th rowspan="2">누리과정 관련영역</th><th rowspan="2">활동유형</th><th rowspan="2">활동영역</th></tr>
<tr><th>활동목표</th><th>지도요소</th></tr>
<tr><td rowspan="10">6월
우리 동네</td><td rowspan="8">1</td><td rowspan="8">우리 동네 모습</td><td>우리와 가까운 다른 나라가 있어요</td><td rowspan="4">다른 나라와 관련된 활동을 통해 다양한 관점에서 나와 다름을 이해하고 적극적으로 활동에 참여한다.</td><td rowspan="4">민족의 다양성</td><td rowspan="4">의사소통
자연탐구
사회관계</td><td rowspan="2">대소집단</td><td>이야기 나누기</td></tr>
<tr><td>세계지도에서 찾은 다른 나라</td><td>게임</td></tr>
<tr><td>우리나라 동네 구성</td><td rowspan="2">자유선택활동</td><td>쌓기</td></tr>
<tr><td>다른 나라 시장에 가면</td><td>역할</td></tr>
<tr><td>우리 동네의 모습과 같아요. 달라요</td><td rowspan="4">다른 나라 우리나라의 공통점과 차이점에 대해 끊임없이 의문을 제기하고 지속적으로 흥미를 갖는다.</td><td rowspan="4">문화의 다양성</td><td rowspan="4">사회관계
예술경험
자연탐구
의사소통</td><td rowspan="2">대소집단</td><td>이야기 나누기</td></tr>
<tr><td>간판 구성하기</td><td>미술</td></tr>
<tr><td>다른 나라 간판 퍼즐</td><td rowspan="2">자유선택활동</td><td>수조작</td></tr>
<tr><td>친구들아! 인터넷에서 다른 나라 동네가 다 보여</td><td>과학</td></tr>
<tr><td rowspan="2">2</td><td rowspan="2">우리 동네 기관 1</td><td>시장에 갈 때 필요해요</td><td rowspan="2">우리나라와 다른 나라 시장에 관심을 가지고 궁금한 것에 대해 의문을 제</td><td rowspan="2">민족의 다양성</td><td rowspan="2">예술경험
사회관계
자연탐구
의사소통</td><td rowspan="2">대소집단</td><td>이야기 나누기</td></tr>
<tr><td>우리나라와 다른 나라의 돈</td><td>미술</td></tr>
</table>

생활주제	주	소주제	다문화 활동명	다문화		누리과정 관련영역	활동 유형	활동 영역
				활동목표	지도 요소			
			장터놀이에 필요한 물건 만들기	기해 본다.			자유 선택 활동	미술
			장터놀이에 필요한 광고지 만들기					언어
			시장잔치	우리나라와 다른 나라 시장에 호기심을 가지고, 놀이내용을 확장해 나가며 새로운 것을 경험해 나갈 수 있도록 돕는다.	문화의 다양성	자연탐구 사회관계 의사소통	대소 집단	새노래
			국경 없는 마을 견학					견학
			다른 나라 장터를 만들어요				자유 선택 활동	쌓기
			다른 나라 장터 놀이를 해요					역할

3) 유아 다문화 프로그램의 주제와 소주제

생활주제에 의한 연간교육계획안의 예시는 다음과 같다(황해익 외, 2008).

표 7-9 유아 다문화 교육 프로그램 연간교육계획안

주제	소주제		목표
나와 친구	1주	나는 특별해요	• 나는 소중한 존재임을 안다. • 나를 사랑하는 존재가 있음을 느낀다. • 내가 잘할 수 있는 일을 통해 자아존중감을 함양한다.
	2주	우리는 다르지만 친구예요(1)	• 생각이나 모습과 문화가 달라도 친구가 될 수 있음을 안다. • 다양한 문화 속에 속한 친구들을 수용한다. • 친구들과 올바른 관계를 형성한다.
	3주	우리는 다르지만 친구예요(2)	• 몸이 불편한 친구도 소중한 존재임을 안다. • 편견을 가지지 않고 서로 도우며 협력하는 공동체 의식을 기른다.
	4주	성별 달라도 함께할 수 있어요	• 남자와 여자의 입장을 이해하고 공통점과 차이점을 안다. • 남자와 여자 구분 없이 함께할 수 있음을 알고 수용한다. • 남녀 모두 자신의 감정을 적절하게 표현할 수 있다.

<table>
<tr><th>주제</th><th colspan="2">소주제</th><th>목표</th></tr>
<tr><td rowspan="4">가족</td><td>1주</td><td>우리는 모두 가족이 있어요</td><td>• 우리는 모두 가족이 있음을 안다.
• 다양한 형태의 가족이 있음을 안다.
• 다양한 형태의 가족을 수용하고 존중하는 태도를 기른다.</td></tr>
<tr><td>2주</td><td>우리 가족을 소개해요(1)</td><td>• 가족 구성원의 역할을 알고 이해한다.
• 가족은 서로 돕고 함께해야 함을 안다.</td></tr>
<tr><td>3주</td><td>우리 가족을 소개해요(2)</td><td>• 가족의 특별한 문화를 소개할 수 있다.
• 가족은 서로 돕고 함께 해야 함을 안다.</td></tr>
<tr><td>4주</td><td>가족은 모두 소중해요</td><td>• 가족의 소중함을 안다.
• 다양한 가족의 공통점과 차이점을 알아본다.
• 다양한 가족의 어려움을 알고 배려하는 태도를 기른다.</td></tr>
<tr><td rowspan="4">음식</td><td>1주</td><td>우리나라 대표 음식은 무엇일까요?</td><td>• 우리나라 전통음식을 안다.
• 우리나라의 지역별 대표 음식을 안다.
• 우리나라의 전통 음식을 직접 만들어 본다.</td></tr>
<tr><td>2주</td><td>세계 여러 나라의 대표 음식을 알아보아요</td><td>• 세계 여러 나라의 대표 음식을 안다.
• 세계 여러 나라 음식의 특징을 안다.
• 음식의 다양성을 존중한다.
• 세계 여러 나라의 음식을 만들 수 있다.</td></tr>
<tr><td>3주</td><td>세계 여러 나라의 음식문화는 다양해요</td><td>• 세계 여러 나라의 음식 문화를 이해한다.
• 우리나라와 세계 여러 나라의 음식 문화의 공통점과 차이점을 안다.
• 다른 세계 여러 나라의 음식 문화를 존중한다.</td></tr>
<tr><td>4주</td><td>우리나라 음식을 알려요</td><td>• 우리나라 음식에 대한 자부심을 갖는다.
• 우라나라 음식을 세계화시킬 수 있는 방법을 생각한다.
• 놀이 노래극을 만들어 보고 표현해 본다.</td></tr>
<tr><td rowspan="4">세계 여러 나라의 음악</td><td>1주</td><td>놀이 노래를 부르며 놀아요</td><td>• 여러 나라에 놀이를 하면서 부르는 노래가 있음을 안다.
• 세계 여러 나라의 놀이 노래는 서로 공통점과 차이점이 있음을 안다.
• 놀이 노래극을 만들어 보고 표현해 본다.</td></tr>
<tr><td>2주</td><td>특별한 날 부르는 노래를 알아요</td><td>• 나라마다 특별할 때 부르는 비슷한 노래가 있음을 안다.
• 나라마다 특별할 때 부르는 다양한 노래가 있음을 안다.
• 음악을 연주하기 위한 다양한 악기가 있음을 알고 악기에는 여러 가지 모양의 소리가 있음을 안다.</td></tr>
<tr><td>3주</td><td>음악과 함께 해요 음악가와 악기</td><td>• 세계 여러 나라의 고유한 음악가와 악기가 있음을 안다.
• 음악가의 대표곡 분위기를 감상하고 서로 비교한다.
• 음악을 연주하기 위한 다양한 악기가 있음을 알고 악기에는 여러 가지 모양과 소리가 있음을 안다.</td></tr>
<tr><td>4주</td><td>음악과 함께해요 춤과 의상</td><td>• 각 나라에는 고유한 춤과 의상이 있음을 안다.
• 문화권에 따라 춤의 표현 방법을 이해하고 표현한다.
• 다양한 나라의 춤을 추며 즐거움을 느낀다.</td></tr>
</table>

주제	소주제		목표
세계 여러 나라의 미술	1주	세계 여러 나라의 다양한 건물	• 세계 여러 나라 건축에 대해 관심을 갖는다. • 동서양의 건축 양식과 특징에 대해 안다.
	2주	세계 여러 나라 그림으로의 여행	• 동서양의 그림을 감상하고 느낌을 표현한다. • 동서양의 화가의 특징에 대해 이해하며 비교해 본다.
	3주	예술가가 되어 보아요	• 미술에 사용되는 도구에 대해 안다. • 여러 가지 도구를 사용하여 색깔을 표현한다. • 색채에 대해 이해하고 느낌을 표현한다. • 작품 전시를 통해 예술작품을 감상하고 이해한다.
세계 여러 나라의 특별한 날	1주	세계 여러 나라의 새해 맞이에 대해 알아보아요	• 세계 여러 나라는 한 해가 시작되는 첫날을 축하함을 안다. • 나라마다 새해를 맞이하는 방법이 다름을 안다. • 각 나라의 풍습에 따라 새해를 뜻깊게 보낼 수 있음을 안다.
	2주	세계 여러 나라에는 축하하는 날이 있어요	• 각 나라의 기쁜 날(결혼식, 생일)의 의미를 알아본다. • 나라마다 기쁜 날을 축하하는 방법이 다양함을 안다. • 다양한 문화의 결혼식과 생일축하 의식을 알아본다.
	3주	크리스마스를 축하해요	• 크리스마스의 의미를 이해하고 크리스마스에 관한 다양한 문화의 전통과 관심을 알아본다. • 예수님의 사랑을 이웃과 나누는 따뜻한 경험을 한다.
	4주	세계 여러 나라의 다양한 축제를 알아보아요	• 여러 나라의 축제에 담겨 있는 의미를 알아본다. • 다양한 축제에 관심과 흥미를 갖는다. • 다양한 문화의 축제를 존중하고 이해하는 열린 마음으로 경험한다.
평화	1주	전쟁은 평화를 파괴해요	• 역사적인 사건을 통해 전쟁의 의미와 결과를 안다. • 전쟁이 일어나는 원인을 파악해 본다. • 전쟁으로 인한 아픔과 슬픔을 이해한다. • 전쟁이 일어나지 않게 하는 방법을 생각해 본다.
	2주	평화는 무엇인가요	• 평화의 의미와 상징을 이해한다. • 평화로운 상태를 다양하게 표현한다. • 평화를 사랑하는 마음을 갖는다.
	3주	평화를 만들어 가요	• 평화를 위해 협력과 공존이 필요함을 안다. • 평화를 위해 해야 할 일을 안다. • 다양성을 인정하는 태도를 갖는다.

4) 만 2세 영아 다문화 보육 프로그램 연간계획안

만 2세 영아 다문화 보육프로그램의 연간교육안의 예시는 다음과 같다(임양미 외, 2011).

표 7-10 만 2세 영아 다문화 교육 프로그램 연간교육안

월	생활주제	다문화 교육내용	활동유형
3월	어린이집에 왔어요	• 너는 누구니(통합) • 너는 누구니(개별) • 같이 놀자. 미안해, 고마워(가정)	• 전이활동 • 놀이활동(탐색, 조작)
4월	놀잇감 탐색과 신나는 바깥놀이	• 나 어때요 • 나 어때요 • 스카프로 놀이해요	• 놀이활동(역할) • 놀이활동(역할)
5월	봄 나들이 가요	• 꽃으로 장식해요 • 꽃 이름을 알아보아요 • 꽃과 풀로 놀이해요	• 놀이활동(실외활동) • 놀이활동(실외활동)
6월	나	• 머리, 어깨, 무릎, 발 • 신체 부위찾기 • 머리, 어깨, 무릎, 발	• 놀이활동(창의적 표현) • 놀이활동(창의적 표현)
7월	더워요	• 어떤 느낌일까요 • 느낌을 알아보아요 • 얼굴 표정 게임	• 놀이활동(탐색, 조작) • 놀이활동(언어)
8월	동물	• 동물들아 안녕 • 동물의 소리를 들어보자 • 동물 만들기	• 놀이활동(탐색, 조작) • 놀이활동(언어)
9월	가족	• 새로운 가족이예요 • 아기인형 돌보기 • 양말짝을 찾아요	• 놀이활동(역할) • 놀이활동(역할)
10월	내가 만난 사람들	• 나는 요리사예요 • 오물조물 점토로 모양놀이 • 오물조물 밀가루 점토놀이	• 놀이활동(창의적 표현) • 놀이활동(창의적 표현)
11월	탈것	• 자동차 태우기 놀이 • 자동차 그림자 찾기 • 탈것의 이름 찾아보기	• 놀이활동(쌓기) • 놀이활동(탐색, 조작)
12월	추워요	• 겨울 옷 입기놀이 • 감기 걸린 아이 돌보아요 • 에취! 감기에 걸리지 않으려면	• 놀이활동(탐색, 조작) • 놀이활동(역할)

월	생활주제	다문화 교육내용	활동유형
1월	색깔놀이, 모양놀이	• 무슨 색깔 옷일까 • 주변에서 색깔찾기 • 알록달록 색깔놀이	• 놀이활동(탐색, 조작) • 놀이활동(탐색, 조작)
2월	형님이 되었어요	• 여러 가지 탈 퍼즐 • 오물딱, 조물딱 탈 만들기 • 우리집 안전점검표	• 놀이활동(탐색, 조작) • 놀이활동(창의적 표현)

5) 다문화 교육 프로그램 활동계획안

다음은 다문화 교육 프로그램의 활동계획안의 예시이다.

표 7-11 다문화 교육 프로그램 활동계획안

<table>
<tr><th colspan="2">활동명</th><td>여러 나라의 음식을 알아봐요</td><th>생활주제</th><td colspan="2">건강한 몸과 마음</td></tr>
<tr><th colspan="2">활동목표</th><td colspan="4">각 나라마다 서로 다른 음식이 있음을 안다.
나라마다 다른 음식을 먹는 것에 관심을 가진다.</td></tr>
<tr><th>활동 영역</th><th>활동 유형</th><th colspan="2">활동방법</th><th>활동 자료</th><th>다문화 내용</th></tr>
<tr><td>자연 탐구</td><td>수조작</td><td colspan="2">*죽과 스프 비교하기
1) 죽과 수프를 먹어 본 경험을 이야기 나눈다.
2) 죽과 스프의 종류에 대해 이야기 나눈다.
3) 죽과 스프는 어느 나라에서 주로 먹는 음식인지 알아본다.
4) 쌀죽과 크림스프를 먹어 본다.
5) 죽과 스프는 어떤 차이와 특성이 있는지 이야기 나눈다.</td><td>• 쌀죽
• 크림스프
• 숟가락
• 관찰지
• 필기도구
• 접시</td><td>다양성 문화</td></tr>
<tr><td>예술 경험</td><td>미술</td><td colspan="2">*종이죽으로 세계 음식 만들기
1) 좋아하는 음식에 대해 이야기 나눈다.
2) 다른 나라 사람들은 어떤 음식을 먹는지 이야기 나눈다.
3) 다른 나라의 음식을 찾아본다.
4) 자신이 만들고 싶은 음식을 고른다.
5) 음식의 모양을 관찰하고 종이죽을 이용하여 구성한다.
6) 그늘에 말려 물감으로 색칠하여 완성한다.</td><td>• 음식사진
• 종이죽
• 물감</td><td>다양성 문화</td></tr>
</table>

<table>
<tr><td>사회
관계</td><td>역할</td><td>*세계 음식점 놀이
1) 세계 음식점 놀이에 필요한 것들을 소개한다.
2) 소품을 이용하여 음식점을 꾸민다.
3) 역할 목걸이로 역할을 선택해 놀이를 시작한다.
4) 놀이가 끝나면 역할을 바꾸어 보고, 느낀 점에 대해 이야기 나눈다.</td><td>• 음식점 간판
• 젓가락
• 숟가락
• 나이프
• 포크
• 냅킨
• 앞치마</td><td>다양성
협력</td></tr>
</table>

6) 생활주제와 연계된 교재교구 제작 및 소그룹 활동의 예시

생활주제와 연계된 교재교구 제작 및 소그룹 활동의 예시이다.

표 7-12 다문화 교육 프로그램 활동계획안

<table>
<tr><th>주제</th><th colspan="3">주제: 좋아하는 놀이가 있어요 / 소주제: 쉬, 응가 놀이가 좋아요</th></tr>
<tr><td>활동명</td><td colspan="3">아이 시원해~ 우리 기저귀를 갈아요</td></tr>
<tr><td>연령</td><td>만 1세</td><td>놀이영역</td><td>감각 · 탐색</td></tr>
<tr><td>활동목표</td><td colspan="3">• 여러 가지 색깔의 아기 인형을 탐색해 봄으로써 다양한 피부색에 관심을 갖는다.
• 아기 인형의 기저귀를 갈아 봄으로써 눈과 손의 협응력, 소근육 힘을 길러 본다.
• 배변 활동에 관심을 가져 본다.</td></tr>
<tr><td>재료</td><td>다양한 색깔의 천, 기저귀 천, 실, 바늘, 솜, 보들이, 까슬이, 글루건, 펠트지, 눈알, 노랑색 물감, 종이상자</td><td>자료</td><td></td></tr>
<tr><td>제작방법</td><td colspan="3">〈인형 만들기〉
① 아기 인형 도안을 만든다.
② 다양한 색의 천에 아기 도안을 대고 2장씩 그려 재단한다.
③ 천의 앞면 얼굴 부분에 바느질을 하여 각각 눈, 코, 입을 만든다.
④ 재단한 천 2장을 각각 뒤집어 맞댄 다음 테두리를 박음질한다.
(솜을 넣을 구멍을 남긴다.)
⑤ "④"를 뒤집은 후 솜 구멍에 솜을 넣어 인형 틀을 잡고 솜 구멍을 바느질하여 완성한다.</td></tr>
</table>

<table>
<tr><td></td><td>〈기저귀 만들기〉
① 기저귀 도안(기저귀 몸통, 날개)을 만든다.
② 기저귀 천에 기저귀 도안을 대고 그린 후 20장을 재단한다.
③ “②”에서 재단한 천을 2장씩 뒤집어 테두리를 박음질한 후 다시 뒤집는다.
④ 기저귀의 몸통과 날개가 붙여지는 부분에 보들이와 까슬이를 붙인다.
⑤ 여러 개의 기저귀를 만든다.
기저귀 중 일부는 펠트지로 똥 모양을 만들어 붙인다.
일부에는 노랑색 물감을 칠하여 기저귀를 완성한다.</td></tr>
<tr><td>활동 방법</td><td>아기 인형에 관심을 갖고 탐색한다.
T: 아기 인형이랑 놀이하고 있구나?!
T: (하얀색 아기 인형을 탐색하는 영아에게) 하얀색 아기 인형을 만지고 있구나?
T: 아기 인형이 기저귀를 했네. ○○도 기저귀를 하고 있지?
T: 어?! 그런데 어디에서 응가 냄새가 나는 것 같아. 기저귀를 한 번 확인해 볼까?
T: 아가 기저귀에 응가가 있구나?!
T: 어떻게 하면 좋을까?
T: ○○도 기저귀에 응가를 해 본 적 있어? 그럴 땐 어떻게 해?
T: 아기 인형도 기저귀를 갈아 줘야 한데. ○○가 갈아 줄 수 있니?

대소변을 본 아기 인형의 기저귀를 갈아 본다.
T: (기저귀와 물티슈를 제공하며) 여기에 새 기저귀랑 물티슈가 있어. ○○가 이것들로 갈아 줄 수 있어?
T:우리 다른 아기들의 기저귀도 확인해 보자.

대소변을 본 아기 인형의 기저귀를 갈아 본다.
T: (기저귀와 물티슈를 제공하며) 여기에 새 기저귀랑 물티슈가 있어. ○○가 이것들로 갈아 줄 수 있어?
T: 먼저 어떻게 해야 할까?
T: 우와! 아기가 진짜 시원하겠다.
T: 우리 다른 아기들의 기저귀도 확인해 보자.</td></tr>
<tr><td colspan="2">활동의 확장 및 연계 방법</td></tr>
<tr><td>활동의 확장 및 연계 방법</td><td>1. 역할 영역에 있는 포대기로 아기 인형을 업어 주는 놀이를 한다.
2. 아기 인형이 아기 변기에서 쉬, 응가를 하고 엉덩이를 닦아 주는 놀이를 한다.
3. 밀가루 반죽으로 아기 인형의 응가를 만들어 본다.</td></tr>
<tr><td>다문화 교육과의 연관성</td><td>다양한 인종의 아기를 탐색한 후 아기의 기저귀를 갈아 봄으로써 세계 여러 나라에는 나와 같은 피부색깔을 가진 아기뿐만 아니라 다양한 색깔의 피부를 가진 아기가 있고, 모두 대변과 소변을 보며 기저귀 갈이를 한다는 공통점을 인식해 본다. 이를 통해 다원적인 사회가 있음을 이해하며 내가 속한 문화에 대한 정체성을 가지고 타 문화와 인종에 대해 개방적이고 이해적인 태도를 가질 수 있다.</td></tr>
</table>

CHAPTER 08

장애영유아 프로그램

1. 장애영유아의 이해

1) 장애영유아의 정의

장애영유아는 발달지체를 지닌 영유아 혹은 위험군을 가지고 있는 영유아들을 의미한다. 구체적으로 발달지체는 신체, 인지, 의사소통, 사회 · 정서 및 적응행동의 발달에 현저한 지체를 가지고 있어 조기 특수교육서비스를 받아야 하는 만 9세 미만의 아동을 의미하고, 위험군 영유아는 발달지체와 발달문제를 일으킬 가능성이 높은 신체적 또는 정신적 조건을 지닌 것으로 진단된 경우를 의미한다. 발달지체와 위험군 영유아들을 대상으로 하는 조기교육과 치료서비스는 장애영유아 개인이나 가족, 나아가 사회에 큰 이점을 줄 수 있다. 즉, 조기교육과 치료서비스를 받음으로써 개인적으로는 잠재 · 잔존 능력의 개발, 사회성 함양을 통해 일반 사회의 통합으로 한걸음 더 나아갈 수 있으며, 사회 · 경제적으로는 조기교육을 통해 정상화되어 일반인들과 함께 살아가게 됨으로써 장애인 복지의 예산을 줄일 수 있는 이점이 있다. 그럼에도 불구하고 조기교육과 치료서비스 혜택을 누리지 못하는 장애영유아가 상당히 많다. 이는 교육이나 치료서비스 모든 부분이 경제적인 문제와 관련이 있기 때문이다.

영유아 시기의 발달문제는 불확정적이며, 발달에 대한 잠재적 가능성이 매우 크다. 따라서 장애위험을 예방하고 환경적인 발달적 불리를 보완하는 차원에서 발달지체가 있는 영유아에게 특별한 교육적 지원과 기타 포괄적인 지원이 공적 · 사회적 지원으로 제공될 필요성이 있다. 예를 들어, 시각, 청각에 이상이 있는 감각장애 또는 인지, 정서, 신체, 언어 등의 발달장애를 가지고 있는 영유아를 조기에 발견하고 진단하여 각 영유아의 장애에 맞는 교육 프로그램을 제공하는 것은 장애영유아에게는 매우 중요한 일이다. 그 이유는 발달에 있어 결정적 시기인 장애영유아에게 적절한 프로그램을 제공하는 것은 각 영역의 발달을 촉진시켜 발달 가능성을 최대화하고 나중에 올 수 있는 발달지체의 가능성을 최소화할 수 있기 때문이다.

2) 장애영유아의 발달적 특성

유아교육현장에서 교사가 장애영유아를 발견하고, 대상자에게 필요한 서비스를 제공하기 위해서는 우선 장애영유아의 발달특성을 이해하는 것이 무엇보다 중요하다고 할 수 있다. 장애영유아의 발달적 특성을 살펴보면 다음과 같다(강경민 외, 2020).

(1) 장애영아의 발달적 특성

영아기의 장애는 일반적으로 선천적인 원인으로 판정되는 경우가 흔하다. 이 시기에는 영아의 발달이 평균에 미달하거나 반사적인 운동신경이 다소 느리더라도 장애로 판단하기는 쉽지 않다. 왜냐하면 영아기는 기본적인 욕구, 즉 생존에 필요한 활동(먹고, 자고, 울음 및 배변활동 등)에 충실한 시기이기 때문이다. 그렇지만 장애로 명확하게 진단된 영아들이나 생물학적 또는 환경적 위험요인을 지닌 영아들은 생후 1년 이내에 조기중재를 받게 되며, 이들을 대상으로 하는 서비스는 개별화된 조기중재를 하는 것이 효과적이라고 보고되고 있다. 또한 다수의 영아와 가족은 서비스를 제공받는 데 다양한 어려움과 요구를 가지고 있기 때문에 이들의 다양한 요구를 충족시켜 주기 위한 지원방법은 생태학적 맥락에서 광범위하게 고려되어야 한다.

(2) 장애유아의 발달적 특성

유아기는 신뢰감 형성을 바탕으로 인간관계에 대한 학습이 이루어지는 시기이기 때문에 이 시기의 장애 발생은 앞으로의 사회생활에 많은 부정적인 영향을 초래하게 된다. 그러나 대부분의 장애유아는 학교에 입학하기 전까지 그들의 장애를 열등하거나 이상한 것으로 인지하지 못한다. 이는 자신이 가지고 있는 장애로 인한 편견과 차별보다는 보호와 관심을 받을 가능성이 높고, 장애가 관리 · 치료 그리고 적응이 요구되는 특성으로 인식할 가능성이 낮기 때문이다. 유아가 발달지체나 위험조건을 지니고 있는 것으로 확인되면 장애전담어린이집, 특수 유아학교나 유치원 통합학급 또는 어린이집, 특수학교 유치원 과정에서 교육을 받을 수 있다.

3) 장애영유아의 유형

장애의 개념은 나라와 시대 및 사회적 환경에 따라 변화하고, 한 국가의 사회문화적 · 정치적 · 경제적 상황에 따라 다르므로 보편적 정의를 내리기가 쉽지 않다. 우리나라에서의 장애에 대한 정의는 「장애인복지법」, 「장애인 등에 대한 특수교육법」에서 구체적으로 규정하고 있다.

「장애인복지법」(2020)에 근거한 장애의 범주 및 종류는 크게 신체장애와 정신장애로 나눌 수 있으며, 신체장애는 외부신체 기능과 내부기관 장애로 분류되고, 외부신체 기능장애에는 지체장애, 뇌병변장애, 시각장애, 청각장애, 언어장애, 안면변형장애가 속하며, 내부기관 장애에는 신장장애, 심장장애, 간장애, 호흡기장애, 장루장애, 간질장애가 속한다. 정신장애에는 지적장애, 정신장애, 자폐성장애로 분류된다.

표 8-1 2020년 특수교육 주요 현황

<table>
<tr><th colspan="3" rowspan="2">배치별</th><th rowspan="2">특수학교</th><th colspan="2">일반학교</th><th rowspan="2">특수교육
지원센터</th><th rowspan="2">계</th></tr>
<tr><th>특수학급</th><th>일반학급
(전일제 통합학급)</th></tr>
<tr><td colspan="3">특수교육대상자 수</td><td>26,299</td><td>52,744</td><td>16,061</td><td>316</td><td>95,420</td></tr>
<tr><td rowspan="18">학생수</td><td rowspan="11">장애영역별</td><td>시각장애</td><td>1,188</td><td>252</td><td>464</td><td>4</td><td>1,908</td></tr>
<tr><td>청각장애</td><td>647</td><td>710</td><td>1,760</td><td>15</td><td>3,132</td></tr>
<tr><td>지적장애</td><td>14,230</td><td>31,880</td><td>4,561</td><td>22</td><td>50,693</td></tr>
<tr><td>지체장애</td><td>3,751</td><td>3,649</td><td>2,432</td><td>96</td><td>9,928</td></tr>
<tr><td>정서행동장애</td><td>69</td><td>1,317</td><td>607</td><td>–</td><td>1,993</td></tr>
<tr><td>자폐성장애</td><td>5,727</td><td>7,302</td><td>887</td><td>1</td><td>13,917</td></tr>
<tr><td>의사소통장애</td><td>148</td><td>1,350</td><td>904</td><td>2</td><td>2,404</td></tr>
<tr><td>학습장애</td><td>12</td><td>783</td><td>431</td><td>–</td><td>1,226</td></tr>
<tr><td>건강장애</td><td>13</td><td>117</td><td>1,655</td><td>–</td><td>1,785</td></tr>
<tr><td>발달지체</td><td>514</td><td>5,384</td><td>2,360</td><td>176</td><td>8,434</td></tr>
<tr><td>계</td><td>26,299</td><td>52,744</td><td>16,061</td><td>316</td><td>95,420</td></tr>
<tr><td rowspan="7">학교과정별</td><td>장애영아</td><td>123</td><td>–</td><td>–</td><td>316</td><td>439</td></tr>
<tr><td>유치원</td><td>918</td><td>3,866</td><td>1,752</td><td>–</td><td>6,536</td></tr>
<tr><td>초등학교</td><td>8,143</td><td>27,713</td><td>7,349</td><td>–</td><td>43,205</td></tr>
<tr><td>중학교</td><td>5,430</td><td>10,327</td><td>3,383</td><td>–</td><td>19,140</td></tr>
<tr><td>고등학교</td><td>6,453</td><td>10,625</td><td>3,577</td><td>–</td><td>20,655</td></tr>
<tr><td>전공과</td><td>5,232</td><td>213</td><td>–</td><td>–</td><td>5,445</td></tr>
<tr><td>계</td><td>26,299</td><td>52,744</td><td>16,061</td><td>316</td><td>95,420</td></tr>
<tr><td colspan="3" rowspan="2">학교 및 센터 수</td><td rowspan="2">182</td><td>8,523</td><td>7,830</td><td rowspan="2">197</td><td rowspan="2">11,927</td></tr>
<tr><td colspan="2">11,548</td></tr>
<tr><td colspan="3">학급 수</td><td>4,968</td><td>11,661</td><td>15,314</td><td>50</td><td>31,993</td></tr>
<tr><td colspan="3">특수학교(급) 교원 수</td><td>9,161</td><td>12,079</td><td>–</td><td>905</td><td>22,145</td></tr>
<tr><td colspan="3">특수교육 보조인력 수</td><td>4,856</td><td>8,590</td><td>282</td><td>–</td><td>13,728</td></tr>
</table>

출처: 교육부(2020).

「장애인 등에 대한 특수교육법」(2020)에서는 특수교육대상 영유아를 시각장애, 청각장애, 지적장애, 지체장애, 정서 · 행동장애, 자폐성장애, 의사소통장애, 학습장애, 건강장애 및 발달지체로 구분하고 있으며, 주요현황은 〈표 8-1〉, [그림 8-1]과 같다.

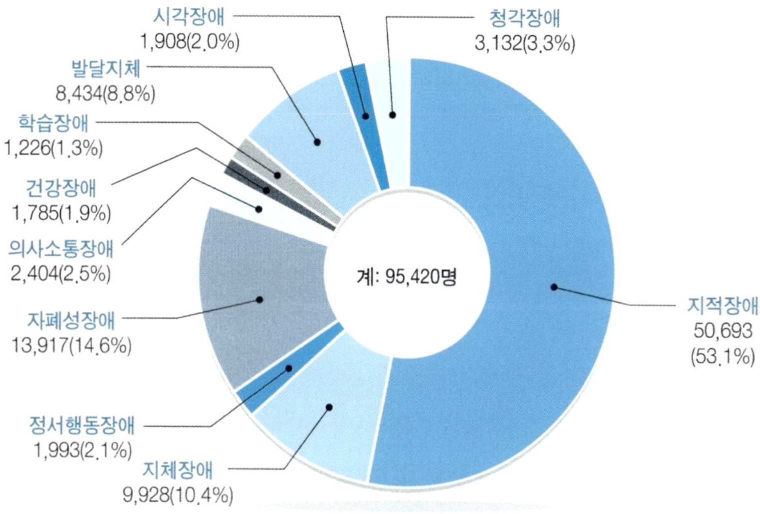

출처: 교육부(2020).

그림 8-1 장애영역별 특수교육대상자 현황

〈표 8-1〉과 [그림 8-1]에서 제시된 특수교육 주요 현황을 살펴보면, 특수교육대상자 수는 전체적으로 95,420명으로 나타났다. 구체적으로 특수학교에 26,299명, 일반학교 특수학급 52,744명, 일반학교 일반학급 16,061명, 특수교육지원센터 316명이며, 장애영역별로는 시각장애 1,908명, 청각장애 3,132명, 지적장애 50,693명, 지체장애 9.928명, 정서 · 행동장애 1,993명, 자폐성장애 13,917명, 의사소통장애 2,404명, 건강장애 1,785명, 학습장애 1,226명 및 발달지체 8,434명이며, 학교과정별로는 장애영아 439명, 유치원 6,536명, 초증학교 43,205명, 중학교 19,140명, 고등학교 20,655명, 전공과 5,445명으로 나타났다. 장애유형별 특수교육대상자의 행동적 특성을 구체적으로 살펴보면 다음과 같다(김이영 외, 2017; 도미향 외, 2015).

(1) 시각장애

시각장애는 신체발달에 간접적인 영향을 미치며, 시각적 자극의 제한, 모방학습의 제한, 환경적 요인 등이 발달에 부정적인 영향을 미치게 된다. 대체로 앉거나 서기 같은 정적 운동기능은 일반 아동과 비슷하게 발달하지만, 기거나 걷기와 같은 동적 운동은 정상적인 발달에 비해 느린 편이다. 인지적 특성에서는 경험부족으로 인해 인지발달에 어려움이 따르지만 학업 성취 부분에서는 비장애아동과 비교해 볼 때 큰 차이를 보이지는 않는다. 선천성 맹아들은 시각적 자극이 제한되어 언어발달이 지연되며, 뜻을 모르고 사용하는 단어가 많다.

(2) 청각장애

청력 손실 정도, 청력 손실 시기, 지능, 가정과 지역사회의 특성, 교육적 경험에 따라 특성은 다르게 나타난다. 청각장애가 겪는 가장 큰 어려움은 의사소통이며, 특히 언어 표현능력이 생기기 이전에 청력 손실이 발생한 경우는 구어기술을 습득하는 데 어려움이 많다. 청각장애의 말하기 능력은 같은 또래의 아동에 비해 많이 뒤떨어진다. 청각장애는 말의 조음적 문제뿐만 아니라, 어휘와 문장 구조의 습득에도 어려움을 경험한다. 인간의 지적 성숙은 언어발달과 연관성이 높으므로 청각장애아는 인지능력에 장애가 발생하는 경우가 흔하다.

(3) 의사소통장애

의사소통장애가 있다면 의사소통과정에 어려움을 보이게 된다. 즉, 말 산출과정에 어려움이 있다면 말장애이며, 언어를 이해하고 표현하는 데 어려움이 있다면 언어장애이다. 말장애란 말을 산출하는 데 관여하는 조음, 유창성, 음성에 결함이 있는 것이며, 언어장애란 언어 상징체계를 이해하고 표현하는 데 관여하는 언어형식, 언어내용, 언어사용에 결함이 있는 것이다. 의사소통장애의 경우 이야기하기, 설명하거나 알려 주기, 요청하기 및 표현하기가 부족하기 때문에 학습이 매우 어려운 경우가 흔하다.

(4) 지적장애

지적장애의 발생 원인은 생물학적(기질적) 원인과 환경적 원인으로 분류된다. 생물학적 원인으로는 21번 염색체의 이상인 다운증후군(Down's syndrome)이 있으며, 이 외에도 신생아 영양결핍, 뇌막염, 뇌염, 출산 시 두뇌 외상, 미숙아, 혹은 산모의 알코올 중독, 풍진이나 매독, 에이즈 등의 여러 가지 요인이 지적장애를 발생시킬 수 있다. 환경적 원인들로는 사회·경제적으로 열악한 환경의 영유아와 부모의 보살핌이 부족한 경우 지적장애가 발생되기도 한다. 낮은 지능으로 인해 주의집중, 기억, 언어, 적응기술, 학업성취, 동기유발의 문제점을 보일 가능성이 높다.

(5) 지체장애

자체장애의 신체적 발달은 개인차가 심하다. 지체장애는 장애로 인한 동작의 제한, 자세의 이상 등으로 인해 심리적 갈등을 경험할 수 있다. 지체장애가 겪는 어려움은 자신의 신체적 장애로 인한 활동의 제약으로 일상생활의 어려움과 사회·정서적 부적응이다. 또한 자신의 장애를 있는 그대로 받아들이려 하지 않기 때문에 발생되는 심리적 문제를 경험하기도 한다. 이 외에도 자신의 장애로 인한 부정적 자아개념과 과보호로 인한 의존성 등이 나타난다.

(6) 자폐성장애

자폐성장애는 언어 및 비언어적 의사소통과 사회적 상호작용에 심각한 문제를 경험하는 장애로 일반적으로 3세 이전에 발생한다. 자폐성장애는 환경 및 일상의 변화를 거부하며, 몸을 앞으로 계속 흔들거나 깡충깡충 뛰는 등 독특한 행동을 반복적으로 하는 특징이 있다. 자폐성장애는 복합적으로 작용되기 때문에 정확한 원인을 알 수 없지만 대체로 정신·사회학적 원인과 유전적 원인, 출산 시 뇌손상이나 신경전달물질 이상 등의 생물학적 요인이 주된 원인으로 추측되고 있다. 자폐성장애는 대인관계, 의사소통문제, 일상적 생활의 변화에 대한 저항, 지능 및 인지발달에 부정적인 영향을 미친다.

(7) 정서 · 행동장애

정서 · 행동장애를 일으키는 원인은 크게 가족요인과 학교요인 등을 들 수 있다. 가족요인은 부모의 일관성 없는 양육태도와 거부적 양육태도, 아동에 대한 부모의 너무 높거나 낮은 기대 등이며, 학교요인은 아동의 개별성에 대한 교사의 무관심 등이다. 대표적인 정서 · 행동장애는 주의력결핍 과잉행동장애, 틱장애, 반항성장애 및 품행장애로 구분할 수 있다. 정서 · 행동장애가 보편적으로 나타내는 행동은 과잉행동, 산만성, 충동성 및 공격성이다.

(8) 학습장애

학습장애는 지능이 정상임에도 불구하고 학습이 부진한 정도를 넘어서 성적이 현저하게 낮은 경우이다. 즉, 셈하기, 말하기, 읽기, 쓰기 등 특정한 분야에서 현저히 낮은 수행능력을 보인다. 학습장애의 원인으로는 생물학적 요인, 환경적 요인을 들 수 있다. 생물학적 요인은 신경학적 요인이나 중추신경계의 기능장애이며, 환경적 요인은 어린 시기에 열악한 환경 조건으로 인한 학습 기회의 부족 등이다. 학습장애의 문제로는 분열적 행동, 과제수행능력 부족으로 인한 좌절, 소극적으로 활동하기 등 정서적 적응 문제나 사회적 결함을 보인다. 또한 낮은 학업성취로 인한 좌절감 때문에 학교 적응에 문제를 보이기도 한다.

2. 장애영유아 통합교육의 이해

1) 장애영유아 통합교육의 개념

통합교육의 개념은 시대와 학자에 따라 다양하게 정의되고 변화되어 왔는데, 최근에는 지금까지 많이 사용해 온 주류화(mainstreaming)의 개념보다는 포함(inclusion)의 개념을 적용하는 것이 일반적이다. 즉, 통합교육을 장애아동과 일반아동의 두 개의 분리된 집단이 하나로 합쳐지는 과정으로 인식하기보다는 처음부터 서로 포함되어 있는 하나의 집단으로 인식함으로써 통합교육의 개념이 함께 교육한다는 개념으로 변화되어 가고 있음을 보여 주는 것이다. 현재 논의되고 있는 포함의 개념에서의 통합교육은 장애영유아들의 교육 선택권 및 구성원 자격에 대한 동등한 권리를 인정하고 모든 교육환경에서 동등한 소속감을 지닐 수 있어야 한다는 가치를 인정하는 개념이다.

이러한 장애영유아 통합교육의 정의에 있어 가장 중요한 두 가지 요소로는, 첫째, 분리된 학급에 배치되어 부분적인 활동에만 함께 참여하는 것이 아니라 동일한 학급에 배치되어야 한다는 것과, 둘째, 학급 내의 정상적인 발달을 보이는 영유아들이 일정 수 이상 존재함으로써 이들과 함께 일과와 활동에 참여할 수 있는 기회가 주어져야 한다는 것이 강조되고 있다. 다시 말해, 장애영유아 통합교육이란 장애를 지닌 영유아들이 장애를 지니지 않은 또래들과 함께 교육시설 등의 기관에서 교육받는 것을 의미하며, 이때 함께 교육받는다는 것은 같은 장소에 배치하거나 같은 교수방법을 사용하거나 같은 교육과정을 적용하는 것뿐만 아니라 근본적으로 동일한 소속감을 지니고 동등한 가치를 인정받으며 동등한 선택의 자유를 누릴 수 있는 것을 의미한다. 따라서 진정한 통합교육을 위해서는 장애영유아를 물리적으로 같은 환경에 배치한 후, 장애영유아에게 필요한 교육적, 사회적, 환경적, 복지적 서비스를 최대한으로 제공하여야 한다.

2) 장애영유아 통합교육의 실태

1960년대 이전까지 장애아 통합교육이란 개념은 별로 인식되지 못하였다. 왜냐하면 그 당시는 특수교육의 요구가 있는 유아들을 일반유아로부터 분리되어 교육을 제공하는 것이 인도주의적 교육이라고 믿었기 때문이며, 그 결과 특수교육의 목적은 대체로 치료교육에 중점을 두고 이루어졌다. 하지만 1960년대에 들어서면서 정상화 개념이 일반화되기 시작하면서 장애영유아를 통합하여 교육하는 것이 인도주의적이라고 생각하게 되었고, 분리 및 통합교육의 효과에 대한 많은 연구가 활성화되기 시작하였다.

우리나라는 1970~80년대에 통합교육의 개념이 싹트기 시작하였는데, 구체적으로 1987년 유치원 교육과정에 특수교육진흥정책을 반영하게 되었고, 1994년에 「특수교육진흥법」을 전면 개정하고 대통령령을 공포하여 통합교육의 실시, 개별교육 계획안의 작성과 이에 대한 보호자의 의견 도입, 보호자의 이의 신청권 인정, 차별에 대한 벌칙 규정 등의 장애인에 대한 통합교육의 법적 · 사회적 근거를 마련하게 되었다.

유치원 교육은 「장애인 등의 특수교육법」에 근거하여 장애유아를 대상으로 의무교육을 실시하고 있으며, 3세 미만 영아를 대상으로 무상교육을 실시하고 있다. 보육시설은 「영유아보육법」에 근거하여 장애영유아에 대한 무상보육의 법적 근거를 가지고 있다. 그러나 장애영유아 통합교육은 수혜자중심의 서비스 차원이 아닌 행정편의주의적으로 이루어지고 있으며, 특수교육에 대한 접근기회의 확대라는 필요성 때문에 양적인 증가는 이루어졌으나 질적인 측면에서는 통합교육에 대한 요구를 충족시키지 못하고 있다. 또한 장애영유아 통합교육에 대한 그 필요성은 인식하고 있지만 사회 전체적인 인식의 미비로 사회적으로 수용될 만큼 확산되지 못하고 있는 실정이다(권은주, 2019).

이와 같이 현재 우리나라에서 장애영유아를 교육할 수 있는 기관은 어린이집과 유치원으로 나뉘어져 있다. 그중 장애영유아를 보육하는 어린이집은 장애아전문어린이집과 장애아통합어린이집 및 일반어린이집으로 분류할 수 있는데, 먼저 장애아전문어린이집은 12명 이상의 장애영유아를 보육할 수 있는 시설을 갖춘 어린이집을 말한다.

장애아통합어린이집은 미취학 장애아를 3명 이상 보육하는 시설로서 시장 · 군수 · 구청장이 지정한 시설이며, 교사 대 아동비율 준수(1:3)를 전제로 한 어린이집을 말한다. 그리고 어린이집 유형에 관계없이 전담교사를 배치하고 교사 대 아동비율(1:3)을 준수할 경우 일반어린이집에서도 장애영유아를 보육할 수 있다. 특수보육어린이집 일반현황을 살펴보면 〈표 8-2〉와 같다.

표 8-2 2019년 특수보육어린이집 일반현황 (단위: 개소, 명)

구분			설립주체별							
			총계	국·공립 어린이집	사회복지법인 어린이집	법인·단체 등 어린이집	민간 어린이집	가정 어린이집	협동 어린이집	직장 어린이집
장애아 전문	어린이집	어린이집 수	176	45	101	5	24	1	0	0
	아동	아동정원	8,444	1,827	5,425	249	925	18	0	0
		장애아동 현원	6,301	1,396	3,988	185	716	16	0	0
	보육 교직원	장애아반 보육교사, 특수교사, 치료사	2,700	588	1,721	79	305	7	0	0
장애아 통합	어린이집	어린이집 수	1,100	876	37	32	134	11	2	8
	아동	아동정원	97,770	76,230	3,607	2,877	13,264	215	57	1,520
		장애아동 현원	4,568	3,470	182	212	656	22	4	22
	보육 교직원	장애아반 보육교사, 특수교사, 치료사	1,628	1,272	64	67	209	4	3	9

출처: 보건복지부(2020).

〈표 8-2〉의 특수보육어린이집 일반현황을 살펴보면(2019), 장애아전문어린이집에 장애아동은 6,301명, 보육교직원은 2,700명이 근무하고 있으며, 장애아통합어린이집에 장애아동은 4,568명, 보육교직원은 1,628명이 근무하고 있는 것으로 나타났다.

하지만 다수의 장애영유아가 어린이집을 이용하고 있음에도 불구하고 어린이집에서의 장애영유아 교육 및 보육의 질을 높이기 위한 국가 차원의 지원은 매우 미흡한 것으로 평가되고 있다. 특히 어린이집의 경우 장애아전문어린이집, 장애아통합어린이집, 장애아보육 일반어린이집 간의 격차가 심각한 것으로 보고되고 있다(김삼섭 외, 2015). 구체적으로 장애아전문어린이집의 경우 인건비를 100% 지원하고, 교재 · 교구비 등을 별도로 지원하고 있고, 장애아통합어린이집은 인건비의 일부만을 지원하고 있지만 장애아교육 일반어린이집의 경우 장애아 교육료 지원 이외 기관에 대한 지원은 거의 없기 때문에, 장애아전문 또는 장애아통합어린이집에 비해 교육 지원의 양적 및 질적 수준에서 큰 차이를 보이고 있어 장애영유아들은 이중적인 차별을 받고 있다고 볼 수 있다.

3. 장애영유아 통합교육의 중요성과 유형

1) 장애영유아 통합교육의 중요성

장애영유아 통합교육의 중요성과 실효성은 널리 인식되고 있으며, 장애영유아 통합교육은 법적 측면, 사회 · 윤리적 측면, 교육적 측면에서 그 중요성이 강조되고 있다고 할 수 있다(〈표 8-3〉).

표 8-3 장애영유아 통합교육의 중요성

구분	내용
법적 측면	우리나라는 1994년 「특수교육진흥법 개정령」에 의해서 '통합교육'이라는 용어가 정의됨으로서 법적인 근거가 이루어지기 시작하였다. 2007년에 제정된 「장애인 등에 대한 특수교육법」에서 장애아 대상 유치원 교육을 의무교육으로, 3세 미만 영아를 대상으로는 무상교육을 실시하도록 하고 있으며, 보육시설은 「영유아보육법」에 의하여 장애유아에 대한 무상교육의 근거를 가지게 되었다.
사회 · 윤리적 측면	사회 · 윤리적 측면에서는 통합교육은 장애아에 대한 사회의 태도를 긍정적으로 변화시킬 수 있으며, 분리교육이 장애아에게 미칠 수 있는 부정적인 영향을 막을 수 있다는 점에서 중요성을 가진다. 즉, 정상적인 사회통합이 장애영유아의 당연한 권리로 인정되어질 때 매우 중요한 의미를 가지며, 순조로운 사회적응을 위해서 장애아 본인과 그 주위의 사람들이 장애에 대한 올바른 이해와 긍정적인 태도는 반드시 필요하며, 이러한 것들은 영유아기의 통합교육에서부터 서서히 이루어지게 된다.
교육적 측면	관찰학습을 통한 생활연령의 적절한 행동의 습득, 진보된 교육환경을 통한 인지 및 언어의 촉진, 학령 전 장애영유아의 발달적 성취 등의 교육적 혜택과 사회적 발달의 촉진이라는 점에서 교육적 측면에서의 중요성을 지닌다. 즉, 비장애영유아들은 장애영유아들과의 상호작용을 통하여 장애인에 대하여 나와 비슷한 점을 가진 한 사람의 개인으로 받아들이게 되며, 지역사회가 장애영유아들을 포함하고 수용해야 한다는 사회적 책임감도 학습하게 된다.

통합교육을 통해서 얻어지는 교육적 혜택들은 단순히 장애영유아를 비장애영유아들과 함께 교육한다고 이루어지는 것은 아니므로 비장애영유아와 함께 동일한 교육 환경에 배치되었는가 보다는 교육 프로그램의 내용과 교수방법이 얼마나 잘 계획되고 실시되고 있는가를 더 신중하게 고려해야 한다. 즉, 통합의 물리적인 측면만을 강조하기보다는 장애영유아들에게 수용되고 사회적 상호작용이 발생하도록 도와줌으로써 실질적인 통합이 이루어지도록 해야 한다는 것이다. 이와 같은 사회적 통합이 이루어지고 난 후에 진정한 의미의 통합환경이 조성될 수 있으며 장애아동과 비장애아동들이 나름대로의 교육적 혜택을 누릴 수 있게 되는 것이다.

2) 장애영유아 통합교육의 유형

장애영유아에 대한 교육이 다양한 형태로 운영되고 있음에도 불구하고 공식적이거나 일반적 입장에서의 표준화된 형태는 제시되고 있지 않은 실정이다. 현재 이루어지고 있는 다양한 통합교육의 형태 중 장애영유아를 위한 일반적인 통합교육의 형태로 제시할 수 있는 형태는 구랠닉(Guralnick)이 제시하고 있는 네 가지 유형, 즉 완전통합, 소집단통합, 역통합 및 사회적 통합이다(서미경, 2010).

(1) 완전통합

장애를 지닌 모든 영유아들이 일반영유아교육 프로그램에 완전히 참여하는 모델이다. 완전통합 프로그램에서는 모든 영유아들이 필요에 따라 교육활동이 계획되며, 개별화교육 프로그램(Individualized Education Program)을 통하여 일반교육과정을 운영하는 중에 장애영유아를 위한 수정을 계획하고 실행한다. 학급 내에 포함된 장애영유아의 수나 장애의 정도에 따라 특수교사나 기타 전문가들의 지속적이거나 간헐적인 지원을 받게 되며, 이때 교사 간의 협력이 프로그램 성패를 좌우하는 매우 중요한 요소로 작용한다.

(2) 소집단통합

일반유아교사가 모든 영유아들의 교육활동을 책임지고 장애영유아들이 대부분의 프로그램 활동에 참여한다는 점에서는 완전통합과 유사한 특징을 지니지만 소집단 통합의 경우에는 소규모의 장애영유아들을 담당하는 교사(주로 특수교사)가 장애영유아들과 항상 함께 있으면서 기존의 유아교육 프로그램에 합쳐지는 형태이므로 경우에 따라서는 전체 프로그램 내에서 물리적으로 분리된 공간에서 장애영유아들로만 구성된 활동이 진행되기도 한다. 이 모델은 개념적으로는 영유아들의 완전통합을 지향하는 효과적인 통합형태이면서도 실제로는 장애영유아를 담당하는 특수교사가 지속적으로 존재하면서 계획된 분리교육이 이루질 수 있다는 특성을 지니므로 교사 간의 협력이 매우 중요한 역할을 하게 된다.

(3) 역통합

장애영유아를 위해서 특별히 고안된 프로그램에 비교적 소수의 일반영유아들(일반적으로 25~40%)을 통합하는 모델이다. 역통합 프로그램에서는 일반영유아들을 위해서 프로그램을 수정함으로써 일반영유아교육 프로그램과 많은 유사점을 지니게 되지만 기본적으로는 특수교사가 장애영유아들의 특별한 욕구를 지원하기 위한 교육과정을 운영하게 된다. 실제로 교육현장에서의 역통합 프로그램은 그 규모나 구조, 교육과정, 교육철학 등에 의해서 매우 다양한 모습으로 운영되고 있으며, 특히 특수교육전문가들에 의해서도 쉽게 제공될 수 있는 효과적인 통합교육형태로 알려져 있다.

(4) 사회적 통합

일반영유아들과 장애영유아들을 각각 다른 집단으로 구성하여 각각의 담당교사에 의해서 교육 프로그램을 제공받으면서 계획된 접촉을 하게 되며, 네 가지 통합유형 중 일반영유아들과 장애영유아들의 접촉이 가장 적게 발생하는 통합의 형태라고 할 수 있다. 사회적 통합은 일반적으로 사회적 상호작용 기회의 제공을 위해서 자유놀이나 여가활동 등의 시간을 통하여 두 집단 간의 접촉을 유도하는 프로그램으로 운영되며, 모든 프로그램은 장애영유아를 위하여 특별히 고안된 프로그램의 맥락 안에서 운영하게 된다.

4. 장애영유아 통합교육의 운영

1) 장애영유아 통합교육 운영의 원리

장애영유아 통합교육 운영의 원리에는 〈표 8-4〉와 같이 정상화의 원리, 최소제한환경의 원리, 연령과의 적절성 원리, 학습가능성의 원리, 부분 참여 등이 있다.

표 8-4 장애영유아 통합교육 운영의 원리

구분	내용
정상화의 원리	정상화의 원리는 장애영유아 교육의 가장 기본적인 원리이다. 정상화는 가능한 한 문화적으로 정상적인 행동과 특성을 획득하고 유지할 수 있도록 해 주는 것을 의미한다. 이는 장애를 가진 아동을 일탈된 존재나 부족한 존재가 아닌 비장애아동과 똑같이 생활하고 주어진 역할을 감당하고 자신의 의미를 찾아갈 수 있도록 유도하는 것이며, 장애아동들의 생활이 제한되거나 분리되지 않고 비장애아동들과 동등한 사회 구성원으로서 존중되어야 한다는 사회적 가치를 표현하고 있는 개념이다. 장애영유아들은 일반영유아들로 구성된 일반보육시설에서 정상화의 원리에 입각하여 사회적 통합이 이루어지도록 보육권이 보장되어야 한다.
최소제한환경의 원리	최소제한환경은 미국장애인교육법(IDEA)에 명시된 법적 용어로 특수교육이 요구되는 아동에게 제공되는 환경이 제한되거나 빈약해서는 안되며, 제한이 불가피한 경우라도 그 환경의 제한을 최소화해야 한다는 것으로 일반아동과 함께 교육을 받아야 하며 일반아동과 분리된 환경에서 교육을 받게 되더라도 그 환경의 제한을 최소화해야 한다는 것을 의미한다. 통합된 학교 구조는 분리된 구조보다 일반아동과 어울릴 기회가 많으며, 또한 다른 교사와 비장애아동들에게 장애아동의 능력에 대해 보다 많이 이해할 수 있는 기회를 제공하여 이들의 장애아동에 대한 긍정적인 태도를 발달시킬 수 있게 한다.
연령과의 적절성 원리	연령과의 적절성은 아동의 생활연령에 맞는 자료와 활동을 제공해야 한다는 것으로 아동이 생활하는 공간은 가구의 모양이나 배치, 비품과 자료 등에 이르기까지 그 아동의 생활연령을 고려해야 한다는 것이다. 즉, 생활연령을 고려하여 장애를 가진 아동의 교육환경을 구축하는 것이 장애의 정도를 떠나 아동 자체의 인격을 존중하는 것이라고 할 수 있다.
학습가능성의 원리	모든 아동은 학습과 발달에 대한 능력을 가지고 있다. 이는 아동이 가진 장애와 관계없이 모든 아동들은 학습과 발달잠재력을 가지고 있음을 의미하므로 통합교육은 아동의 학습잠재력에 대한 믿음이 전제되어야 하고, 이러한 학습잠재력을 최대한 발달시킬 수 있는 보육서비스가 제공되어야 한다는 원리이다.

구분	내용
부분 참여	부분 참여는 아동이 자기 혼자 힘으로는 해결하기 힘든 과제나 활동을 스스로 해결해 나갈 수 있도록 일부 도움을 제공하는 것이다. 이는 통합교육을 통하여 장애아동들로 하여금 과제나 활동에 최소한 부분적으로 참여할 수 있는 기회를 제공하며 또한 도움을 제공하는 것이다.

2) 장애영유아 통합교육의 운영에 영향을 미치는 요인

장애영유아 통합교육이 장애영유아의 발달에 매우 중요하지만 질 높은 장애영유아 통합교육은 인적 환경요인, 물리적 환경요인 및 정책적 환경요인에 의해 영향을 받게 된다(서미경, 2010).

(1) 인적 환경요인

인적 환경은 장애영유아 통합교육의 질에 영향을 미치는 가장 큰 요소 중의 하나이다. 장애영유아를 둘러싼 인적 환경이란 기관 내의 교사들을 비롯하여 기관장, 보조교사, 자원봉사자, 조리사, 운전기사 등 다양하다. 이들의 장애영유아 특성에 대한 지식과 이해뿐 아니라 그들의 장애영유아에 대한 인식과 태도는 통합교육의 질을 좌우하게 된다.

① 통합교육 담당교사

통합교육 실행의 성공여부는 교사들의 장애영유아에 대한 인식과 태도에 결정적으로 의존한다. 교사가 긍정적인 장애인에 대한 인식 및 장애영유아의 교육가능성에 대한 신념이 있을 경우, 교육과정실행에 대한 지식을 구비하고자 노력할 것이며, 이에 대한 태도와 의지가 형성되어 실제로 시도될 수 있기 때문이다. 그리고 통합학급을 담당하고 있는 교사의 인식과 태도는 장애영유아에 대한 수용과 상호작용에 영향을 미칠 뿐만 아니라 일반영유아가 장애영유아를 수용하고 함께 상호작용하는 데 영향을 미침으로써 통합교육의 질에 영향을 미치게 된다. 또한 교사의 장애영유아에 대한 이해와 그들을 위한 교육과정운영에 대한 지식은 통합교육의 질을 좌우할 수 있는 또 다른 요소이며, 통합교육 관련 교사들의 협력 또한 통합의 질에 영향을 미치는 중요한 요소이다.

② 통합교육 실시기관의 기관장 및 인적 구성

한 기관의 문화를 형성하고 제도적인 변화를 일으키는 데 핵심적인 역할을 할 수 있는 인력이 바로 기관장이다. 기관장의 통합교육에 대한 인식과 태도 그리고 리더십은 전체적인 기관의 변화와 통합교육의 성공을 위해 매우 필수적이며, 장애영유아의 배치에 대한 결정에도 큰 영향을 미치게 된다. 교육시설의 기관장의 태도와 지식 외에 특수교육보조원이나 자원봉사자 등의 보조 인력 유무, 교사 대 영유아의 비율 등의 인적 자원의 구성도 장애영유아의 통합교육의 질에 영향을 미친다.

(2) 물리적 환경요인

「장애인 등의 특수교육법」 제28조 4항은 "각급학교의 장은 특수교육대상자의 교육을 위하여 필요한 장애인용 각종 교구, 각종 학습보조기, 보조공학기기 등의 설비를 제공하여야 한다"고 규정함으로써 장애아 교육을 위한 물리적인 환경에 대한 준비를 명시하고 있다. 일반영유아보다 환경에 의해 크게 영향을 받는 장애영유아에게 물리적 환경의 장애는 또 하나의 다른 장애가 되어 이들의 사회적 통합을 방해할 수 있으므로 물리적 환경의 장애를 제거하고 장애영유아가 필요로 하는 장비를 갖추게 되면, 장애영유아의 정상적인 생활을 가능하게 할 뿐만 아니라 결과적으로 이들의 사회적 통합을 가능하게 한다.

통합교육을 하는 기관에서는 영유아의 장애유형에 따라 차이가 있겠지만, 출입문, 경사로, 책걸상, 화장실 등의 접근에 있어서 편의성이 있어야 한다. 이 외에도 시각 및 청각장애유아를 위한 경보, 피난설비, 시각장애인 유도와 안내 설비, 지체부자유

학생용 책걸상, 세면대, 계단용 휠체어 리프트, 손잡이 등이 있어야 한다. 또한 교실 내에서는 장애영유아를 교사 가까이에 앉히거나 빛으로부터 멀리 앉히는 등의 자리 배정, 보조도구나 장치를 사용하는 학생을 위해 넓은 책상 마련하기, 휠체어가 움직일 수 있는 공간 제공하기 등의 물리적 공간 배치, 보조공학기기나 장애영유아를 위한 교재교구 등에 대한 배려를 하는 것이 장애영유아 통합교육의 질에 큰 영향을 줄 수 있다.

(3) 정책적 환경요인

① 재정적 지원

장애영유아의 통합교육을 위한 교실환경은 장애영유아와 일반영유아들 상호 간의 욕구를 충족시킬 수 있으면서도 상호작용 활동이 활발히 이루어질 수 있는 사회적 놀잇감과 학습자료, 설비 및 사회적 활동을 강화해 주는 물리적이고 공간적인 특성에 의해 영향을 받는다. 그러므로 장애영유아 통합교육을 위한 물리적 환경과 교재 및 교구의 마련을 위해서는 재정적 지원이 함께 고려되어야 하며, 물리적 환경에 영향을 많이 받는 장애영유아들을 위한 환경의 조성과 장애영유아의 장애유형의 특성에 따른 교재 및 교구의 마련은 장애영유아 통합교육의 질과 연결되는 중요한 요소로서 재정적인 부담으로 인하여 구비하지 못하는 보육시설에 대한 정부의 정책적 지원이 필요하다.

② 교육과정의 재구성

장애영유아 통합교육이 제대로 이루어지기 위해서는 일반보육과정을 그대로 적용해서는 안되며, 특수교육 대상 영유아를 위한 교육과정의 재구성이 필요하다. 여기에는 교육내용의 수정, 교수전략과 방법의 수정, 교수자료의 수정이 포함된다.

아동이 교육활동에 잘 참여하고 활동을 통하여 또래들과 충분한 상호작용을 하고 발달과 학습 면에서 충분한 혜택을 받을 수 있는지, 아동의 현행 수준을 알아보고 그에 따른 교수목표를 세워 교수활동을 계획하고 이를 진행하는 것이 개별화교육 프로그램(IEP)이다. 이러한 개별화프로그램에 포함되어야 할 필수요소로, 첫째, 아동의 현재 교육적 수행 수준, 단기 교수목표를 포함한 연간 목적의 진술, 둘째, 아동에게 제공한 특정한 특수교육 및 관련 서비스, 셋째, 아동이 일반교육 프로그램에 참여할 수 있는 정도에 관한 진술, 넷째, 서비스의 시작 일자 및 지속기간의 계획, 다섯째, 단기 교수목표가 성취되고 있는지를 확인하기 위한 객관적 준거 및 평가 절차, 여섯째, 최소한 1년에 1번 실시하는 진보에 관한 형식적 평가를 제시하고 있다.

우리나라에서는 「장애인 등에 대한 특수교육법」 제2조에 개별화교육을 "각급학교의 장이 특수교육대상자 개인의 능력을 계발하기 위하여 장애유형 및 장애특성에 적합한 교육목표, 교육방법, 교육내용, 특수교육 관련 서비스 등이 포함된 계획을 수립하여 실시하는 교육"으로 정의하고 있으며, 동법 제22조 1항에는 개별화교육 지원팀을 보호자, 특수교육 교원, 일반교육 교원, 진로 및 직업교육 담당교원, 특수교육 관련 서비스 담당인력 등으로 구성해야 한다는 것을, 2항에는 개별화교육 지원팀이 매 학기마다 특수교육대상자에 대한 개별화교육 계획을 작성하여야 한다고 규정하고 있다.

한편 통합교육을 실시하고 있는 현장에서 교육과정을 운영할 때, 또 하나 고려해야 할 요소는 장애영유아와 관련된 문제행동의 관리이다. 통합교육을 하고 있는 교사들이 갖고 있는 가장 큰 어려움 중의 하나가 장애영유아의 문제행동이며, 장애영유아의 문제행동은 교사의 에너지를 소진시킬 뿐 아니라 많은 경우에 다른 영유아들에게도 방해가 될 수 있으므로 이를 어떻게 관리하고 지도하느냐에 따라 통합의 질이 좌우될 수 있다.

③ 장애인식 개선 프로그램

장애인식 개선 프로그램의 실행유무는 장애영유아 통합교육에 영향을 미치는 또 다른 중요한 요소이다. 장애인식 개선 프로그램의 대상은 장애영유아를 둘러싸고 있는 모든 사람들이라고 할 수 있으며, 장애영유아를 둘러싼 사람들의 인식은 장애영유아를 대하는 태도를 결정짓게 되고 그들의 태도는 곧 장애영유아교육의 질과 연결된다. 장애영유아 학급의 일반 또래 영유아들의 태도는 장애영유아의 사회적 통합을 결정짓는 가장 중요한 요소이고, 장애영유아를 담당하는 교사의 태도는 일반영유아들의 인식과 태도에 영향을 주어 결과적으로 장애영유아 통합교육의 질에 결정적 역할을 하며, 기관장과 기관구성원, 부모들의 태도도 직·간접적으로 장애영유아 통합교육에 영향을 미치므로 장애영유아의 주변 모든 사람들을 대상으로 하는 장애인식 개선을 위한 체계적인 프로그램은 장애영유아 통합교육에 있어서 반드시 실행되어야 할 중요한 요소이다.

④ 가정과의 연계 및 협력

영유아의 연령적 특성으로 인하여 교육시설과 가정과의 연계는 상위학교에 비해 상당히 강조되어 온 개념 중의 하나이다. 장애영유아에 있어서 가정과 기관의 연계와 협조는 보육의 계획에서부터 시작하여 교육 연계성이나 전이 측면에서 장애영유아 통합교육의 질을 좌우할 수 있는 중요한 요소가 되기 때문에 교사-부모 간의 협력은 장애영유아의 교육을 성공적으로 이끄는 데 있어 아주 중요한 작업 중의 하나이다. 이처럼 가정과의 연계와 협력을 위해서는 부모와의 의사소통이 중요한 요소이며, 부모-교사 간의 협의를 성공적으로 이끌기 위해서는 부모와 동참하는 자세를 가지고 적극적으로 들어주며 효과적으로 질문하고 관련 정보를 제공해야 한다.

⑤ 관련 기관과의 연계 및 협력

장애영유아가 처음 교육시설에 오게 되면, 그 영유아들이 이전에 다녔던 병원이나 조기교실, 복지관, 치료시설과의 연계가 매우 중요하다. 이러한 연계는 통합교육을 담당해야 하는 교사에게 장애영유아에 대한 다양한 정보를 제공할 뿐만 아니라 앞으로의 계획에 있어서도 많은 도움과 조언을 준다. 장애영유아가 교육시설에 다니면서 동시에 받고 있는 다양한 교육과 치료서비스와의 연계와 협력도 장애영유아를 효과적으로 교육하는 데 실제적인 도움이 되고, 통합교육 담당교사는 외부기관의 전문가로부터 장애영유아를 위한 교육과정의 수정과 운영에 대한 다양한 정보를 제공받을 수 있어 결과적으로 통합교육의 질과 연결된다.

5. 장애영유아 프로그램의 실제

1) 장애영유아가 포함된 프로그램

(1) 개별화교육계획 프로그램

개별화교육계획이란 다양한 개별 학습자의 요구와 특성을 충분히 고려하여 가장 적합한 교수-학습적 서비스를 제공하기 위한 교수적 접근법이다. 법적으로는 각급 학교의 장이 특수교육 대상자 개인의 능력을 계발하기 위하여 장애유형 및 장애특성에 적합한 교육목표 · 교육방법 · 교육내용 · 특수교육 관련 서비스 등이 포함된 계획을 수립하여 실시하는 교육으로 규정하고 있다(「장애인 등에 대한 특수교육법」, 2020). 개별화교육계획은 팀에 의해 개발되고, 적절한 내용을 포함하고, 필요에 따라 검토와 수정이 이루어져야 한다. 개별화교육계획에는 대상 및 인적 사항, 특별한 교육 지원이 필요한 영역의 현재 학습수행 수준, 교육목표, 교육내용, 교육방법, 평가계획 및 제공할 특수교육 관련 서비스의 내용과 방법 등이 포함되어야 한다(「장애인 등에 대한 특수교육법」, 2020). 개별화교육계획을 작성할 때는 특수교육대상자나 보호자에게 의견 진술 기회를 주고, 작성된 계획을 열람하게 하여야 한다. 학교장은 매 학기별로 개별화교육계획에 의한 학업성취도 평가를 실시하고, 그 결과를 특수교육대상자 또는 그의 보호자에게 통보하여야 한다. 개별화교육계획의 수립과 운영 절차는 의뢰, 진단 및 평가, 선정, 배치, 개별화교육계획 작성, 개별화교육계획의 실행 및 평가로 이루어지며([그림 8-2]), 각 단계별 내용은 다음과 같다(강경민 외, 2020; 교육과학기술부, 2009; 김경철 외, 2020; 정대영 외, 2012).

의뢰 장애를 가지고 있거나 장애로 의심이 되는 영유아 및 학생	• 보호자 또는 각급학교의 장이 교육장 또는 교육감에게 진단 · 평가의뢰서를 작성하여 진단 · 평가 의뢰 • 각급학교의 장이 진단 · 평가를 의뢰한 경우 보호자의 사전동의 필수
진단 · 평가 진단평가 실시 및 자료수집	• 교육장 또는 교육감이 즉시 진단 · 평가의뢰서를 특수교육지원센터에 회부 • 특수교육지원센터는 30일 이내에 진단 · 평가실시 및 특수교육대상자로의 선정 여부와 필요한 교육지원에 대한 최종 의견을 작성하여 교육장 또는 교육감에게 보고
선정 특수교육대상자 선정	• 교육장 또는 교육감은 특수교육지원센터로부터 최종 의견을 통지받은 때부터 2주 이내에 특수교육대상자로의 선정 여부 및 교육지원내용을 결정하여 부모 등 보호자에게 서면 통지
배치 일반학급, 특수학급 특수학교에 배치	• 교육감 또는 교육장은 해당 특수교육운영위원회의 심사를 거쳐 특수교육대상자 배치 • 특수교육대상자의 장애 정도 · 능력 · 보호자의 의견을 종합적으로 판단하여 거주지에서 가장 가까운 곳에 배치 • 해당 특수교육운영회는 배치 결정을 30일 이내에 교육감 또는 교육장이나 학교의 장에게 통보 • 배치 결정에 이의가 있는 보호자는 90일 이내에 행정심판 제기
개별화교육계획 작성 장애 유형 및 특성에 적합한 특수교육 및 특수교육 관련 서비스 등	• 각급학교의 장은 매 학년의 시작일로부터 2주 이내에 각각의 특수교육대상자에 대한 개별화교육지원팀(보호자, 일반교육교원, 특수교육교원, 진로 및 직업교육담당 교원, 특수교육 관련 서비스 담당 인력 등) 구성 • 특수교육대상자에 대한 정보 수집 • 개별화교육지원팀은 매 학기 시작일로부터 30일 이내에 개별화 교육계획 작성 • 개별화교육계획 작성 시 특수교육대상자의 인적사항, 특별한 교육지원이 필요한 영역의 현재 학습 수행수준, 교육목표, 교육내용, 교육방법, 교육계획 및 특수교육 관련 서비스의 내용과 방법이 포함
개별화교육계획 실행 개별화교육계획을 실제 수업에 적용	• 개별화교육지원팀에게 개별화교육계획 복사본 제공
개별화교육계획 평가 및 검토	• 각급 학교의 장은 매 학기마다 개별화교육계획에 따른 특수교육대상자의 학업성취도 평가 실시 • 평가결과를 특수교육대상자 또는 그 보호자에게 통보 • 개별화교육계획의 진행 여부 검토 및 수정

출처: 김경철 외(2020).

그림 8-2 개별화교육계획의 수립 · 운영에 대한 일반적인 절차

① 의뢰

장애를 가지고 있거나 장애를 가지고 있다고 의심이 되는 영유아 및 학생을 발견한 경우, 보호자 또는 각급 학교의 장은 교육장 또는 교육감에게 진단 · 평가 의뢰서를 작성하여 진단 · 평가를 의뢰하여야 한다. 아울러 각급 학교의 장이 진단 · 평가를 의뢰한 경우, 보호자의 사전 동의를 받아야 한다.

② 진단과 평가

진단 · 평가를 의뢰받은 교육장 또는 교육감은 즉시 진단 · 평가 의뢰서를 특수교육지원센터에 회부하여야 한다. 특수교육지원센터는 30일 이내에 진단 · 평가를 실시하고, 그 결과(특수교육대상자로의 선정 여부 및 필요한 교육 지원에 대한 최종 의견)를 교육장 또는 교육감에게 보고하여야 한다.

③ 선정

교육장 또는 교육감은 특수교육지원센터로부터 최종 의견을 통지받은 때부터 2주일 이내에 특수교육대상자로서의 선정 여부 및 제공할 교육 지원 내용(특수교육, 진로 및 직업교육, 특수교육 관련 서비스 등)을 결정하여 부모 등 보호자에게 서면으로 통지하여야 한다.

④ 배치

교육장 또는 교육감은 특수교육대상자로 선정된 자를 해당 특수교육운영위원회의 심사를 거쳐 일반학교의 일반학급, 일반학교의 특수학급, 또는 특수학교에 배치하여야 한다. 아울러 특수교육대상자를 배치할 때는 특수교육대상자의 장애 정도, 능력, 보호자의 의견을 종합적으로 판단하여 거주지에서 가장 가까운 곳에 배치하여야 한다.

⑤ 개별화교육계획의 작성

각급 학교의 장은 매 학년의 시작일로부터 2주 이내에 각각의 특수교육대상자에 대한 개별화교육지원팀을 구성하여야 한다. 개별화교육지원팀은 매 학기마다 학기 시작일로부터 30일 이내에 특수교육대상자에 대한 개별화교육계획을 작성하여야 한다. 개별화교육계획에는 특수교육대상자의 인적 사항과 특별한 교육지원이 필요한 영역의 현재 학습 수행수준, 교육 목표, 교육내용, 교육방법, 평가계획 및 제공할 특수교육 관련 서비스의 내용과 방법을 포함시켜야 한다. 개별화교육계획서 작성 양식은 〈표 8-5〉와 같다.

표 8-5 개별화교육계획서 작성 양식

<table>
<tr><td colspan="2">지도기간</td><td colspan="3"></td><td>작성자</td><td colspan="3"></td></tr>
<tr><td rowspan="5">학생
인적
사항</td><td>학급명</td><td></td><td>성명</td><td></td><td>성별</td><td></td><td>생년월일</td><td></td></tr>
<tr><td colspan="2">장애 유형 및 등급</td><td colspan="2"></td><td>청력
(교정)</td><td colspan="3"></td></tr>
<tr><td colspan="2">보장구
(보청기/인공와우)</td><td colspan="6"></td></tr>
<tr><td rowspan="2">보호자</td><td>성명</td><td colspan="2"></td><td>관계</td><td></td><td>연락처</td><td></td></tr>
<tr><td>주소</td><td colspan="6"></td></tr>
<tr><td rowspan="6">현재
수준</td><td>영역</td><td colspan="7">내용</td></tr>
<tr><td>건강생활</td><td colspan="7"></td></tr>
<tr><td>사회생활</td><td colspan="7"></td></tr>
<tr><td>표현생활</td><td colspan="7"></td></tr>
<tr><td>언어생활</td><td colspan="7"></td></tr>
<tr><td>탐구생활</td><td colspan="7"></td></tr>
<tr><td colspan="2">보호자의 요구</td><td colspan="7"></td></tr>
<tr><td colspan="2" rowspan="2">특수교육 관련
서비스</td><td>서비스</td><td>기간</td><td>담당자</td><td>방법</td><td colspan="3">내용</td></tr>
<tr><td></td><td></td><td></td><td></td><td colspan="3"></td></tr>
<tr><td rowspan="6">연간
교육
목표</td><td>영역</td><td colspan="7">내용</td></tr>
<tr><td>건강생활</td><td colspan="7"></td></tr>
<tr><td>사회생활</td><td colspan="7"></td></tr>
<tr><td>표현생활</td><td colspan="7"></td></tr>
<tr><td>언어생활</td><td colspan="7"></td></tr>
<tr><td>탐구생활</td><td colspan="7"></td></tr>
</table>

⑥ 개별화교육계획의 실행

개별화교육지원팀이 작성한 개별화교육계획은 학교장의 결재를 받은 후, 개별화교육계획에 기록된 교육 지원 내용을 시작일부터 종료일까지 실행한다. 교사는 개별화교육계획에 설정된 교육목표와 연계하여 교과를 지도하고, 실행과정에서 계획했던 교수전략과 교수자료 등에 대한 교수적 수정을 할 수 있다.

⑦ 개별화교육계획의 평가 및 검토

각급 학교의 장은 매 학기마다 개별화교육계획에 따른 각각의 특수교육대상자의 학업성취도 평가를 실시한다. 평가방법에는 특정 목표의 성취를 측정하기 위해 어떤 측정도구와 방법을 사용할 것인지를 명시한다. 평가방법에는 규준참조검사와 준거참조검사, 교사제작검사, 관찰, 과제물 등의 방법이 있다. 평가기준에는 수행수준을 단기목표에 제시하는 것이 바람직하다. 「장애인 등에 대한 특수교육법」(2020)에서는 공식적인 성취도 평가를 위해 수정할 필요가 있는지, 필요하다면 어떻게 수정해야 할지를 서술하도록 규정하고 있다. 평가의 결과는 특수교육대상자 또는 보호자에게 통보하여야 한다.

(2) 긍정적 행동 지원 프로그램

긍정적인 행동 지원(Positive behavioral support: PBS)은 장애영유아가 할 수 있는 바람직한 행동을 지도하는 교육적인 측면과 장애영유아의 가정, 학교, 지역사회 등의 다양한 환경을 재구성하는 체제 개선을 동시에 포함한다. 긍정적인 행동 지원은 문제행동 자체의 감소뿐 아니라 문제행동을 가진 개인과 그 가족의 삶의 질의 향상을 궁극적인 목적으로 한다.

이러한 긍정적 행동 지원의 수행과정(강경민 외, 2020)을 살펴보면, 첫째, 중재 목표가 되는 행동을 확인한다. 둘째, 문제행동과 관련된 모든 정보를 수집하고 기능을 분석한다. 이를 위해 대상 장애영유아의 관찰, 부모와의 면담, 심리검사 등을 이용한다.

그리고 문제행동의 기능분석을 실시함으로써 행동이 언제, 어디서, 누구와 있을 때 가장 많이 발생하며, 가장 적게 발생하는지, 문제행동의 발생 후, 그 결과와 문제행동의 유지요인이 무엇인지를 밝히도록 한다. 셋째, 수집된 자료를 바탕으로 요약문을 작성한다. 요약문 문서에는 행동의 기능에 대한 분석내용을 체계적으로 정리한다. 넷째, 행동 지원에 대한 계획을 세운다. 마지막으로 행동 지원 계획에 따라 중재를 실시하고 점검한다. 행동 지원팀은 협력을 통해 일관성 있는 중재를 실시하고 목표에 맞게 이루어지는지 점검해야 한다.

(3) 행동관리기술 프로그램

행동관리기술은 문제행동을 가진 영유아의 사회적 · 행동적 요구를 다루는 가장 일반적인 접근법이며, 즉각적인 강화를 통해 부정적인 행동의 빈도를 줄이는 것이다. 그러나 단순히 문제행동을 줄이거나 없애려는 기술은 문제행동을 가진 영유아에게 적절한 대체행동을 강화하는 것이 없기 때문에 비효율적이다. 이러한 상황을 피하기 위해 행동관리 중재는 일반적으로 영유아들의 문제행동을 약화시키기 위한 것으로서 동적이며, 즉각적인 대체행동을 강화하는 것이어야 한다. 강화를 사용할 때 특정 영유아가 무엇에 강화받는지를 찾아내는 것이 중요하다. 영유아가 선호하는 강화요인을 발견하는 방법으로는 관찰하기, 직접 물어보기, 프리맥 원리를 적용해 보기, 비슷한 또래의 영유아를 관찰하기 등이 있다. 격려하기, 관심 가져 주기, 가볍게 껴안아 주기 또는 읽기 영역에 가서 만화책이나 동화책을 읽도록 허용하기 등은 좋은 강화인이 될 수 있다.

특히, 토큰강화(token reinforcement)는 문제행동과 관련된 행동을 증진시키거나 감소시키는 데 광범위하게 사용되는 가장 적절한 행동관리기법으로 정서 · 행동장애 학생을 담당하는 교사의 90%는 토큰강화가 효과적이라고 보고하고 있다(김이영 외, 2020). 토큰강화가 행동에 변화가 있을 때 다양한 유형의 토큰이나 점수 중심 체계의 변화를 통해 학생의 행동이 변화할 수 있도록 계획되어야 한다. 즉, 문제행동을 지닌

대상자를 위한 많은 환경은 최소 제한 환경 안에서 적절한 행동을 보일 때까지 지속적으로 그 수준을 진행시켜야 한다. 그리고 바람직한 행동을 시범 보이는 모델링 또한 효과적인 방법이다. 영유아들은 의미 있는 사람을 모델로 삼는 경향이 있어 교실에서는 학급친구나 자원봉사자보다는 교사를 모델로 삼게 되고, 교사보다는 부모를 모델로 삼을 수도 있다. 따라서 교사나 부모는 학생이 모방하기를 원하는 행동을 특정한 방법으로 하여 좋은 모델이 될 필요가 있다. 영유아들이 서로에게 소리 지르는 것을 원하지 않는다면, 교사는 화가 났을 때 소리를 지르기보다 평소의 목소리로 이야기하는 것이 필요하다.

(4) 전문가와의 협력적 팀접근 프로그램

장애영유아를 담당하는 교사들은 일반교사, 재활치료사, 행정가나 관련 서비스 담당자들과 팀을 이루어 접근하게 되므로 협력은 매우 중요하다. 팀이란 공통의 철학이나 공동의 목표에 따라 목적과 기능을 지닌 사람들로 구성된다. 특수교육에서는 특수교육대상자의 선정과정과 개별화교육계획을 수립할 때 팀접근을 하게 된다. 팀 구성원들은 장애영유아에게 서비스를 계획, 전달 및 평가를 하게 된다. 전문가들의 팀 형태는 일반적으로 다학문적 팀접근, 간학문적 팀접근, 초학문적 팀접근으로 구분할 수 있다(정대영, 2011).

표 8-6 전문가와의 협력적 팀접근 유형 및 내용

유형	내용
다학문적 팀접근	이 접근은 일부 전문분야의 전문가들이 전문성을 근거로 서로 독립적으로 사정, 중재 및 기타 과제를 수행하게 된다. 개인은 다른 전문가들의 활동과 무관하게 자신의 특별한 전문성으로 접근하기 때문에 통합적 접근 성향은 매우 낮고 최소한의 협력적 노력을 하게 된다.
간학문적 팀접근	이 접근은 구성원들이 독자적으로 평가를 하지만 정보를 공유하고 협력적 또는 공동으로 계획하여 프로그램을 개발하고 자문을 한다. 대상자의 강점과 약점을 총체적으로 보며, 팀 구성원들 간의 협력을 통해 통합적으로 서비스 계획을 세운다. 이 접근의 특징

유형	내용
	은 협력과 협동이 적절히 이루어진다는 점이다. 그러나 물리치료와 같은 직접적인 서비스는 별도로 제공한다.
초학문적 팀접근	이 접근은 학문 간 협력적 접근의 강점을 살리기 위해 시도된 유형이다. 다양한 학문 분야의 전문가들은 각자 나름대로 초기 평가와 사정을 실시하지만 그들은 팀의 다른 구성원들에게 자신의 기능을 지도함으로써 서비스 제공자로서의 역할을 양보하고 구성원 중의 한 사람이 일차적 중재자 역할을 한다. 이 접근은 팀 구성원들의 전문성을 종합하여 보다 효율적이고 종합적인 사정과 중재 서비스를 제공하며, 서비스를 구획 짓거나 단절시키는 것을 피하는 데 목적이 있다.

2) 기관 내 장애영유아 지원 프로그램

(1) 장애영유아 환경 지원 프로그램

장애영유아는 일시적이든 장기적이든 온화하고 안락하며 안전한 환경을 요구한다. 그들은 교사로부터 행동 지원을 받으며, 주변 사람들로부터 인정받을 필요가 있다. 그러므로 장애영유아에게 자신의 능력에 맞게 활동할 수 있도록 도와주어야 한다. 장애영유아를 위한 환경의 조성과 관리의 지침은 〈표 8-7〉과 같다.

표 8-7 장애영유아를 위한 환경의 조성과 관리의 지침

구분	내용
환경의 조성	• 영유아와 지지적 대인관계를 수립한다. • 허락이 아닌 수용적이고 온정적인 분위기를 조성한다. • 생활에서 지켜야 할 행동의 한계를 분명히 정한다. • 학급 규칙을 관대하게 정하고, 영유아에게 자주 주지시킨다. • 일관성을 유지한다. • 교과학습 기능에 초점을 둔다. • 영유아들이 성공할 수 있다는 경험을 제시한다. • 용서를 하면 지나간 일은 잊어버린다. 즉, 과거의 잘못된 행동에 대한 선입견을 가지고 영유아를 대하지 않는다.

구분	내용
환경의 관리	• 문제를 일으킬 만한 물건이나 장난감을 치운다. • 영유아에게 적절한 자리를 배정한다. • 시간 계획을 신중히 살펴본다. 즉, 어떤 시간이나 주제가 분열을 일으킨 것으로 예상되면 계획을 변경한다. • 잘못된 결과를 가져온 행동을 즉시 제거하도록 한다. • 수업시간이 길 때는 진도에 변화를 주거나 운동을 좀 할 수 있도록 중간중간 끊어서 진행한다. • 영유아에게 일관성 있는 요구와 기대를 한다. • 위기 상황이 오지 않도록 사전에 대비한다. • 철저하게 기록을 남겨 둔다.

출처: 전헌선 외(2012).

(2) 장애영유아 가족 지원 프로그램

가족이 가지고 있는 가치관, 태도 및 특성은 장애영유아에게 영향을 미치며, 장애영유아 또한 가족구성원에게 영향을 미친다. 이러한 상호작용은 긍정적일 수도 있고 부정적일 수도 있다. 장애영유아에 대한 가족의 부정적 정서는 장애영유아 교육에 가장 큰 방해물이며 가족구성원의 삶 또한 힘들게 만든다. 따라서 장애영유아뿐만 아니라 가족까지 지원을 확대할 필요가 있다. 「장애인 등에 대한 특수교육법」(2020) 제28조 제1호에 의하면 '특수교육 관련 서비스로 특수교육대상자와 그 가족에 대한 가족상담 등 가족 지원을 제공하여야 한다'고 명시하고 있으며, 동법 시행령 제23조 제1호에 의하면 '가족 지원은 가족상담, 양육상담, 보호자교육, 가족 지원 프로그램 운영 등의 방법으로 한다'고 명시하고 있다. 따라서 장애영유아 교육의 효율성과 가족구성원의 삶의 질 향상을 위해서는 반드시 장애아 가족 지원을 제공해야 한다.

① 장애영유아 부모의 반응

장애영유아의 부모는 대부분 출산 또는 양육과정에서 예기치 못한 사고로 인해서 장애영유아 부모로서의 역할을 수행하게 된다. 이렇게 준비되지 않은 상태에서 장애영유아를 양육하면서 자녀의 장애를 수용하는 데까지 여러 가지 어려움을 경험하게 된다. 장애영유아 부모들의 심리적 반응단계와 그에 따른 교사의 역할을 살펴보면 〈표 8-8〉과 같다.

표 8-8 장애영유아 부모의 단계별 감정과 교사의 역할

단계	1단계	2단계	3단계	4단계	5단계
특징	충격 · 부인	분노 · 원망	흥정 · 타협	좌절 · 낙담	수용
부모의 행동	• 자녀의 장애를 확인하고 충격을 받는다. • 다음으로 자녀의 장애를 부인하며 많은 의료기관에서 확인을 받는다.	• 지적으로 자녀의 장애를 수용하지만 심리적으로 받아들이지 못한다. • 원망의 대상을 찾아 자녀의 장애에 대해서 주변사람 및 본인의 태도를 원망한다.	• 어쩔 수 없이 자녀의 장애를 받아들이는 단계이다. • 자녀의 장애로 인한 손상을 최소화하기 위해서 가장 애를 많이 쓰는 단계이다.	• 자녀의 장애를 위해서 최선을 다하지만 장애를 없앨 수 있는 것이 아님을 알고 좌절 · 낙담한다. • 강한 무기력감을 경험한다.	• 자녀의 장애를 인정하고 자녀와 함께하는 삶을 받아들인다. • 자녀와 함께 무엇을 할 수 있다는 것을 깨닫고 현실적인 노력을 기울인다.
교사의 행동	• 수용적인 태도로 이야기를 들어준다. • 현재 감정에 대해서 공감하고 당연한 과정임을 알려 준다.	• 자녀를 위해서 할 수 있는 과제를 알려 주고 부모를 나쁘게 만들어 스스로를 원망하지 않게 한다. • 자녀를 위해서 부모로서의 바람직한 역할을 알려 준다.	• 부모의 노력을 격려한다. • 부모가 느끼는 현재의 감정을 수용하고 정상적인 것임을 강조해 준다.	• 부모의 노력에 긍정적 측면을 강조한다. • 부모 자신의 존재 및 노력에 무가치함을 느끼지 않도록 한다. • 부모회 등 장애자녀를 둔 부모와 이야기를 나누도록 한다.	• 자녀에게 적합한 새로운 기술 및 필요한 기술을 지도하도록 안내한다.

출처: 김이영 외(2015).

모든 부모들이 수용의 단계에 도달하는 것은 아니다. 또한 부모가 자녀의 장애를 수용했다고 해서 1~4단계의 감정이 없어지는 것도 아니다. 수용한 부분이 많으나 여전히 다양한 감정이 남아 있게 된다. 자녀의 장애를 수용하는 데까지 걸리는 시간은 개인마다 다르지만 안정된 가족 지원체계가 있다면 그들의 혼란은 줄어들 것이다. 따라서 안정된 가족 지원 체계를 구축하여 장애아동 부모들의 고충을 덜어 주어야 한다.

② 장애영유아 부모의 욕구

모든 부모는 자녀의 건강을 희망한다. 그러나 장애영유아 부모는 당연하게 생각했던 심신의 건강에 이상을 발견하고, 진단받고 양육하는 과정에서 많은 심리적 · 경제적 · 육체적 어려움에 직면하게 된다.

심리적 어려움은 부모가 장애자녀를 수용하는 어려움뿐만 아니라 장애자녀를 바라보는 주변사람들의 시선을 감당해야 하는 것도 포함된다. 장애자녀를 출산하게 되면 일반인들은 쉽게 유전이나 임신 중 부모의 태도를 원인으로 생각한다. 그러나 이는 정확한 진단이 아니며 대부분의 장애원인은 아직 밝혀지지 않고 있다. 그럼에도 불구하고 주변인들의 태도로 인해서 장애자녀를 수용하는 데 많은 어려움을 경험하게 된다. 경제적 어려움은 장애자녀로 인해서 발생되는 의료적 · 교육적 서비스 비용의 지출이다. 현재 우리나라에서는 장애아 가족 지원의 일환으로 교육비 및 치료비 일부를 제공해 주고 있으나 이는 턱없이 부족한 금액이다. 또한 장애아동의 교육이 1~2년 단기로 끝나는 것이 아니기 때문에 경제적 어려움은 계속된다. 신체적 어려움은 장애자녀를 돌보는 일이 24시간 365일 계속되는 일이기 때문이다. 일반아동의 경우 영아기 때 부모의 집중적인 돌봄을 받다가 점차 성장하면서 교육기관, 또래들의 집단으로 유입되면서 부모의 역할이 줄어든다. 그러나 장애영유아는 이러한 역할을 모두 부모가 감당해야 한다. 따라서 신체적인 어려움이 수반될 수밖에 없다.

③ 장애영유아 가족 지원의 실제

장애영유아 가족은 앞에서 살펴본 바와 같이 장애영유아를 양육하면서 여러 가지 어려움에 직면하게 된다. 따라서 이를 해결하기 위한 지원이 필요하다. 현대에는 과거 장애영유아 가족을 문제가 있는 대상으로 인식하고 문제를 스스로 해결할 수 없어 외부전문가들의 도움을 받는 수동적 존재로 인식하는 것에서 벗어나 장애영유아에 대한 문제를 스스로 해결하고 지식을 갖춘 전문가로 인식하고 함께 협력하는 대상으로 받아들이고 있다. 가족 지원의 유형은 [그림 8-3]과 같이, 크게 사회적 지원과 전문가적 지원으로 나눌 수 있다.

사회적 지원은 가족구성원, 친구, 동료, 지역사회 주민 및 종교 모임 등이 제공하는 지원을 의미한다. 이러한 사회적 지원은 물질적 · 심리적 지원을 대부분 담당하면서 장애영유아 교육 및 양육에 관한 다양한 정보를 제공하기도 한다. 그리고 전문가적 지원은 교사, 치료사, 의사, 사회복지사, 상담가, 심리학자 등이 제공하는 지원이다. 전문가들은 장애영유아 가족이 경험하게 되는 심리적, 사회적, 신체적, 경제적 어려움을 스스로 해결할 수 있도록 상담 및 교육, 연계서비스를 지원하게 된다. 이러한 지원을 통해 장애영유아 가족의 기능은 강화되며 궁극적으로 장애영유아와 가족의 삶의 질 향상을 가져오게 된다.

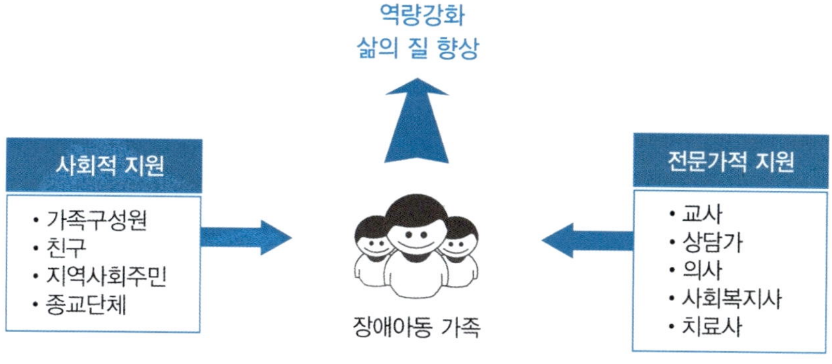

출처: 김이영 외(2015).

그림 8-3 장애영유아 가족지원과 가족의 역량 강화

장애영유아 가족의 역량강화를 위한 가족 지원의 실제 프로그램을 내용별로 살펴보면, 정보제공, 부모교육, 아버지 교육, 형제자매 지원으로 구분할 수 있다(조윤경 외, 2014). 첫째, 정보제공은 장애의 원인 및 특성, 교육 및 치료법 등에 대한 정보를 기초로 관련 서비스 및 법률적 자문까지 제공하는 것을 의미하며 가족이 장애영유아로 인해서 궁금해하는 질문에 대한 정보를 제공해 주는 프로그램이다. 이를 통해서 가족의 혼란을 줄이고 합리적이며 효과적인 방법으로 장애영유아의 문제에 접근할 수 있도록 돕는다.

둘째, 부모교육은 가장 일반적으로 제공되는 프로그램으로 장애영유아 부모로서의 역할을 인식하고 긍정적 양육 및 대처법을 습득하여 결과적으로 부모의 역량을 강화하는 프로그램이다. 보통 장애에 관련된 정보 및 지식을 제공하거나 장애아동의 문제행동 대처기술 등의 자녀 양육기술과 부모 자신의 역할 및 기능을 회복하는 부모교육이 이루어진다.

셋째, 아버지 교육 프로그램은 직장생활 등의 경제적 활동으로 직접적인 양육의 역할에서 소외된 아버지들의 양육에 대한 역할을 강조하면서 부모–자녀관계 회복에 관한 프로그램을 수행하는 것이다. 이 프로그램은 어머니에게만 강조된 양육에 대한 짐을 나눔으로써 부부관계에서 서로의 입장을 이해할 수 있는 기회가 되며 아버지가 경험하게 되는 심리 · 정서적 어려움을 지원하는 기회가 된다.

넷째, 형제 · 자매 지원 프로그램은 장애영유아의 비장애형제 · 자매에게 필요한 정보를 제공하여 그들이 장애형제 · 자매로 인해서 경험하게 되는 불안이나 분노, 수치심 등의 부정적 정서를 해소하고 장애영유아와의 상호작용 기술 향상, 자신의 감정 표현하기 등으로 가정 및 지역사회에서의 적응을 도와주는 프로그램이다.

PART 3

영유아 프로그램의 평가

CHAPTER 09

영유아 프로그램의 평가

영유아 프로그램 평가는 영유아를 대상으로 하는 프로그램이 교육목적을 달성하였는가를 확인하는 과정이다. 영유아 프로그램의 목표, 교육내용, 교육 실제 등을 분석하고 프로그램의 과정에 교사, 유아, 학부모 등 교육공동체가 경험하게 되는 변화 등을 통합하여 평가가 이루어진다. 영유아 프로그램 평가는 양질의 교육을 실시하기 위해 교사, 유아, 학부모 등 프로그램 관련의 관계자들에게 정보를 제공하고, 환경을 개선하며, 프로그램 운영하는 과정 속에서도 지속적으로 이루어지는 활동이다(하정연 외, 2017). 영유아 프로그램 평가의 필요성과 유형을 살펴보고자 한다.

1. 영유아 프로그램 평가의 필요성

영유아 프로그램 평가는 영유아의 발달수준, 교수–학습활동 등 전반적인 교육 프로그램 운영의 효율성을 제고하여 영유아 교육의 질적 향상과 전인적 발달을 위한 질 높은 교육적 경험을 제공해 줄 수 있는 정책의 기반을 마련해 준다. 평가의 필요성을 구체적으로 살펴보면 다음과 같다(조성자 외, 2017).

첫째, 영유아의 현재 발달 수준을 파악하기 위해 평가한다. 연령에 적합한 발달 수준을 이루고 있는지, 발달 영역 간 수준차는 어떠한지 등 평가를 통해 파악하여 발달 영역 간의 개인 내 차이와 개인 간 차이를 발견할 수 있다. 나아가 평가를 통해 영유아 발달 수준을 파악하여 전인적인 성장과 발달을 지원할 수 있다.

둘째, 평가는 교사의 교수능력에 대한 향상과 다음에 실행될 교수–학습활동을 계획하는 데 근거자료로 활용할 수 있다. 교사는 평가를 통해 자신의 교수방법이나 의사소통방식에 대한 피드백을 받고 반성적 사고를 할 수 있다. 또한 생활기록부나 평가서류 작성에 필요한 정보와 부모 및 전문가와의 상담을 위한 자료로 평가를 활용할 수 있다.

셋째, 학부모 입장에서는 영유아교육기관에서 이루어지는 교육활동에 대한 정보와 영유아 발달 영역 간의 특성을 이해할 수 있다.

넷째, 영유아교육기관에서 이루어지는 평가는 학기 초에 설정된 교육목적과 목표가 어느 수준까지 달성되었는지, 시설 운영 전반에 있어서 수정 · 보완할 점은 무엇인지 등을 파악하여 영유아 프로그램의 효율성에 대한 정보를 얻을 수 있다.

따라서 평가는 영유아의 발달 수준과 교육 프로그램 운영 전반에 대한 자료를 수집하고 분석하여 영유아의 전인적 발달뿐만 아니라, 교사의 교수-학습 활동을 계획하는 데 유용한 정보를 제공한다. 최근 여성들의 경제활동 증가와 더불어 영유아의 교육에 대한 지원 확대, 영유아 교육시설 양적 증가로 교육현장의 질적 수준에 대한 관심과 함께 교육기관에 대한 평가의 중요성을 더욱 고조시키고 있다. 최근 우리나라에서도 국가수준 유치원 평가와 어린이집 평가인증제가 도입되어 실시되고 있다.

2. 영유아 프로그램 평가 내용

영유아 교육기관에서의 평가활동의 영역은 일반적으로 개인의 수행에 대한 평가, 영유아 교육 프로그램에 대한 평가, 영유아를 둘러싸고 있는 환경의 평가로 나눌 수 있다. 평가의 내용은 다음과 같이 유아평가, 교사평가, 프로그램평가로 나눌 수 있다.

1) 유아평가

(1) 관찰

관찰방법은 시간이 걸리지만 영유아의 발달에 대한 이해를 제공하고, 관찰한 자료를 다음 교수-학습 활동을 계획하는 기초자료로 활용할 수 있다. 교사는 관찰을 통해 개별 영유아에 대한 정보를 얻을 수 있을 뿐만 아니라 학급 전체의 영유아 발달 수준과 흥미, 경험 수준 등을 이해하고 이를 기초로 교육과정을 계획-실행-평가하여 영유아의 발달에 적합한 교육활동을 실시할 수 있다. 관찰방법은 일화기록, 시간표집법, 사건표집법, 표본식 기술, 평정척도법, 행동목록법 등이 있다. 관찰법은 교사가 능숙한 관찰자이며 자료수집을 규칙적으로 할 때만이 유용하다. 훈련된 교사와 전문가들에 의한 체계적인 관찰은 영유아의 발달에 대한 최상의 정보로서 가치를 가지기 때문에 부모나 가족들과 영유아에 대한 정보가 공유되어야 한다.

표 9-1 관찰법

구분	내용
일화기록	• 영유아의 행동 가운데 발달에 중요하고 의미 있다고 생각하는 행동특성이 나타날 때, 관찰된 사건을 있는 그대로 사실적 객관적으로 기록 • 관찰대상의 이름, 날짜, 시간, 장면 등과 같은 기본적인 정보를 기록하고 유아의 행동특성에 대한 서술적인 정보를 포함 • 관찰대상의 이름, 날짜, 시간, 장면 등과 같은 기본적인 정보를 기록하고 유아의 행동특성에 대한 서술적인 정보를 포함하고 이러한 자료는 나중에 영유아의 행동을 해석하고 평가하는 데 중요한 방법
시간표집법	• 시간을 표집해서 관찰하는 방법으로 관찰자가 관찰하고자 하는 행동을 정해진 시간 동안 시간 간격에 맞추어 반복적으로 관찰 • 쉽게 관찰이 가능하고 자주 일어나는 행동특성을 관찰하는 데 유용 • 관찰하고자 하는 시간 한계가 뚜렷하고 관찰 행동에 대한 정의가 분명하며, 시각적으로 관찰 가능한 행동에 적합 • 영유아의 내면의 감정을 살펴보는 것은 어려우며, 사건이 일어난 순서를 알 수 없어 행동 간의 상호관계를 이해할 수 없음
사건표집법	• 관찰하고자 하는 특정 행동이나 사건이 발생할 때에만 기록하는 방법 • 특정 사건이 발생할 때에만 주의를 기울이기 때문에 시간적 제약이 없으며, 얼마 동안 행동을 관찰해야 하는가 하는 것은 관찰 초점이 되는 행동특성에 달려 있음
표본식기술	• 관찰자가 참여대상이나 장면을 미리 정해 놓고 그 장면에서 일어나는 관찰대상의 행동과 상호작용 등을 상세하고 객관적으로 일어난 순서대로 관찰기록하는 방법 • 관찰대상의 있는 그대로의 모습과 행동을 가능한 한 많이 수집하려는 목적을 가진 경우 적절한 관찰법
평정척도법	• 어떤 특성 혹은 성격을 미리 정해진 범주에 따라 평가할 때 사용되는 관찰법 • 관찰자가 사전에 관찰하려는 행동영역에 대해서 미리 알고 있을 때 사용 • 어떤 행동의 출현 유무를 표시하는 데 그치지 않고 행동의 질적인 특성을 알고자 할 때 유용하게 사용
행동목록법	• 특정 행동특성이나 성격, 사건 등을 미리 정해 놓은 범주에 따라 평가하는 방법 • 관찰자는 단순히 그 항목이 발견되었는지 여부를 해당 항목 앞에 '예', '아니오'로 표시 • 다양한 행동관찰이 가능하고 시간에 따른 변화를 체크할 수 있지만, 너무 단순하면 정확한 판단이 어려움

(2) 포트폴리오 평가

포트폴리오 평가는 영유아의 활동 과정 및 결과를 증명해 줄 자료를 장기간에 걸쳐 포트폴리오 파일에 수집하여 시간의 흐름에 따라 영유아가 어떤 변화를 보이는지, 개인 내적으로 어떤 발달 영역이 우수한지 등을 살펴보고 분석해 보는 것이다(황해익, 2018). 교사는 포트폴리오 평가를 통해 영유아에 대한 정확한 이해와 개개인의 개별화 교육에 도움이 될 뿐만 아니라, 교사 자신의 교수-학습 방법에 대한 반성적 사고를 할 수 있는 계기를 얻게 된다.

영유아 교육현장에서 포트폴리오 평가를 실시할 때는 포트폴리오 평가의 목적과 활용 방법, 구체적인 내용물, 평가준거, 자료수집 및 활용 등을 포괄하는 포트폴리오 평가를 위한 점검 과정에 대해 교직원들 간의 이해와 합의가 전제되어야 한다. 그 이후 자료를 수집하는 데 1년을 세 번 정도로 나누고 영유아의 성취도를 확인할 수 있는 핵심 항목과 영유아의 개성을 알 수 있는 개별화 항목으로 나누어 수집하는 것이 바람직하다(송연숙 외, 2013).

표 9-2 포트폴리오 평가를 위한 점검 과정

구분	내용
포트폴리오 평가를 위한 계획	• 평가목적 설정 • 평가내용 및 준거 선정(교육과정을 토대로) • 수집항목과 수량 결정(교육과정 영역별 평가내용에 따른 핵심 항목과 개별화 항목) • 자료분석 및 결과활용 방안 검토 • 연간교육계획안에 평가계획 반영(연간 평가항목을 포함)
자료수집 및 교사논평	• 포트폴리오 구성
자료정리 및 분석	• 포트폴리오 요약서(종합발달보고서) 작성
활용 및 보고	• 부모면담 및 종합생활기록부 반영 • 다음 교육계획안 반영

포트폴리오 평가를 위한 자료수집 시 고려해야 할 사항은 다음과 같다(황해익 외, 2018).

첫째, 영유아들의 활동 결과물 자료를 개인 파일에 체계적으로 수집하여 정리한다.
둘째, 활동 결과물 중 수집이 어렵거나 보관이 어려운 경우 사진 자료를 활용한다.
셋째, 학기 초와 학기 말을 중심으로 초기 미완성 작품부터 완성품에 이르기까지 다양한 자료를 수집한다.
넷째, 지속적이고 체계적으로 자료를 수집하며 자료에는 날짜, 상황에 대한 기록을 한다.
다섯째, 영유아들에게도 스스로 자신을 판단하여 볼 수 있는 기회를 제공한다.

이처럼 포트폴리오에 포함되는 자료를 수집할 때는 항목을 정기적으로 수집하고, 각 작업 표본의 결과를 포트폴리오에 포함시킬 때의 날짜와 그 작업이 행해질 때의 배경과 맥락을 적어 두는 것이 필요하다. 완성된 포트폴리오 평가는 학부모 면담자료나 영유아의 평가자료로 활용될 수 있으며, 표준보육과정과 누리과정이 어떻게 이루어졌는지에 대해 더 잘 이해할 수 있다.

(3) 표준화 검사

표준화 검사는 객관적인 형식과 절차를 통해 검사와 채점, 결과해석이 이루어지는 평가 방법이다. 표준화 검사는 신뢰도와 타당도가 검증되었고, 표집된 대집단의 규준이 있기 때문에 개별 영유아의 행동이나 성취를 비교하는 것이 가능하다. 또한 전문가가 만든 것이기 때문에 주의 깊게 실시하고 정확하게 해석한다면 진단 도구로서의 역할을 할 수 있다.

영유아를 위한 표준화 검사의 종류는 지능검사, 적성검사, 성격검사, 학력검사, 태도검사 외에도 자아개념검사, 인지양식검사, 창의성 검사, 흥미검사, 사회성 검사 등 다양한 검사가 있으며, 사용 목적에 따라 적절한 것을 선택하도록 한다.

표 9-3 표준화 검사의 종류

검사 종류	검사 명	측정영역	대상
지능검사	한국웩슬러 아동용 지능검사 K-WISC-III (곽금주 · 박혜원 · 김청택, 2001)	언어성, 동작성, 전체Q	만 6~16세
	한국유아용 웩슬러 지능검사 K-WPPI (곽금주 · 박혜원 · 박광배, 1995)	지각-운동 소검사, 언어성 소검사, 전체점수	만 3~7세
	카프만 지능검사 K-ABC (문수백 · 변창진, 1997)	인지처리능력과 습득도	만 2~12세
	스텐퍼드-비네검사 S-B IV	언어적 추리, 양적 추리, 추상적/시각적 추리, 단기기억	만 2~23세
	그림지능검사 PTI (서봉연 · 정보인 · 최옥순, 1986)	어휘력, 수계산능력, 지각적 조직능력, 기억력, 추리력	만 4~7세
	유아지능검사 KISC (행동과학연구소, 1993)	언어의미, 지각속도, 양화능력, 운동조절, 공간능력검사	만 4~7세
학업 및 성취검사	기초학습능력검사 (한국교육개발원, 1987)	정보처리, 셈하기, 읽기, 쓰기	만 5~12세
	한국판 종합학습능력 진단검사	지각, 주의집중, 기억, 언어, 수리, 추리, 사회성숙도, 정서성, 학습 긴장도	유치원생
언어 사회 정서	그림 어휘력 검사 (김영태 · 장혜성 · 임선숙 · 박현정, 1981)	수용 의미론적 측면	미국 PPVT-R을 2~8세 아동에게 표준화한 것
	사회성숙도검사 (김승국 · 김옥기, 1985)	자조, 이동, 작업, 의사소통, 자기관리, 사회화	0~30세
	적응행동검사	개인의 기술 및 습관, 성격 및 행동장애	만 3~7세
	유아성격검사 (송인섭, 1993)	훈육/자기 통제력, 사회성, 내재화, 신체적 증후, 인지발달	만 4~7세
	취학 전 아동 행동목록표 PBCL	품행, 정서적 · 사회적 관계문제, 놀이능력, 떼쓰기, 언어 습관	만 2~5세

출처: 김수영 외(2019).

2) 교사평가

교사평가의 목적은 양질의 영유아 프로그램을 운영하기 위한 교사의 자질을 함양하고 자기계발에 도움을 주고자 하는 것이다. 교사평가는 교사의 자기평가, 동료, 원감, 원장에 의한 평가, 부모에 의한 평가 등 다양한 방법이 사용된다. 교사 자기평가는 일반적으로 각 학기 말 1회씩 1년에 2회 실시하며 교사 스스로 자신의 교수학습 활동을 평가하는 방법으로 교사 개인의 성장을 촉진하고, 교수방법을 향상시키며, 자율성과 전문성을 신장해 교사의 질적 향상을 도모하기 위해 실시하고 있다.

영유아 교육현장에서 교사평가 준거는 교사의 자격과 경력 등을 포함하여 다음과 같은 내용들이 다루어져야 한다(문연심, 2019).

첫째, 신체에 대한 것으로 신제적 건강상태, 활동성 정도, 예의 바른 태도, 바른 자세 등이 평가되어야 한다.

둘째, 인성에 대한 것으로 적극성, 정서적 안정감, 자제력, 협동심, 융통성, 성실성, 사려성, 긍정적인 인간관, 공정성, 부모 및 동료 교사와의 원만한 관계, 자신에 대한 긍지의 정도 등이 평가되어야 한다.

셋째, 교양 및 지적 능력에 대한 것으로 다방면에 걸친 풍부한 지적 능력, 순발력, 유창하고 명료한 언어사용 능력, 창의력 정도 등이 평가되어야 한다.

넷째, 교직에 대한 태도로 교사직에 대한 사명감, 교육활동에 대한 열의, 전문성 신장을 위한 노력, 책임감, 수용적 태도, 적합성, 신념 및 직업윤리의 정도 등이 평가되어야 한다.

다섯째, 교육기술에 대한 것으로 교육과정 재구성 및 실천 능력, 여가 능력 및 활용 능력, 적절한 자극 및 개입 정도, 융통성 있게 교육활동을 운영하는 능력 등이 평가되어야 한다.

여섯째. 전문적 지식에 대한 것으로 소속기관의 교육철학에 대한 이해, 교육과정에 대한 지식, 생활지도 및 상담지식, 다양한 교수방법에 대한 지식, 평가에 대한 지식 등이 평가되어야 한다.

3) 프로그램 평가

영유아 프로그램 평가는 한 해 동안 시행된 프로그램이 질적 수준과 효과를 평가하기 위한 것이며, 프로그램 운영에 대한 평가와 기관 평가로 나누어 볼 수 있다. 프로그램 운영에 대한 평가는 실행된 프로그램이 영유아기에 미치는 단기적, 장기적 효과에 대한 비교연구 형태로 이루어진다. 기관운영에 대한 평가는 영유아 교육기관에서 이루어지는 교육의 질과 관련된 다양한 요인을 평가함으로써 프로그램 수행 여부는 물론 프로그램의 효과를 검증하며, 수정·보완이 필요한 부분을 찾아내어 이를 개선해 나가도록 하는 데 의미가 있다(조성자 외, 2017).

프로그램을 평가한다는 것은 프로그램이 가지고 있는 효과 검증 이외에도 프로그램 개발 절차상 요구분석을 통해 개발되는 과정에서 프로그램이 실행되는 과정 안에서 요구의 반영이 적절하였는지, 사회적·문화적 상황을 적절히 분석하여 반영하였는지, 프로그램의 적용대상인 영유아, 부모, 교사 등의 요구들이 적절하게 반영되었는지가 일차적으로 중요한 평가이다(문연심, 2019).

또한 영유아 프로그램 평가는 평가의 목적, 평가 기준, 프로그램 구성요소, 평가 절차에 대한 이해가 선행되어야 한다. 이를 위해 자율적인 평가기구 구성, 정부와 지방자치단체 관계 부서, 시도 교육청, 육아종합지원센터의 적극적인 지원체계가 필요하다(김수영 외, 2019). 그리고 영유아 교육 프로그램의 질적 수준 향상을 위해서 교사교육, 기관평가, 정부의 지원정책, 교육에 대한 부모 인식 등 다양한 노력들과 함께 단편적 효과만을 검증하는 평가가 아니라 영유아 프로그램의 효율성에 대한 질적 분석이 이루어져야 한다.

CHAPTER 10

우리나라 기관 평가

우리나라에서는 국가 수준에서 유치원의 교육 서비스의 질적 수준 향상을 위한 '유치원 평가'와 영유아의 안전과 보호, 질 높은 보육 서비스를 제공하기 위하여 '어린이집 의무평가제'를 실시하고 있다. 유치원 평가와 어린이집 의무평가제 내용을 살펴보면 다음과 같다.

1. 유치원 평가

1) 유치원 평가의 목적

유치원 평가란 유치원 교육공동체의 참여 · 소통 · 협력을 통한 자율과 책임을 바탕으로 유치원 교육의 전반을 확인하고 진단하여 개선해 가는 '계획–실천–환류'의 과정이다. 유치원 평가에 대한 근거는 2004년 「유아교육법」을 제정 시 마련되었고, 2005년 관련 시행령이 제정되었다(「유아교육법」 제19조 1항). 이를 기초로 2007년 유치원 시범 평가를 전국 100개 유치원을 대상으로 실시하였고, 2008년부터 각 시 · 도 교육청을 통해 유치원 평가를 실시하고 있다. 제1주기(08~10년), 제2주기(11~13년), 제3주기(14~16년), 제4주기(17~19년) 유치원 평가가 실시되었고, 현재 공공성 강화와 유치원 자치문화조성을 위한 제5주기(20~22년) 유치원 평가를 실시하고 있다.

'제5주기 유치원 평가'의 목적은 자율적인 유치원 교육활동의 진단 및 개선을 통한 유아교육의 질 향상, 교육공동체의 참여 · 소통 · 협력을 통한 자율과 책임의 유치원 자치문화 조성, 건강 · 안전관리 강화를 통한 안전한 유치원 환경 조성, 단위유치원의 공공성 및 책무성 제고로 자율 운영체계 구축에 있다. 또한 평가 절차를 간소화하여 자체 평가, 서면평가로 유치원 자치 문화조성, 건강 · 안전영역 강화로 책무성을 제고하고, 컨설팅 강화를 통한 현장 지원체제 확립에 있다.

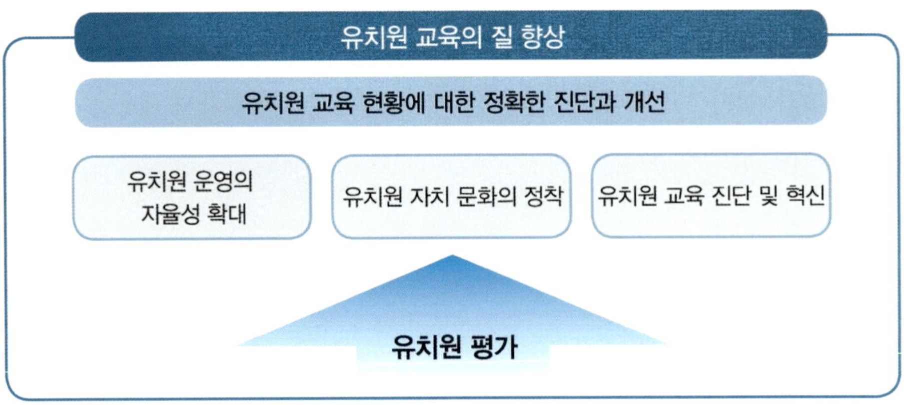

출처: 서울특별시 유아교육진흥원(2020).

그림 10-1 유치원 평가의 목적

2) 유치원 평가의 방법

유치원 평가는 자체평가(평정척도)와 서면평가(정량평가)를 병행함으로써 유치원의 자율성은 존중하되 공공성은 강화한다. 유치원 평가영역으로는 Ⅰ. 유아중심 교육과정 및 방과후과정, Ⅱ. 민주적 유치원 운영, Ⅲ. 안전하고 쾌적한 교육환경 및 유아를 위한 건강·안전 영역을 평가한다.

평정 방식은 자체평가와 서면평가를 병행하며 자세히 살펴보면 다음과 같다.

- 자체평가: (Ⅰ,Ⅱ영역) – 5점 척도를 활용한 평정척도 방식
  (Ⅲ영역) – 충족(Y) 또는 미충족(N) 정량평가(우수, 적합, 개선 필요)

- 서면평가: 영역별로 '우수', '적합', '개선 필요' 평가로 평가
  - (문항) 각 평가 문항별로 '충족(Y)' 또는 '미충족(N)'에 체크
  - (영역) 평가 문항의 '충족' 개수에 따라 3개 등급(우수, 적합, 개선 필요) 중 1개 부여

  ※ 평가문항 충족 비율: 우수 80% 이상, 적합 60% 이상~80% 미만, 개선필요 60% 미만으로 구간 설정

표 10-1 '충족' 평가 문항 수에 따른 평가 지표의 등급

평가영역	평가 문항수	'충족' 평가 문항 수		
Ⅲ	10	8개 이상	6~7개	5개 이하
		⬇	⬇	⬇
		우수	적합	개선필요

유치원 평가 결과는 공개를 원칙으로 한다. 평가 결과 분석 및 개선 방안 내용을 환류하여 유치원 교육계획 수립에 반영하고, 자체평가와 서면평가 결과서를 차년도 유치원 정보공시(http://e-childschoolinfo.moe.go.kr)에 탑재하여 유치원 평가 결과에 따른 후속 컨설팅 장학, 우수사례 공유, 유치원 간 네트워크 구축을 한다. 유치원 평가는 유치원 측면에서는 자율적 운영 실태 진단과 개선, 우수 유치원의 자긍심 고취 및 유치원 간 교육력을 제고할 수 있고 학부모 측면에서는 총평, 영역별 소견 등 유치원에 대한 구체적이고 상세한 정보 공유 및 우수 유치원 공개를 통해 학부모의 기관 선택권 보장 및 만족도를 향상시킬 수 있다. 교육 지원청은 평가 결과공개를 통해 학부모의 알 권리 보장과 책무성 제고를 통한 유치원 교육의 질 제고를 기대할 수 있다.

표 10-2 제5주기 유치원 평가

유형	시기	평가위원	평가영역	평가지표 및 문항	평가방법	결과공개
자체 평가	매년	유치원 자체평가위원 (학부모 2인 이상 포함 5~11명 이내 구성)	Ⅰ~Ⅲ	• Ⅰ, Ⅱ 영역 – 영역, 지표수정 불가 – 문항자율구성 (지표별 최소 2문항) • Ⅲ 영역 – 영역, 지표수정불가 – 제시문항(10문항), 요소(26)	• 자체설문지 • 평정척도 • Y/N 정량평가	홈페이지 정보공시
서면 평가	주기 내 1회	서면평가위원 (유아교육진흥원 선정)	Ⅲ	• Ⅲ 영역 – 영역, 지표수정불가 – 제시문항(10문항), 요소(26)	• Y/N 정량평가 • 평가문항별 증빙자료 • 정보공시 자료	홈페이지 정보공시

제5주기(20~22년) 유치원 평가 주요 변경 내용은 다음과 같다(서울특별시 유아교육진흥원, 2020).

구분	주요 변경 내용
평가 체제	• 제4주기 대비 평가 영역, 지표 수, 평가 문항 등을 대폭 축소하여 현장 부담감 최소화 • 제4주기와 제5주기 평가 영역 비교

제4주기	제5주기	비교
영역Ⅰ. 교육과정	영역Ⅰ. 유아중심 교육 과정 및 방과후과정	• 영역Ⅱ. '교육환경 및 운영관리'의 운영관리 부분과 '영역Ⅳ. 교직원' 영역을 '영역Ⅱ. 민주적 유치원 운영'으로 통합하고 일부 지표 삭제 등 조정 • '영역Ⅱ. 교육환경 및 운영관리'와 '영역Ⅲ. 건강·안전'에서 교육 환경부분을 '영역Ⅲ. 안전하고 쾌적한 교육환경 및 유아를 위한 건강·안전 영역'으로 통합
영역Ⅱ. 교육환경 및 운영관리	영역Ⅱ. 민주적 유치원 운영	
영역Ⅲ. 건강·안전		
영역Ⅳ. 교직원	영역Ⅲ. 안전하고 쾌적한 교육환경 및 유아를 위한 건강·안전	

제4주기('17~'19년)		
평가영역(항목수)	평가지표	항목수
Ⅰ. 교육과정 17(18)	1-1. 교육 계획 수립	3
	1-2. 일과 운영	3(4)
	1-3. 교수·학습 및 평가	4
	1-4. 교사-유아 상호작용	7
Ⅱ. 교육환경 및 운영관리 (13)	2-1. 실내 공간 구성	3
	2-2. 실외 공간 구성	3
	2-3. 기관 운영	3
	2-4. 가정 및 지역사회와의 연계	2
	2-5. 방과후과정	2
Ⅲ. 건강·안전 (11)	3-1. 실내외 공간의 청결 및 안전	2
	3-2. 급·간식	2
	3-3. 건강증진을 위한 교육 및 관리	2
	3-4. 안전 교육 및 대책	5
Ⅳ. 교직원 (7)	4-1. 원장의 리더십	2
	4-2. 교직원의 근무 여건	3
	4-3. 교직원의 전문성 제고	2
총계	16개	48 (49)

➜

제5주기('20~'22년)		
평가영역(문항수)	평가지표	문항수
Ⅰ. 유아중심 교육과정 및 방과후과정 16(17)	1-1. 유아·놀이 중심 교육 과정 편성·운영 및 교수-학습지원	6(7)
	1-2. 유아·교육과정 평가 및 환류	4
	1-3. 교원의 전문성 신장 지원	4
	1-4. 돌봄과 쉼이 있는 방과후과정	2
Ⅱ. 민주적 유치원 운영 (15)	2-1. 우리 유치원의 비전 공유	3
	2-2. 참여와 소통의 교육자치	8
	2-3. 협력 공동체 형성	4
Ⅲ. 안전하고 쾌적한 교육환경 및 유아를 위한 건강·안전 (10)	3-1. 안전한 시설설비와 쾌적한 공간	3
	3-2. 안심하고 믿을 수 있는 급·간식 환경	2
	3-3. 유아와 교사를 위한 건강 및 안전 증진	3
	3-4. 안전한 등·하원	2
총계	11개	41 (42)

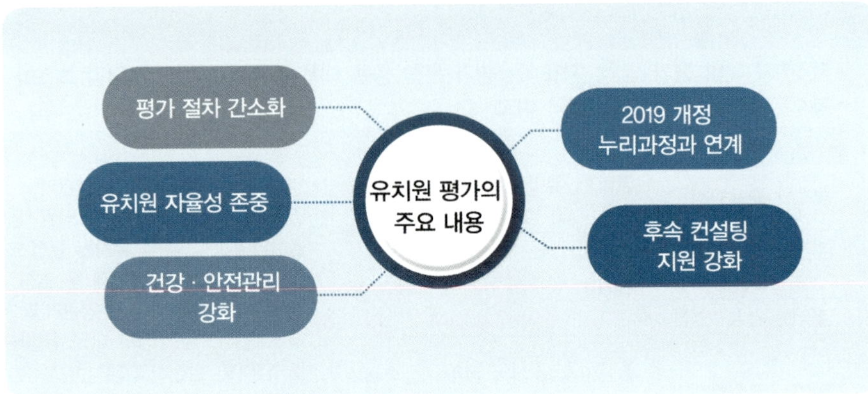

표 10-3 유치원 평가 기본 방향

구분	제4주기	제5주기
평가 절차	• 자체평가 → 서면평가 → 현장평가	• 자체평가 → 서면평가로 절차 간소화
평가 방식	• 객관화 · 정형화된 형식의 현장방문을 통한 평가단 중심 평가 • 획일화된 평가 지표, 평가 문항 제시	• 단위 유치원 구성원과의 협력 · 소통을 통한 유치원 자체평가 역량 제고 • 평가문항 자율 구성으로 유치원 자율성 존중
결과 환류	• 평가 결과의 실질적 활용 부족	• 조직적이고 체계적인 후속 컨설팅 실시

3) 유치원 평가 절차

평가 절차 과정은 자체평가를 유치원에서 실시한다. 자체평가를 송부하고 나면 유아교육진흥원에서 구성 · 운영하는 유치원 평가위원회 내 소위원회를 구성한 심의위원회에서 서면평가를 실시한다.

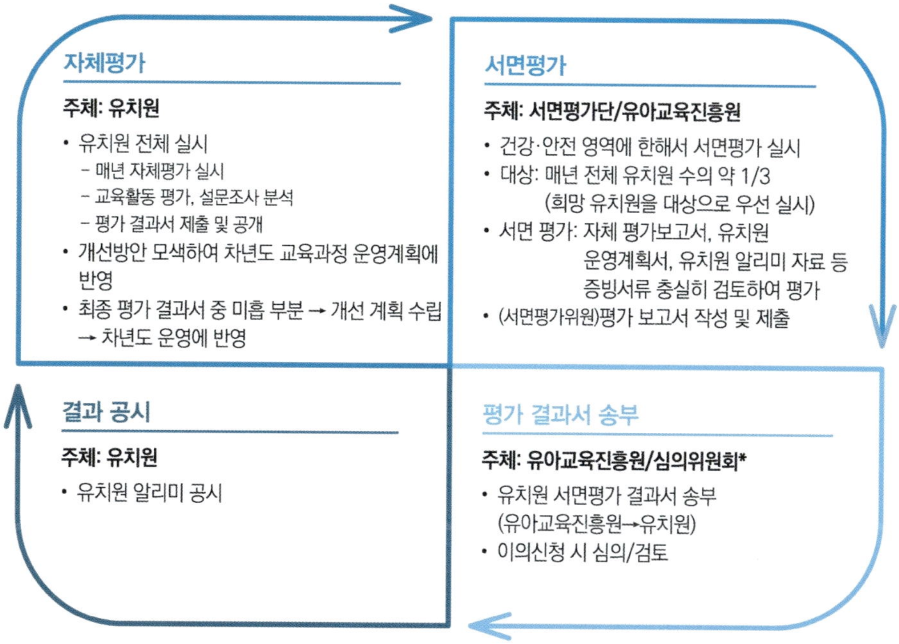

출처: 서울특별시 유아교육진흥원(2020).

그림 10-2 유치원 평가 추진방향

4) 유치원 평가영역별 지표

유치원 평가영역별 지표를 살펴보면 다음과 같다(서울특별시 유아교육진흥원, 2020).

(1) 평가영역별 평가지표

영역	평가지표
Ⅰ. 유아중심 교육과정 및 방과후과정	유아·놀이중심 교육과정 편성·운영 및 교수·학습 지원
	유아·교육과정 평가 및 환류
	교원의 전문성 신장 지원
	돌봄과 쉼이 있는 방과후과정
Ⅱ. 민주적 유치원 운영	우리 유치원의 비전 공유
	참여와 소통의 교육 자치
	협력 공동체 형성
Ⅲ. 안전하고 쾌적한 교육환경 및 유아를 위한 건강·안전	안전한 시설설비와 쾌적한 공간
	안심하고 믿을 수 있는 급·간식 환경
	유아와 교사를 위한 건강 및 안전 증진
	안전한 등·하원

(2) 평가지표별 평가문항(예시)

표 10-4 유아중심 교육과정 및 방과후과정

평가지표	평가문항
유아·놀이 중심 교육과정 편성·운영 및 교수·학습 지원	• 유치원에서는 유아의 흥미와 요구에 따라 능동적으로 놀이에 참여하는 유아·놀이 중심 교육과정을 실천하며 유아의 놀 권리를 보장하고 있다. • 교사는 유아의 성별, 종교, 신체적 특성, 가족 및 민족 배경 등으로 인한 편견이 없으며, 각 개별 유아의 차이를 긍정적으로 수용하고 배려하는 유치원 문화를 지향한다. • 유치원의 비전과 실정을 고려한 교육과정이 있으며, 구성원 모두가 교육과정 운영을 위해 노력한다. • 유치원에서는 유아의 전인적 성장과 발달을 위하여 유아의 능력과 발달 수준, 발달 특성 및 경험에 맞춘 개별적인 교육과정을 편성·운영한다. • 유치원에서는 유아가 주도하는 놀이와 연계하여 유아의 요구와 특성을 반영한 교육과정을 운영하며 유아가 스스로 놀이하며 배우는 과정을 지원한다. • 교사는 유아의 개별 놀이 상황과 맥락에 따라 유아의 놀이를 촉진 및 활성화하는 노력(공간 확보, 시설 및 환경 마련, 자료와 재료 제공 등)을 한다. • 특수교육대상 유아를 위한 지원 및 관리, 맞춤형 프로그램의 편성 및 운영이 내실 있게 이루어진다.

평가지표	평가문항
유아 · 교육과정 평가 및 환류	• 교사는 유치원 일과 운영 전반에 나타난 유아의 흥미와 놀이 모습에 근거하여 유아의 변화 및 특성, 발달 상황을 포괄적으로 파악한다. • 유치원에서는 자연스러운 일상 놀이 상황에 초점을 맞춘 다양한 평가 방법을 개발하여 유아 이해 및 지원, 교육과정 재구성과 연계하여 평가를 운영한다. • 유치원에서는 구성원 간 자율적이고 민주적인 협의를 통해 수립한 평가 계획에 따라 교육과정 편성 · 운영 및 교육과정 지원체제의 적절성, 실효성 등을 평가하여 교육과정 질 관리 및 환류를 담보한다. • 유치원에서는 참여, 소통, 협력을 기반으로 하는 유아 놀이 실천-평가-환류가 체계적으로 운영되고 있다.
교원의 전문성 신장 지원	• 유치원에서는 교육과정 수립 및 구체적인 교육 실천에 관한 사항을 교육공동체의 토론과 협의를 통해 공동으로 개발하여 적용하고 있다. • 교사들은 교원 공동의 성장과 전문성 신장을 위해 교원학습공동체에 참여하면서 교육활동 경험과 어려움, 정보 등을 공유하고 있으며, 개선을 위한 토의 · 토론이 지속적, 정기적으로 이루어지고 있다. • 교사는 놀이중심 교육과정 구성, 놀이 지원, 놀이 상호작용, 놀이 관찰 중심 평가 등에 대한 연수 및 연구 활동에 활발히 참여하여 교원의 전문적 역량 함양을 위해 노력하고 있다. • 수업공개를 통한 수업 나눔, 연수 참여, 다양한 형태의 교원학습공동체 운영 등을 통해 교사의 전문성 향상을 위한 노력이 협력적이고 자발적으로 이루어지고 있다.
돌봄과 쉼이 있는 방과후과정	• 유치원에서는 유아의 발달, 정서적 안정감, 체력 등 개별적 요구를 고려하여 놀이와 쉼을 기반으로 하는 방과후과정 계획을 수립 · 운영하고 있다. • 유아의 놀 권리와 쉴 권리를 보장해 주는 안정적인 방과후과정을 위해 시설 확보 및 관리, 담당 인력 등에 대한 계획을 수립하고 체계적이고 지속적으로 지원한다.

표 10-5 안전하고 쾌적한 교육환경 및 유아를 위한 건강 · 안전

평가지표	평가문항
안전한 시설설비와 쾌적한 공간	• 실내 · 외 시설설비와 공간은 유아에게 안전하며, 유아가 쉽게 사용할 수 있도록 갖추어져 있다. • 실내 · 외 놀이공간, 놀이시설, 놀이자료의 안전관리 및 점검이 효율적으로 이루어지고 있다. • 유아를 위한 안전시설이 설비되어 있으며, 실내 · 외 쾌적한 환경이 조성 · 유지되고 있다.
안심하고 믿을 수 있는 급 · 간식 환경	• 유아의 건강을 고려한 균형 있고 질 높은 급 · 간식을 제공하고 있다. • 유아가 안심하고 급 · 간식을 먹을 수 있도록 식자재가 위생적으로 관리되고 있다.
유아와 교사를 위한 건강 및 안전 증진	• 유아의 질병 및 상해 관리와 이를 위한 가정과의 소통이 이루어지고 있다. • 유아와 교직원의 건강 및 안전 증진을 위한 예방 관리 지침이 마련되어 있다. • 유아와 교직원의 건강 및 안전 증진을 위한 교육이 이루어지고 있다.
안전한 등 · 하원	• 유치원은 교육과정 내에서 유아의 안전한 등 · 하원 환경 조성을 위한 안전교육을 계획–반영–실시하며 지속적으로 지원하고 있다. • 통학차량을 이용하는 유아를 위하여 통학차량의 지속적인 관리와 안전운행을 위한 노력이 이루어지고 있다.

(평가영역 Ⅲ 및 평가지표 · 평가문항)

– 법적인 근거와 서울특별시 교육청 유아교육진흥원 기본계획에 따라 구성한 것이므로 단위 유치원에서 임의로 수정할 수 없음

평가 지표 3-1	안전한 시설설비와 쾌적한 공간

- 사고나 위험으로부터 유아를 보호할 수 있는 안전한 환경을 조성하여 유아가 활동에 자유롭게 참여하도록 하고, 건강한 신체와 심리적 안정감을 발달시킬 수 있도록 도와주며 안전한 놀이를 지원한다.
- 유치원은 유아가 생활하는 실내 · 외 시설과 설비, 놀잇감 등을 안전하게 설치하고, 상시 점검과 위험요인 발견 시 즉시 수리 보완하여 위험요인을 제거한다. 또한 유아의 놀이를 안전하고 편리하게 지원할 수 있는 개별공간을 마련한다.
- 유아는 면역력이 약해 질병이나 감염에 취약하므로 하루의 많은 시간을 보내는 실내 · 외 공간 및 놀잇감의 위생과 청결을 유지한다.

<table>
<tr><th>3-1-1</th><th colspan="2">실내 · 외 시설설비와 공간은 유아에게 안전하며, 유아가 쉽게
사용할 수 있도록 갖추어져 있다.</th></tr>
<tr><td>평가요소</td><td colspan="2">■ 출입문, 창문, 천장, 바닥, 벽면, 비상사태를 대비한 설비 등이 안전하여 위험요인이 없다.
■ 위험요소가 있는 공간에 유아의 출입을 제한하고 있으며 위험한 물건을 안전하게 보관 · 관리한다.
■ 유아의 소지품이나 작품 등을 용이하게 보관할 수 있는 안전이 확보된 공간이 있고 유아 수에 맞게 마련되어 있다.</td></tr>
<tr><td>평가자료</td><td>■ 출입문, 창문, 천장, 바닥, 벽면, 비상사태를 대비한 설비 등이 안전하여 위험요인이 없다.
• 현관문, 출입문, 창문, 블라인드(또는 커튼류)가 청결하고 안전하게 관리된다.
– 현관문 개폐장치 설치
– CCTV 설치
– 손 끼임 방지장치 설치
– 문턱에 넘어지지 않도록 마감처리
– 창문 주변에 추락사고 방지문 설치
– 외부인 방명록 작성 및 보관
– 벽면에 설치된 설비(예: 게시판, 선반, 냉 · 난방기, 선풍기 등)가 유아의 손에 닿지 않는 높이에 안전하게 부착
– (장애유아가 있을 경우) 출입구와 통로가 장애유아의 특성에 적절하게 설치
• 고정식 및 이동식 시설설비 안전: 벽면에 설치된 설비(예: 게시판, 선반, 냉 · 난방기, 선풍기 등)에는 유아가 접근하지 않도록 되어 있거나 보호 장치가 있다.
• 이동 공간(예: 승강기, 계단, 복도 등)이 청결하고 안전하게 관리되고 있고, 적재 물건이 없으며 성인이 주로 사용하는 공간(예: 조리실, 보일러실 등)에 유아출입을 관리하고 있다.</td><td>[기록확인 자료 예시]
☑ 외부인 방명록
☑ 현관문 및 출입문 안전장치 설치 증빙자료
☑ 창문 주변 추락방지 설치 증빙자료
☑ 장애유아가 있을 경우 장애유아의 특성에 적절하게 설치된 보조도구와 승강기, 점자유도블록 설치 증빙자료
☑ 승강기 안전검사 성적서
☑ 비상사태를 대비한 피난시설(비상구, 비상계단, 유도등) 증빙자료
☑ 각 층별 소화기, 설치 및 관리 증빙자료
☑ 화재경보, 가스누설 경보기 설치 증빙자료 등</td></tr>
</table>

<table>
<tr><th>3-1-1</th><th colspan="4">실내 · 외 시설설비와 공간은 유아에게 안전하며, 유아가 쉽게 사용할 수 있도록 갖추어져 있다.</th></tr>
<tr><td rowspan="3"></td><td colspan="2">• 승강기 설치 업체에 의해 정기 및 정밀점검을 시행하고 안전검사 성적서를 보관 (승강기 정기검사 주기에 따름) 하고 있다.
• 전선 줄, 블라인드 줄 등은 유아 손이 닿지 않는 위치에 있고, 유아가 잡아당기거나 걸려 넘어지지 않도록 관리되고 있다.
• 비상사태를 대비한 소화 및 경보시설이 마련되어 있고 이를 관리한다.
– 소화기, 가스누설경보기, 비상구, 비상계단, 각 건물별 유도등 설치</td><td colspan="2"></td></tr>
<tr><td colspan="2">■ 위험요소가 있는 공간에 유아의 출입을 제한하고 있으며 위험한 물건을 안전하게 보관 · 관리한다.
• 조리실, 보일러실 등 위험요소가 있는 공간에 유아의 출입을 제한하는 조치를 하고 있다.
• 세면대, 샤워기, 정수기 등에 온수조절을 위한 안전설비가 되어 있다.
• 교실을 비롯한 실내외 공간의 모든 위험한 물건은 유아 손이 닿지 않는 곳에 별도로 보관되어 있다.
• 유아 손이 닿는 위치에 보관하는 경우에는 잠금장치를 사용하고 있다.
– 자체 안전점검표를 작성 및 보관하고 있다.</td><td colspan="2">☑ 위험한 공간을 분리하기 위한 안전설비 증빙자료
☑ 화장실과 교실 내 세면대, 식수대의 온수조절을 위한 안전설비 증빙자료
☑ 위험한 물건의 별도 보관에 관한 점검표 및 증빙자료 등</td></tr>
<tr><td colspan="2">■ 유아의 소지품이나 작품 등을 용이하게 보관할 수 있는 안전이 확보된 공간이 있고 유아 수에 맞게 마련되어 있다.
– 실내에 유아의 옷이나 개인 소지품을 정리하고, 유아가 만든 작품을 보관하는 공간이 있음
– 실외활동에 필요한 옷이나 신발, 소품이나 도구 등을 정리하는 공간이 있음(유아의 개별 소지품을 개인 가방에 넣어 가방을 보관하는 것은 개인공간의 마련으로 볼 수 없음)</td><td colspan="2">[기록확인 자료 예시]
☑ 유아 개인 공간(개별 사물함 등) 관련 자료 등</td></tr>
<tr><td>평정기준</td><td>3개의 평가요소(■)를 모두 충족해야 Y로 평정</td><td>충족여부</td><td>☐ Y</td><td>☐ N</td></tr>
</table>

<table>
<tr><td>3-1-2</td><td colspan="4">실내 · 외 놀이공간, 놀이시설, 놀이자료의 안전관리 및 점검이
효율적으로 이루어지고 있다.</td></tr>
<tr><td>평가요소</td><td colspan="4">■ 유치원 건물을 안전하게 관리한다.
■ 고정식 및 이동식 시설 · 설비가 안전하여 위험요인이 없다.
■ 실내 · 외 시설 및 놀잇감을 안전하게 관리하고 있다</td></tr>
<tr><td rowspan="3">평가자료</td><td colspan="2">■ 유치원 건물을 안전하게 관리한다.
• 안전진단전문기관의 유효한 시설물 안전점검 결과보고서를 보관함
– 안전검사 기관(건축물 및 토목분야 안전점검 인가된)에 의해 정기적(상 · 하반기 각 1회 이상)으로 검사받아 안전하게 관리됨
※ 근거: 「학교안전사고 예방 및 보상에 관한 법률」 제6조 제1항
– 실외 공간과 외부 공간은 대문, 출입구, 담장 등으로 구획됨</td><td colspan="2">[기록확인 자료 예시]
☑ 시설물 안전점검 결과 보고서 등</td></tr>
<tr><td colspan="2">■ 고정식 및 이동식 시설 · 설비가 안전하여 위험요인이 없다.
– 옥외놀이터의 고정식 놀이기구, 옥외놀이터의 바닥면 등은 안전하게 설치 · 관리됨
– 화기시설, 가스밸브, 에어컨 실외기, LPG 가스통 등 실내외 고정식 및 이동식 시설 설비에는 유아가 접근하지 않도록 되어 있거나 보호 장치가 있음</td><td colspan="2">[기록확인 자료 예시]
☑ 화기시설, 가스밸브, 실외기, LPG가스통, 실외 적재물과 유아 놀이공간의 분리 증빙 자료 등</td></tr>
<tr><td colspan="2">■ 실내 · 외 시설 및 놀잇감을 안전하게 관리하고 있다.
– 수질의 안전과 위생을 위하여 점검표를 관리하고 수질검사(수질검사 기관 의뢰)를 정기적으로 실시함
– 전기 설비 위험요인을 방지하기 위한 안전점검을 실시하고 전기 콘센트, 전선관리, 누전차단기의 정상작동 여부를 포함한 전기안전 점검표를 확인함
– 가스설비와 가스안전에 대한 자체 점검표를 보관하고 있으며 한국가스안전공사 및 도시가스사업자가 실시하는 정기검사 실시 (연 1회)기록함
– 유아의 손이 닿는 곳에 위험한 물건이나 깨진 놀잇감이 없으며 안전하게 관리하고 있음</td><td colspan="2">[기록확인 자료 예시]
☑ 냉온수기 점검표와 수질검사표(정보공시 등재)
☑ 전기안전점검표
☑ 가스안전 자체 점검표와 정기검사 실시 기록 (한국가스안전공사 및 도시가스사업자 발급)(정보공시 등재)
☑ 놀잇감 안전 점검표
☑ 실외놀이용 놀잇감(삽, 물뿌리개, 훌라후프 등)의 안전한 보관을 위한 별도의 공간이나 수납장 증빙자료 등</td></tr>
<tr><td>평정기준</td><td>3개의 평가요소(■)를 모두 충족해야
Y로 평정</td><td>충족여부</td><td>□ Y</td><td>□ N</td></tr>
</table>

<table>
<tr><td>3-1-3</td><td colspan="4">유아를 위한 안전시설이 설비되어 있으며, 실내 · 외 쾌적한 환경이 조성 · 유지되고 있다.</td></tr>
<tr><td>평가요소</td><td colspan="4">■ 환기를 자주하여 실내공기를 적정수준으로 유지되도록 관리한다.
■ 실내공간의 온도, 습도, 채광, 조명을 적정수준으로 유지되도록 관리한다.</td></tr>
<tr><td rowspan="2">평가자료</td><td colspan="2">■ 환기를 자주하여 실내공기를 적정수준으로 유지되도록 관리한다.
• 오염도검사기관의 실내 공기질 측정 결과서를 보관하고 있다.
– 실내 공기질을 적정하게 유지관리하기 위해 인가된 공기질 검사 기관에 의해 정기적인 검사(상 · 하반기 각 1회 이상)를 실시하고 결과보고서를 보관함
※ 근거: 「학교보건법시행규칙」 제3조 제 3항 별표6
– 공기 청정기 설치
• 일과 중 날씨를 고려하여 실내 환기를 수시로 실시하고, 미세먼지, 황사 등 일기변화에 적절히 조치한다.
– 미세먼지 대응조치 이행 및 조치결과 자료를 보관(해당 시기에 작성함)</td><td colspan="2" rowspan="2">[기록확인 자료 예시]
☑ 실내 공기질 측정 결과서(정보공시 등재)
☑ 공기청정기 관리, 실내공간의 온도, 채광과 조도를 위한 교실 내 썬팅지 부착
☑ 조도 관리 현황 (정보공시 등재)
☑ 교구장이나 기타 적재물 관리에 관한 내용을 포함한 정기점검표 등</td></tr>
<tr><td colspan="2">■ 실내공간의 온도, 습도, 채광, 조명을 적정수준으로 유지되도록 관리한다.
– 수질의 안전과 위생을 위하여 점검표를 관리하고 수질검사(수질검사 기관 의뢰)를 정기적으로 실시함
– 전기 설비 위험요인을 방지하기 위한 안전점검을 실시하고 전기콘센트, 전선관리, 누전차단기의 정상작동 여부를 포함한 전기안전점검표를 확인함
– 가스설비와 가스안전에 대한 자체 점검표를 보관하고 있으며 한국가스안전공사 및 도시가스사업자가 실시하는 정기검사 실시 (연 1회)기록함
– 유아의 손이 닿는 곳에 위험한 물건이나 깨진 놀잇감이 없으며 안전하게 관리하고 있음</td></tr>
<tr><td>평정기준</td><td>2개의 평가요소(■)를 모두 충족해야 Y로 평정</td><td>충족여부</td><td>□ Y</td><td>□ N</td></tr>
</table>

평가 지표 3-2	안심하고 믿을 수 있는 급 · 간식 환경

- 유아기는 급속한 성장과 발달이 이루어지는 시기이므로 신체발달 단계와 영양적 요구를 고려한 급 · 간식을 제공하여 유아의 원활한 성장을 도모하고 건강을 유지할 수 있도록 지원하여야 한다.
- 유아의 급 · 간식은 양질의 신선한 식자재를 사용하여 위생적으로 조리하고 제공되어야 한다.

<table>
<tr><th>3-2-1</th><th colspan="4">유아의 건강을 고려한 균형 있고 질 높은 급 · 간식을 제공하고 있다.</th></tr>
<tr><td>평가요소</td><td colspan="4">■ 유아의 연령 및 영양 균형을 고려한 식단을 수립하고 있으며, 식단에 따른 충분한 양의 급 · 간식을 제공한다.
■ 전통 음식문화를 계승 · 발전하는 급 · 간식을 제공한다.
■ 식품 알레르기 질환에 대한 지침을 마련하여 실행한다.</td></tr>
<tr><td rowspan="3">평가자료</td><td colspan="2">■ 유아의 연령 및 영양 균형을 고려한 식단을 수립하고 있으며, 식단에 따른 충분한 양의 급 · 간식을 제공한다.
– 전문영양사(임용된 영양사, 어린이 급식관리지원센터 등)가 작성한 식단을 사용함</td><td colspan="2" rowspan="2">[기록확인 자료 예시]
☑ 급 · 간식 식단표 (정보공시 등재) (오전간식, 점심, 오후간식 포함) 및 제공기록 등</td></tr>
<tr><td colspan="2">■ 전통 음식문화를 계승 · 발전하는 급 · 간식을 제공한다.</td></tr>
<tr><td colspan="2">■ 식품 알레르기 질환에 대한 지침을 마련하여 실행한다.</td><td colspan="2">☑ 식품 알레르기 질환에 대한 지침
☑ 식품 알레르기 질환에 대한 보호자 안내자료
☑ 유아별 식품 알레르기 질환 조사기록
☑ 식품 알레르기 질환이 있는 유아가 재원하고 있는 경우, 이를 고려하여 급 · 간식의 배식이 이루어졌다는 기록 등</td></tr>
<tr><td>평정기준</td><td>3개의 평가요소(■)를 모두 충족해야 Y로 평정</td><td>충족여부</td><td>□ Y</td><td>□ N</td></tr>
</table>

<table>
<tr><th>3-2-2</th><th colspan="5">유아가 안심하고 급·간식을 먹을 수 있도록 식자재가 위생적으로 관리되고 있다.</th></tr>
<tr><td>평가요소</td><td colspan="5">■ 양질의 식자재를 구입하고 유통기한을 지킨다.
■ 보존식 보관 규정에 따라 보존식을 보관한다.</td></tr>
<tr><td rowspan="2">평가자료</td><td colspan="2">■ 양질의 식자재를 구입하고 유통기한을 지킨다.
- 구입한 식자재의 외관, 색상, 냄새 등을 확인했을 때 변질되지 않은 상태여야 하는 등 신선한 식자재를 구입하여 사용함
- 식자재의 유통기한을 확인할 수 있는 양식 (유통기한이 표시된 겉면 소실 시, 유통기한 확인불가 방지를 위함)</td><td colspan="3">[기록확인 자료 예시]
☑ 검수일지
☑ 거래명세서
☑ 유통기한 관리표 등</td></tr>
<tr><td colspan="2">■ 보존식 보관 규정에 따라 보존식을 보관한다.
- 보존식 기록표: 6일 (144시간) 전까지의 보존식 150g이상을 -18도 이하 냉동 보관함
※ 근거: 「식품위생법」 제88조</td><td colspan="3">[기록확인 자료 예시]
☑ 보존식 기록표 등</td></tr>
<tr><td>평정기준</td><td>2개의 평가요소(■)를 모두 충족해야 Y로 평정</td><td>충족여부</td><td colspan="2">☐ Y</td><td>☐ N</td></tr>
</table>

평가 지표 3-3	유아와 교사를 위한 건강 및 안전 증진

- 유아의 건강과 안전을 위한 예방 관리 지침을 마련하고, 부모와 함께 소통하여 유아의 건강발달을 도모한다.
- 유아와 교직원 안전 및 영양 교육을 통하여 유아의 생활태도를 형성하고 안전의식을 제고하여 안전역량을 강화한다.

<table>
<tr><th>3-3-1</th><th colspan="4">유아의 질병 및 상해 관리와 이를 위한 가정과의 소통이 이루어지고 있다.</th></tr>
<tr><td>평가요소</td><td colspan="4">■ 교사는 일과 중 유아의 건강상태를 주의 깊게 살펴보고 적절히 조치한다.
■ 투약의뢰서를 관리하고, 부모에게 투약 보고를 한다.
■ 구급상자를 구비하고, 관리하고 있다.</td></tr>
<tr><td rowspan="3">평가자료</td><td colspan="2">■ 교사는 일과 중 유아의 건강상태를 주의 깊게 살펴보고 적절히 조치한다.
– 영 · 유아 건강검진 서류 수합함
– 질병 및 상해 발생 시 해당 유아에 대한 유치원 지침, 응급처치 책자를 비치함
– 유아의 건강관리 관련 서류를 구비함</td><td colspan="2">[기록확인 자료 예시]
☑ 상해 관련 유치원 지침
☑ 영 · 유아 건강검진 서류
☑ 응급처치 동의서 (필수기재사항: 보호자의 연락망, 의료기관, 보호자 서명) 등
☑ 공제회 관련 공제료 납부 결과(정보공시 등재)</td></tr>
<tr><td colspan="2">■ 투약의뢰서를 관리하고, 부모에게 투약 보고를 한다.
– 관련 기록의 필수 기재 사항: 투약하는 약의 종류, 용량, 투약 횟수 및 시간, 의뢰자, 투약 보고자를 기록함</td><td colspan="2">[기록확인 자료 예시]
☑ 투약의뢰 및 투약 보고 관련기록 등</td></tr>
<tr><td colspan="2">■ 구급상자를 구비하고, 관리하고 있다.</td><td colspan="2">[기록확인 자료 예시]
☑ 구급상자 구비 목록표 (교육부, 2015 유치원 시설안전관리메뉴얼 p75 참고하되, 내복용을 제외한 의료용 재료와 외용제를 구비)</td></tr>
<tr><td>평정기준</td><td>3개의 평가요소(■)를 모두 충족해야 Y로 평정</td><td>충족여부</td><td>☐ Y</td><td>☐ N</td></tr>
</table>

<table>
<tr><th>3-3-2</th><th colspan="4">유아와 교직원의 건강 및 안전 증진을 위한 예방 관리 지침이 마련되어 있다.</th></tr>
<tr><td>평가요소</td><td colspan="4">■ 교직원의 건강검진이 정기적으로 이루어진다.
■ 유아 및 교직원에 대한 감염병 관리수칙을 준수한다.
■ 유아의 건강 및 안전 관련 정보를 부모에게 제공한다.</td></tr>
<tr><td rowspan="3">평가자료</td><td colspan="2">■ 교직원의 건강검진이 정기적으로 이루어진다.
– 교직원 건강검진 기록 확인 자료: 건강검진(결핵검진 X-ray) 포함 (「결핵예방법」 제11조 제1항 제4호 및 동법 시행규칙 제4조 제1항 제1호)
– 교직원은 결핵검진을 연 1회 이상 실시하고 잠복결핵감염검사를 재직기간 중 1회 실시하여야 함</td><td colspan="2">[기록확인 자료 예시]
☑ 건강검진(결핵검진포함) 결과서
☑ 잠복결핵검사 결과 등</td></tr>
<tr><td colspan="2">■ 유아 및 교직원에 대한 감염병 관리수칙을 준수한다.
– 감염병 관리수칙 기록 확인 자료: 감염병에 대한 관리수칙
〈유아감염병예방: 위기 대응편람, 2016 교육부 자료 비치 여부〉</td><td colspan="2">[기록확인 자료 예시]
☑ 감염병에 대한 관리 수칙 〈유아감염병예방: 위기대응 편람, 2016 교육부 자료 비치 여부〉 등</td></tr>
<tr><td colspan="2">■ 유아의 건강 및 안전 관련 정보를 부모에게 제공한다.
– 아프거나 다친 유아에 대한 부모 안내, 유아가 감염병에 걸렸을 경우의 대처방법 등에 대한 안내함</td><td colspan="2">[기록확인 자료 예시]
☑ 감염병 정보를 보호자에게 제공한 기록 등</td></tr>
<tr><td>평정기준</td><td>3개의 평가요소(■)를 모두 충족해야 Y로 평정</td><td>충족여부</td><td>☐ Y</td><td>☐ N</td></tr>
</table>

<table>
<tr><th>3-3-3</th><th colspan="4">유아와 교직원의 건강 및 안전 증진을 위한 교육이 이루어지고 있다.</th></tr>
<tr><td>평가요소</td><td colspan="4">■ 유아와 다양한 방법으로 건강 및 영양, 안전교육을 한다.
■ 교직원을 대상으로 다양한 건강 및 영양, 안전교육을 실시한다.</td></tr>
<tr><td rowspan="2">평가자료</td><td colspan="2">■ 유아와 다양한 방법으로 건강 및 영양, 안전교육을 한다.
– 기록 확인자료(건강 및 영양, 안전교육계획 및 실시기록)
– 내용: 유아 건강 · 영양, 안전교육 실시 및 유아 건강 · 영양 관련 놀이와 활동, 소방대피훈련 실시함</td><td colspan="2">[기록확인 자료 예시]
☑ 건강 및 영양, 안전교육계획(정보공시 등재)
☑ 유아 대상 건강 및 영양, 안전 관련 놀이와 활동 실시기록(연 1회 이상)
☑ 정기적인 소방대피훈련 실시기록 등(정보공시 등재)</td></tr>
<tr><td colspan="2">■ 교직원을 대상으로 다양한 건강 및 영양, 안전교육을 실시한다.
– 기록 확인(건강 및 영양교육계획 및 실시기록)
– 방법: 유치원 자체교육, 외부 집합교육, 온라인 교육 등
– 유아 안전교육 기록 확인: 연간안전교육계획안, 안전교육 실행 기록 (아동학대 포함)
– 학교안전교육 실시 기준 등에 관한 고시(교육부 고시 제2017- 121호, '17. 4. 21) 준수 여부확인
– 성교육 및 성폭력 예방 교육: 연 1회 1시간 이상
– 아동학대 예방 및 신고의무자 교육: 연 1시간 이상
– 안전교육
• 교직원[3년 이내 15시간 이상]
• 3년 미만의 계약체결 종사자[6개월마다 2시간 이상 이수]
• 교육활동 참여자[연간 1회 이상 이수]
– 심폐소생술 등 응급처치 교육: 연간 4시간(실습 2시간)</td><td colspan="2">[기록확인 자료 예시]
☑ 건강 및 영양, 안전교육계획
☑ 교직원(원장, 교사, 조리원 등)이 받은 건강 및 영양, 안전 관련 주제의 교육 실시기록(연 1회 이상) 등</td></tr>
<tr><td>평정기준</td><td>2개의 평가요소(■)를 모두 충족해야 Y로 평정</td><td>충족여부</td><td>□ Y</td><td>□ N</td></tr>
</table>

평가 지표 3-4	안전한 등 · 하원

- 유치원에서는 등원부터 하원까지 유아를 안전하게 보호할 책임이 있다. 등 · 하원 시 유치원과 보호자 간의 안전한 인계과정을 통해 실종, 유괴, 교통사고 등 각종 위험요인으로부터 유아를 보호해야 한다.
- 항상 유아가 교사의 관리 감독하에 안전하게 활동하도록 주의를 기울여야 한다. 또한 어린이 통학버스를 운행할 경우에는 유아의 안전한 보호를 위해 안전요건을 갖추어 운영하도록 한다.
- 유아가 여러 가지 위험으로부터 자신을 보호할 수 있는 능력과 기술을 습득하고 평소 놀이나 활동을 할 때 안전사고를 당하지 않도록 지도함과 아울러 안전사고 발생에 대한 대처방안을 마련해 두어야 한다.

<table>
<tr><th>3-4-1</th><th colspan="4">유치원은 교육과정 내에서 유아의 안전한 등 · 하원 환경 조성을 위한
안전교육을 계획-반영-실시하며 지속적으로 지원하고 있다.</th></tr>
<tr><td>평가요소</td><td colspan="4">■ 유아를 대상으로 다양한 형태의 교통안전교육을 정기적으로 실시한다.
■ 유아의 등 · 하원 시 보호자 인계절차와 방안이 수립된 귀가동의서를 구비하고 있다.</td></tr>
<tr><td rowspan="2">평가자료</td><td colspan="2">■ 유아를 대상으로 다양한 형태의 교통안전교육을 정기적으로 실시한다.</td><td colspan="2">[기록확인 자료 예시]
☑ 유아연간안전교육계획안, 안전교육 실시기록(정보공시 등재)
☑ 교직원(신규교직원, 자원봉사자, 보조교사, 어린이통학차량 운전자 포함 등)연간 안전교육 계획 및 실시 기록 등 (정보공시 등재)</td></tr>
<tr><td colspan="2">■ 유아의 등 · 하원 시 보호자 인계절차와 방안이 수립된 귀가동의서를 구비하고 있다.
– 등 · 하원 시 모든 유아(차량 이용 유아 포함)는 반드시 지정된 보호자에게 직접 인계함
– 지정된 보호자가 아닌 다른 성인에게 인계할 때는 사전에 보호자와의 통화나 서명으로 미리 확인을 받음
– 유아 인계절차 및 방안 필수 내용: 유아 등 · 하원의 구체적 절차 및 방법, 지정된 보호자에게 유아 인계, 유아 단독 귀가 금지 등 포함
– 귀가 관련 동의서 필수기재사항: 유아의 이름, 귀가 시 유아를 인계받을 보호자의 이름, 관계 포함
– 유아가 등원하지 않을 경우 대처방안에 대한 지침을 마련함</td><td colspan="2">[기록확인 자료 예시]
☑ 유아 인계절차와 방안 수립된 귀가 동의서
☑ 결석한 유아에 대한 대처방안에 관한 지침 등</td></tr>
<tr><td>평정기준</td><td>2개의 평가요소(■)를 모두 충족해야 Y로 평정</td><td>충족여부</td><td>□ Y</td><td>□ N</td></tr>
</table>

<table>
<tr><th>3-4-2</th><th colspan="4">통학차량을 이용하는 유아를 위하여 통학차량의 지속적인 관리와 안전운행을 위한 노력이 이루어지고 있다.</th></tr>
<tr><td>평가요소</td><td colspan="4">■ 차량 내부에 안전수칙을 게시하고, 유아용 보호장구, 차량용 소화기, 구급상자를 구비하고 있다.
■ 차량 안전점검을 매일 실시한다.
■ 차량기사와 차량에 동승한 성인은 유아를 안전하게 보호한다.</td></tr>
<tr><td rowspan="3">평가자료</td><td colspan="2">■ 차량 내부에 안전수칙을 게시하고, 유아용 보호장구, 차량용 소화기, 구급상자를 구비하고 있다.
- 운전자 및 탑승자가 지켜야 할 안전수칙이 부착되어 있음
- 차량용 소화기, 구급상자를 구비하고 있음
- 보호장구: 차량 내부에 개별 안전띠는 차량을 이용하는 유아의 수에 충분하며 관리되고 있음
※ 근거: 「도로교통법」 제50조</td><td colspan="2">[기록확인 자료 예시]
☑ 차량 내 안전수칙 게시 증빙자료
☑ 차량용 소화기 구비와 정기적인 점검표
☑ 차량 내 구급상자 구비 목록표
☑ 유아 하차 확인장치 설치 증빙자료 등</td></tr>
<tr><td colspan="2">■ 차량 안전점검을 매일 실시한다.
- 차량 안전점검을 매일 실시하고 있음</td><td colspan="2">[기록확인 자료 예시]
☑ 차량별 점검표 등</td></tr>
<tr><td colspan="2">■ 차량기사와 차량에 동승한 성인은 유아를 안전하게 보호한다.
- 차량 운행 시 운전자 외에 책임 있는 성인이 동승</td><td colspan="2">[기록확인 자료 예시]
☑ 차량 운전자 및 동승자 목록표 등</td></tr>
<tr><td>평정기준</td><td>3개의 평가요소(■)를 모두 충족해야 Y로 평정</td><td>충족여부</td><td>□ Y</td><td>□ N</td></tr>
</table>

5) 유치원 자체평가

유치원 자체평가 단계별 절차의 개요를 살펴보면 다음과 같다.

(1) 유치원 자체평가

① 유치원 자체평가 단계별 절차의 개요

계획

- 전년도 유치원평가 결과를 반영하고, 신학년도 유치원평가 계획을 포함하여 유치원 교육계획을 수립합니다.
- 유치원의 비전과 교육활동 목표를 홈페이지에 탑재하거나 설명회 등을 통해 안내합니다.
- 유치원 자체평가를 주도적으로 추진할 자체평가운영위원회를 구성 및 운영합니다.

실천

- 유치원 교육계획에 따라 교육활동을 추진하는 과정에서 자율 점검을 통해 교육활동을 수정, 보완해 갑니다.
- 유치원 상황에 맞는 후속컨설팅 실시 및 사전 컨설팅을 활용할 수 있습니다.
  - 사전 컨설팅(자체평가 보고서 작성법 및 기타 유치원 평가 관련)이 필요한 경우 요청하였는지 확인

평가

- 유치원 여건과 교육목표에 알맞은 평가 내용과 평가 문항을 구성하여 평가를 실시합니다.
- 평가방법은 정량평가, 정성평가, 만족도 조사 등의 방법을 활용하여 실시하되 온정적인 평가를 지양하고 증거 기반의 평가로 운영합니다.
- 유치원 교육공동체(학부모, 교직원) 모두가 참여하는 설문조사를 실시합니다.

환류

- 유치원 자체평가 결과를 분석하고 개선방안을 마련하여 차년도 유치원 교육계획 수립에 반영합니다.
- 특히 전체 교직원 토론회와 워크숍 등을 통해 유치원평가 결과를 공유하고 성찰하는 유치원 문화 조성이 필요합니다.

② 유치원 자체평가 세부 추진 과정

Process 1	[계획] 유치원 교육계획 수립		
유치원 교육계획 기초	2019학년도 유치원 자체평가 결과 분석 및 유치원 교육공동체 토론회 의견을 반영하였나요?	Y	N
	우리 유치원 현황(교원 및 교직원 구성, 원아 실태, 시설 현황 등)을 분석하였나요?	Y	N
	우리 유치원 교육목표 및 중점 교육활동을 정하였나요?	Y	N
	자체평가운영위원회를 구성하였나요?	Y	N
유치원 교육계획 수립	유치원교육계획과 연계한 유치원 평가 계획을 수립하였나요?	Y	N
	유치원 교육공동체(학부모, 교직원)별 평가 참여 방안을 수립하였나요?	Y	N
	유치원교육계획에 평가지표를 포함하였나요?	Y	N
	유치원운영위원회 심의(자문) 및 원장 결재 과정을 완료하였나요?	Y	N
유치원 교육계획 공유	교직원을 대상으로 유치원 교육계획 설명회(연수)를 실시하였나요?	Y	N
	학부모를 대상으로 유치원 교육계획의 주요 내용을 안내하였나요?	Y	N

유치원 교육활동과 연계한 자체평가 추진 시 유의할 점

(1) 자체평가운영위원회의 구성 및 운영

자체평가운영위원회는 교직원, 학부모 등으로 5명 이상 11명 이하로 자율적으로 구성합니다. 자체평가운영위원회 구성이 어려울 경우, 유치원운영위원회 등 유사 위원회와 통합운영 가능하나, 학부모 위원은 반드시 2명 이상 포함합니다.
자체평가운영위원회는 자체평가를 위한 기본 계획 수립, 자체평가 자료 수합 · 정리, 자체평가 실시 후 자체평가보고서 작성 등의 역할을 합니다.

(2) 유치원 교육계획과 유치원 평가의 실제적인 통합

유치원 교육계획 수립 시 유치원 평가 계획을 반영하여 유치원 평가가 별개의 활동이 아닌 유치원 교육활동의 계획–실천– 평가–환류의 한 과정으로 실시합니다.
유치원 구성원의 협의를 통해 모두가 공감하는 계획을 수립합니다.

(3) 유치원 비전과 교육활동 목표 공유

홈페이지나 설명회 등을 통해 유치원 교육공동체가 유치원의 비전과 교육활동 목표를 공유하도록 합니다.

Process 2	[실천] 유치원 교육활동 추진		
유치원 교육활동 추진	유치원 교육계획에 따라 교육활동을 추진하고 있나요?	Y	N
	자율성, 책임감에 기반을 두고 유치원 교육공동체 모두가 참여하여 유치원 교육활동을 추진하고 있나요?	Y	N
컨설팅 실시	평가 준비에 따른 사전 컨설팅 계획을 수립하였나요?	Y	N
	사전 컨설팅(자체평가 보고서 작성법 및 기타 유치원 평가 관련)이 필요한 경우 요청하였나요?	Y	N
자율점검	교육활동 추진 과정에서 발생하는 문제점이나 미흡한 점을 수정 · 보완하기 위해 평가회 및 협의회를 통해 수시로 점검하고 있나요?	Y	N
	1학기 유치원 교육활동 평가(교직원, 학부모 대상 설문조사)를 실시하였나요?	Y	N

유치원 평가 사전 컨설팅
유치원 평가 사전 컨설팅은 유치원 평가 자체평가 보고서 작성법 및 기타 제5주기 유치원 평가에 대한 이해를 돕기 위해 신청기관에 한해 실시합니다.

Process 3	[평가] 자체평가		
자체평가 준비	자체평가운영위원회에서 자체평가를 위한 자료를 수집하였나요?	Y	N
	2020 유치원 평가를 위한 설문지는 교직원, 학부모용으로 구분하여 작성하였나요?	Y	N
자체평가 실시	평가영역별로 담당부서를 지정하여 유치원 교육활동의 계획–실천–평가–환류의 과정에 책임감을 가지고 참여하였나요?	Y	N
	자체평가 설문조사에 유치원 교육공동체(교직원, 학부모) 모두가 참여하였나요?	Y	N

자체평가 참여 대상 확대 및 관련 자료에 근거한 자체평가보고서 작성
(1) 교육구성원 주체별 자체평가 참여 확대 자체평가 시 유치원 교육공동체(학부모, 교직원) 모두가 참여하도록 하고, 자체평가 과정 및 결과 공유를 통하여 유치원 평가에 대한 공감대 형성에 노력하고, 평가의 신뢰도와 객관성을 제고합니다. **(2) 관련 자료에 근거한 평가영역별 자체평가 보고서 작성** 관련 자료를 바탕으로 담당 영역별로 보고서 초안을 작성합니다. 그 후 자체평가 보고서 작성 서식에 맞추어 최종보고서를 작성합니다. (부록 참조)

Process 4	[환류] 자체평가 결과 환류		
자체평가 결과 분석	자체평가 결과를 분석하여 유치원 자체평가서를 작성하였나요?	Y	N
	자체평가 결과 작성 시 영역 및 지표에 따른 평가 주체별 만족도의 평균 점수와 평가 문항별 점수 결과를 기재했나요?	Y	N
결과 공유 및 토론	교직원이 함께하는 토론회를 개최하여 평가 결과 공유 및 개선 방안을 모색하였나요?	Y	N
	유치원 교육공동체 모두가 참여하는 대토론회를 개최하여 평가 결과를 공유하였나요?	Y	N
자체평가 결과 환류	유치원 교육공동체로부터 수렴한 의견을 2021년 유치원 교육계획 수립에 반영하였나요?	Y	N
	자체평가 결과를 중·장기 발전계획 수립, 유치원 교육활동 개선을 위한 자료로 활용하였나요?	Y	N
자체평가 결과 공개	자체평가 결과를 유치원 홈페이지에 탑재(비로그인 이용 가능)하였나요?	Y	N
	자체평가 결과를 정보공시(유치원알리미)에 공개하였나요?	Y	N

유치원알리미 및 유치원 홈페이지를 활용한 평가결과 공개

(1) 유치원 정보공시(유치원알리미), 홈페이지에 평가 결과 공개

「유아교육법」 제22조 5항에 의거 유치원 평가 결과를 공개하도록 되어 있습니다. 따라서 유치원 평가 결과는 유치원 정보공시(유치원알리미(http://e-childschoolinfo.moe.go.kr)), 유치원 홈페이지에 탑재하여 누구나 쉽게 열람할 수 있도록 해야 합니다.

(2) 유치원 정보공시(유치원알리미)에 공개해야 하는 자료

자체평가결과 및 서면평가 결과(영역별 종합소견 및 총평)를 탑재하면 됩니다. 단, 개인정보 및 저작권을 침해하지 않도록 주의해야 합니다.

(3) 유치원 평가 결과에 대한 교육공동체의 효율적인 공감 및 공유 방안

유치원 설문조사 결과, 담당 영역별 의견수렴 결과 등에 대한 공유, 차년도 교육과정 반영 사항 협의, 차년도 교육계획 수립 등을 위하여 토론회를 실시하거나 유치원 교육공동체 모두가 참여하는 대토론회 등을 실시할 수 있습니다. 효율적인 유치원 평가 결과 환류를 위해 학부모회 및 간담회, 운영위원회 등을 적극 활용하여 유치원 평가 결과를 안내할 수도 있습니다. 유치원 평가 사전 컨설팅은 유치원 평가 자체평가 보고서 작성법 및 기타 제5주기 유치원 평가에 대한 이해를 돕기 위해 신청기관에 한해 실시합니다.

③ 유치원 자체평가 보고서 작성 방법

평가지표별 평가 문항을 선정하고, 공동의 논의와 협의를 통해 평가 문항별 점수를 부여합니다. 그리고 영역별 우수사항과 개선사항 등을 작성합니다.

※ Ⅰ, Ⅱ 영역은 지표별로 최소 2문항 이상을 선택, 또는 자율적으로 문항을 작성하여 자체평가 합니다.
Ⅲ. 안전하고 쾌적한 교육환경 및 유아를 위한 건강·안전 영역의 경우 필수 평가 문항으로 구성하여 자체평가 합니다.

표 10-6 자체평가 보고서 작성 예시

영역	평가지표	평가 문항	매우 그렇지 않다	그렇지 않다	보통 이다	그렇다	매우 그렇다
Ⅰ. 유아중심 교육과정 및 방과후 과정	유아·놀이 중심 교육과정 편성·운영 및 교수·학습 지원	유아가 자신의 흥미와 요구에 따라 능동적으로 놀이에 참여하는 유아·놀이 중심 교육과정을 실천하며 유아의 놀 권리를 보장하고 있다.	①	②	③	④	⑤
		유치원의 비전과 실정을 고려한 교육과정이 있으며, 구성원 모두가 교육과정 운영을 위해 노력한다.	①	②	③	④	⑤
	유아·교육과정 평가 및 환류	일상생활과 누리과정 전반에 나타난 유아의 흥미와 놀이 모습에 근거하여 유아의 변화 및 특성, 발달 상황을 포괄적으로 파악한다.	①	②	③	④	⑤
		참여, 소통, 협력을 기반으로 하는 유아 놀이 실천– 평가–환류가 체계적으로 운영되고 있다.	①	②	③	④	⑤
	교원의 전문성 신장 지원	교육과정 수립 및 구체적인 교육 실천에 관한 사항을 교육공동체의 토론과 협의를 통해 공동으로 개발하여 적용하고 있다.	①	②	③	④	⑤
		교원 공동의 성장과 전문성 신장을 위해 교원학습 공동체에 참여하면서 교육활동 경험과 어려움, 정보 등을 공유하고 있으며, 개선을 위한 토의·토론이 지속적, 정기적으로 이루어지고 있다.	①	②	③	④	⑤
	돌봄과 쉼이 있는 방과후과정	유아의 발달과 정서적 안정감, 체력 등 개별적 요구를 고려하여 놀이와 쉼을 기반으로 하는 방과후과정 계획을 수립·운영하고 있다.	①	②	③	④	⑤
		유아의 놀 권리와 쉴 권리를 보장해 주는 안정적인 방과후과정을 위해 시설 확보 및 시설관리, 담당인력 등에 대한 계획을 수립하고 체계적이고 지속적으로 지원한다.	①	②	③	④	⑤

<table>
<tr><th>영역</th><th>평가지표</th><th colspan="2">평가 문항</th><th>매우 그렇지 않다</th><th>그렇지 않다</th><th>보통이다</th><th>그렇다</th><th>매우 그렇다</th></tr>
<tr><td rowspan="2"></td><td colspan="2">우수한 점</td><td colspan="6">개선할 점 및 향후 추진 계획</td></tr>
<tr><td colspan="2">• 자발적인 연수 참여를 통한 전문성 신장 지원
• 지속적인 교육과정 평가와 이를 통한 교육의 질 개선
• 교육과정을 중심으로 한 유치원 운영
• 유아의 놀 권리 보장을 위한 노력 작성</td><td colspan="6">• 놀이의 중요성에 대한 학부모 인식 제고 필요
• 유아평가결과에 따른 개별 유아 지원방안에 대한 체계적인 지원 시스템 구축하기
• 유아의 놀이를 촉진하는 공간 활용에 대한 토론이 있는 교직원 회의 실시 예정</td></tr>
</table>

④ 자체평가 결과 활용 단계

• 자체평가가 제 기능을 발휘하기 위해서는 자체평가 보고서만 제출하고 끝나는 것이 아니라, 그 결과가 유치원의 운영 개선에 연결되도록 해야 합니다.
• 자체평가 결과에 근거하여 유치원 스스로 장점과 약점을 파악하고, 문제점을 분석하여 향후 발전 방향을 모색해야 할 필요가 있습니다.
  – 유치원의 강점을 지속적으로 유지하고, 더욱 활성화시키기 위해서 어떠한 방침과 전략을 사용할 것인지 고려해야 합니다.

6) 서면평가

서면평가는 평가 대상 유치원을 직접 방문하지 않고 자체평가 결과 및 운영계획서, 정보공시, 영역Ⅲ, 안전하고 쾌적한 교육환경 및 유아를 건강·안전에 필요한 자료와 정보를 정확하게 확인하는 데 그 목적이 있다.

서면평가의 기본방향은 유아교육진흥원에서 기본계획을 수립하고, 교육지원청에서 평가 대상 유치원 선정 및 서면평가 시행을 지원한다. 제5주기(20~22) 3년간 매년 전체 유치원 수의 1/3 정도를 평가대상으로 하고 희망 유치원을 우선적으로 실시하되 평가 년도별 평가대상 유치원 수가 고르게 분포하도록 한다.

서면평가단 구성은 평가단별 평가위원 3인으로 구성하고 행복 안심 유치원으로 선정된 유치원의 관리자, 유아교육 전공 교수 및 현장 교원 등으로 구성하여 평가의 전문성, 신뢰성 등을 확보한다. 운영 기간은 평가단 위촉 시부터 서면평가 종료 시까지 운영하며 서면평가단은 서면평가 보고서를 작성하여 제출한다.

표 10-7 서면평가단 구성

- 유아교육 전문가는 유치원 현장 경험이 있는 유아교육 관련 교수 등
- 교원은 유아교육 전공자로 유치원 또는 유아교육 관련 기관에서 정규 근무한 교육경력 10년 이상인 자
- 행복안심유치원으로 선정된 유치원의 관리자
- 퇴직 교원은 퇴직일부터 7년 이내인 자
- 하나의 평가단 내에 유아교육 전문가, 공·사립 교원이 적절히 안배되도록 고려함

출처: 서울특별시 유아교육진흥원(2020).

서면평가의 내용은 지표별 평가 문항과 요소의 충족 여부를 확인하고 평가 지표와 영역별 등급 여부, 평가 총평 등을 작성하며 평가문항과 요소의 충족 여부를 확인·체크하면서 필요시 '지표 관련 메모란'에 참고할 만한 사항을 기록하여 영역별 소견 작성 시 활용한다. 서면평가 자료는 자체평가 보고서, 운영계획서, 영역Ⅲ 평가자료를 기록 확인한다. 영역Ⅲ 평가자료(기록 확인 자료)는 정보공시에 등재된 자료(영양 및 환경위생, 안전교육·안전점검 항목)를 제외하고 영역Ⅲ의 평가문항 내 평가요소 당 한 가지씩 제출한다.

서면평가의 추진일정은 다음과 같다(서울특별시 유아교육진흥원, 2020).

(1) 서면평가의 추진일정

순	내용	세부 내용	시기	비고
1	협의회	• 2020 교육지원청 유치원 평가 업무담당 장학사 회의 유치원 평가 개요 및 가이드북 안내	5월	유아교육 진흥원
2	평가 대상 유치원 선정	• 2020 교육지원청별 서면평가 대상 유치원 선정 (교육지원청 ⇨ 유치원) • 평가 대상 유치원 현황 제출(교육지원청 ⇨ 진흥원)	6월	교육지원청
3	교원 연수	• 2020 유치원 평가 대상 유치원 교원 연수 제5주기 유치원 평가 가이드북 안내	6월	유아교육 진흥원
4	평가단 위촉	• 2020 유치원 서면평가위원 위촉 및 평가단 구성	6월	
5	서면평가 계획 확정	• 평가 대상 유치원 확정 및 안내 • 평가 대상 유치원 자체평가 보고서, 운영계획서 제출 안내(유아교육진흥원 ⇨ 유치원)	6월~ 7월	
6	평가 위원 연수	• 2020 유치원 평가 서면평가단 연수 실시	6월	
7	사전 컨설팅 및 설문조사 실시	• 2020 유치원 평가 사전 컨설팅 실시(자체평가보고서 작성) • 유치원 평가 설문조사 실시(교직원, 학부모 대상)	7월~ 9월 초	
8	평가 자료 수합 및 배부	• 2020 유치원 평가 서면평가 자료 수합 – 자체평가 보고서, 운영계획서, 영역Ⅲ 건강·안전 지표 자료 (유치원 ⇨ 교육지원청 ⇨ 유아교육진흥원 ⇨ 평가단)	9월 중순	유아교육진흥원 교육지원청
9	서면평가 실시	• 평가 대상 유치원 서면평가 실시	10월	평가단 유아교육진흥원
10	결과 자료 수합	• 유치원 평가 결과 자료 수합 및 분석	11월	유아교육진흥원
11	보고서 송부 후속 컨설팅	• 유치원 평가 보고서 작성 및 검토·확인 (평가단 ⇨ 유아교육진흥원) • 유치원 평가 결과서 단위 유치원 송부 • 유치원 평가 결과 공유 및 토론회 실시 • 평가 결과 토대로 유치원 교육력 제고 위한 컨	11월~ '21년 2월	평가단 컨설턴트 유치원 유아교육진흥원

순	내용	세부 내용	시기	비고
		설팅 방안 구상 및 후속 컨설팅 실시		
12	평가 결과 이의 신청 및 심의	• 평가 결과 보고서 통보 후 1주 이내 신청 (유치원 ⇨ 교육지원청 ⇨ 심의위원회)	12월~ '21년 1월	해당유치원 심의위원회 (진흥원)
13	종합보고서	• 종합보고서 작성– 평가 결과 분석 및 종합	'21년 2월	유아교육 진흥원

• 교육지원청 및 유아교육진흥원 여건에 따라 세부 시기 조정

※ 사전 · 사후 컨설팅은 신청기관에 한해 실시함

(2) 서면평가의 단계별 절차

- 평가위원이 평가항목별 평가방법에 따라 서면평가를 실시함
- 평가위원은 3인 1단으로 구성하되 효율적 평가를 위해 사전에 역할 분담이 필요한 사항에 대해 충분히 협의를 거침

준비

- 서면평가위원
  - 서면평가 일정 확인
  - 자체평가 보고서에 기술된 내용과 공시된 정보의 변동사항 유무 확인
- 유치원
  - 기관의 환경 점검, 지표관리 기록 및 각종 서류 준비

실시

- 서면평가 실시
  - 자체 평가 보고서
  - 운영계획서
  - 영역 Ⅲ. 안전하고 쾌적한 교육환경 및 유아를 위한 건강·안전 지표 평가 자료

마무리

- 서면평가 결과 점검 및 특이사항 유무 확인
  - 특이사항이나 평가 미비사항 있을 시 보완 가능
- 서면평가위원 간 협의
- 서면평가위원 결과에 따른 총평

보고서 작성

- 평가위원 개별 서면평가 보고서 작성
- 평가단별 위원 간 의견 조율

이의 신청 심의

- 평가결과서 통보 후 이의 신청 가능
- 이의 신청이 인정되는 경우 심의를 통해 평가 지표 충족 여부, 평가 영역 등에 대한 평가 결과 조정 가능
- 이의 신청 절차: 평가결과서 통보받은 후 정해진 기간 내에 근거 자료를 첨부하여 공문으로 신청
  유치원 ⇒ 유아교육진흥원 ⇒ 심의위원회 심의 ⇒ 최종 심의 결과 통보 ⇒ 평가 결과서 확정
  ※ 이의 신청 기간은 평가 결과 통보 후 별도 안내

결과 공개 처리

- 결과 공개 내용
  - 영역 종합 의견, 영역 평가 결과 및 총평
- 결과 처리
  - 평가 영역에서 '우수'로 평가받은 유치원은 인센티브 부여 방안 모색
  - 평가 결과를 유치원의 질 제고를 위한 피드백 자료로 적극 활용: 평가와 연계한 맞춤형 컨설팅장학 활성화로 유치원 운영 개선(서울특별시 교육청 유아교육과, 교육지원청)
  - 평가 미실시 유치원은 패널티 방안 조치, 행·재정적 지원 연계 (차년도 이월 평가, 장학지도, 행정지도 등)

유치원 평가주기별 내용은 다음과 같다.

표 10-8 평가주기별 유치원 평가 내용 비교

구분	제1주기	제2주기	제3주기	제4주기(교육부안)	제5주기(서울)
기본 방침	• 서면 평가와 현장 방문 평가를 병행 • 공통지표, 자체지표, 학부모 만족도 조사를 병행 실시	• 제1주기와 동일 • 결과는 점수화·서열화하지 않고 공개하되, 재정 지원과 연계	• 매년 자체평가 실시 • 서면·현장 평가, 유치원 정보공시 공개 정보 활용 • 평가 결과 공개	• 「유치원·어린이집 평가체계 통합방안」 반영 • 통합평가지표 사용 • 평가 결과 공개	• 자체평가·서면 평가로 단계 간소화 • 유치원자체평가 역량 제고 및 자율성 존중 • 후속 컨설팅 강화
평가 주체	• 교육과학기술 부장관	• 시·도교육감 ※ 「유아교육법」 개정 ('12.1.26.)	• 시·도교육감	• 시·도교육감	• 시·도교육감
대상 및 주기	• 국·공·사립유치원 • 3년('08~'10년)	• 국·공·사립유치원 • 3년('11~'13년)	• 국·공·사립 유치원 • 3년('14~'16년)	• 국·공·사립 유치원 • 3년('17~'19년)	• 국·공·사립유치원 • 3년('20~'22년)
평가 영역 구성	• 4개 영역(교육과정, 교육환경, 건강·안전, 운영관리) – 14개 항목 – 28개 지표 (91개 기준)	• 4개 영역 동일 – 9개 항목 – 15개 지표 (47개 요소)	• 4개 영역 동일 – 항목 삭제 – 11개 지표 (30개 요소)	• 4개 영역(교육과정, 교육환경 및 운영관리, 건강·안전, 교직원) – 20개 지표 – 77개 항목	• 3개 영역(유아중심 교육과정 및 방과후 과정, 민주적 유치원 운영, 교육환경 및 건강·안전) – 11개 지표 – 41(42)개 문항 ※ 지표별 2개 이상의 문항 선택 하여 평가
지표 구성	• 국가공통지표 • 시도자체지표	• 국가공통지표 • 시도자체지표	• 국가공통지표 • 시도자체지표	• 국가공통지표 • 시도자체지표	• 시도 자체지표
평가 방법	• 정성평가 – 5점 평정척도 활용	• 정성평가 – 5점 평정척도 활용	• 정성평가 – 5점 평정척도 활용	• 정량평가 – Y, N 체크	• 정량평가 – Y, N 체크 • 5단계 평정척도
평정 방식	• 국가공통지표 200점 ※ 학부모 만족도 (10점) 포함	• 국가공통지표 100점 • 시도자체지표 점수는 시도 자	• 국가공통지표 90점 • 시도자체지표 10점	• 4등급 (A-B-C-D)	• 3등급 (우수, 적합, 개선필요)

구분	제1주기	제2주기	제3주기	제4주기(교육부안)	제5주기(서울)
	• 시도자체지표 점수는 시도 자율 결정	율 결정			
평가 절차	• 자체 평가 → 서면 평가 → 현장 평가 – 현장 평가 시 '학부모 만족도' 조사를 별도의 개별 지표로 실시	• 자체 평가 → 서면 평가 → 현장 평가 – '학부모 만족도'를 '부모교육·참여활동 및 가정·지역사회와의 연계' 관련 지표에 포함	• 자체 평가 → 서면 평가 → 현장 평가 – 유치원 정보공시 공개 정보 활용	• 자체 평가 → 현장 평가 → 종합 평가 ※ 현장·종합 평가를 통합하여 추진 가능	• 자체 평가 → 서면평가
결과 공개 및 처리	• 평가 결과 비공개 처리 • 평가 참여에 따른 행·재정적 지원	• 결과 공개가 원칙이나, 범위 및 방법은 시·도 교육감이 결정 • 평가 결과에 따른 행·재정 지원	• 결과 공개 (총평, 영역별 소견, 이력 등)	• 결과 공개(총평, 영역별 소견 등) ※ 유치원·평가 영역 등급 공개 권장, 교육감 결정 • 평가주기를 연장하거나 단축 ※ 평가주기 활용 권장, 교육감 결정	• 결과 공개(총평, 영역별 소견 등) ※ 유치원·평가 영역 등급 공개 권장, 교육감 결정

표 10-9 제4주기 및 5주기 유치원 평가 비교

구분	제4주기('17~'19년)	제5주기('20~'22년)
법적근거	•「유아교육법」 및 「유아교육법 시행령」	•「유아교육법」 및 「유아교육법 시행령」
평가기관	• 서울특별시 교육청 교육연구정보원('17), 서울특별시 교육청 유아교육진흥원('18~'19) • 서울특별시 교육청	• 서울특별시 교육청 유아교육진흥원 • 서울특별시 교육청
평가대상	• 서울 국 · 공 · 사립유치원(880개 원) 매년 1/3씩 선정(약 260~300개 원)	• 서울 국 · 공 · 사립유치원(830개 원) 매년 1/3씩 선정(약 270개 원)
평가절차	자체평가(유치원) ⇨ 현장(종합)평가(교육지원청 현장평가단) ⇨ 평가결과 송부/심의(유아교육진흥원/연구정보원/심의위원회) ⇨ 결과 공시(유치원)	자체평가(유치원) ⇨ 서면평가(교육지원청 서면평가단) ⇨ 평가결과 송부/심의(유아교육진흥원/심의위원회) ⇨ 결과 공시(유치원)
평가위원	• 현장평가단: 3인 1팀	• 서면평가단: 3인 1팀
평가지표	• 4개영역 16개 지표, 48개 항목 1. 교육과정(4지표) 2. 교육환경 및 운영관리(5지표) 3. 건강 · 안전(4지표) 4. 교직원(3지표)	• 3개영역 11개 지표, 41(42)개 문항 1. 유아중심 교육과정 및 방과후과정(4지표) 2. 민주적 유치원 운영(3지표) 3. 안전하고 쾌적한 교육환경 및 유아를 위한 건강 · 안전(4지표)
평정방식	• 평가 항목에 대해 충족/미충족 체크 → 충족항목 수에 따라 평가영역별 3단계 평정(우수, 적합, 개선필요) • 기관등급 평가는 실시하지 않음 • 모든 영역 '우수' 유치원 운영사례 보급 • '개선필요'가 있는 유치원은 5주기 평가 현장방문평가 반드시 실시	• Ⅰ, Ⅱ 영역 평가 문항에 5단계 평정척도 • Ⅲ영역 평가 문항에 대해 충족/미충족 체크 → 충족문항 수에 따라 평가영역별 3단계 평정 (우수, 적합, 개선필요) • 기관등급 평가는 실시하지 않음
결과공개	• 유치원 평가 영역별 소견 및 총평	• 유치원 평가 영역별 소견 및 총평

2. 어린이집 평가

1) 어린이집 평가제 목적

평가인증제도가 도입된 2005년 이후 현재까지 저출산 및 양육 부담에 대한 사회적 책임 강화로 보육서비스에 투입되는 재정 규모가 크게 증가하였고, 영유아 시기의 중요성 및 아동 권리에 대한 부모의 관심과 사회적인 인식이 높아졌다.

보육 서비스의 질 관리와 유지를 위해 도입된 평가인증제도는 어린이집의 물리적 환경뿐만 아니라 보육과정 및 상호작용과 같은 과정적 질 관리가 이루어짐에 따라 보육 서비스의 전반적인 질적수준을 향상시켰다. 또한, 보육교직원의 역량 강화 및 전반적인 보육현장의 전문성을 제고하는 데 기여하였으며, 부모의 합리적인 선택권 보장과 중앙 및 지방 정부의 효율적 보육재정 집행에도 기여한 것으로 나타났다.

하지만 평가인증제도가 어린이집의 자발적 신청에 의해 운영됨에 따라 미인증 어린이집으로 인한 질 관리 사각지대 문제가 발생하였으며, 최근 아동 권리 보호, 아동학대 예방, 안전관리 강화에 대한 사회적 요구 증가로 전체 어린이집 질 관리에 대한 필요성이 제기되었다. 이에 2018년 12월 영유아의 건강한 성장 및 발달을 위해 모든 어린이집을 대상으로 하는 의무평가제의 법적 근거가 마련되었으며, 2019년 6월 12일부터 어린이집 평가제가 시행되었다.

어린이집 평가제는 전체 어린이집의 질 관리를 위하여 평가 자체에 목적을 두기보다, 정기적인 평가를 통해 어린이집이 지속적으로 보육의 질적 수준을 향상시키고 유지하게 함으로써 영유아의 안전과 건강, 조화로운 성장과 발달을 도모하여 부모가 믿고 맡길 수 있는 안심 보육환경 조성에 기여하고자 한다.

어린이집 평가제 시행목적은 다음과 같다.

첫째, 상시적인 보육 서비스 질 관리를 위해 주요 핵심 지표를 중심으로 질 관리 표준을 제시하고 어린이집 스스로 질적 수준을 제고하도록 한다.

둘째, 전체 어린이집에 대한 주기적 평가를 통하여 보육 서비스 품질관리의 사각지대를 해소하고 전반적인 보육 서비스 수준을 지속적으로 관리하여 국가의 책무성을 강화하고자 한다.

셋째, 궁극적으로 평가제를 통해 보육 서비스의 질 향상을 제고함으로써 영유아의 안전과 건강, 조화로운 성장과 발달을 도모하고자 한다. 이를 위해 영유아의 인권과 놀 권리를 보장하고 영유아가 건강하고 행복하게 성장할 수 있는 안심 보육환경을 조성하며, 보육 교직원이 영유아 보육에 집중할 수 있는 여건을 조성한다(한국보육진흥원, 2019).

(1) 어린이집 평가제 내용

어린이집 평가제 특징을 평가인증제와 비교한 내용은 다음과 같다.

표 10-10 어린이집 평가 주요 개정내용

구분	평가인증제(~'19.5.)	평가제('19.6.~)
대상	• 평가인증 신청 어린이집	• 전체 어린이집
평가 절차	• 어린이집 신청 → 기본사항 확인 → 자체점검 → 현장평가 → 종합평가(총 4개월) 신청 (어린이집) ⇨ 기본사항 확인 (지자체) ⇨ 자체점검 보고서 제출 (어린이집) ⇨ 현장 평가 (현장 관찰자) ⇨ 종합평가, 결과통보 (종합평가 위원회)	• 평가대상 통보 → 기본사항 확인 및 자체점검 → 현장평가 → 종합평가(총 3개월) 대상 통보 (어린이집) ⇨ 기본사항 확인 및 자체점검 보고서 제출 (지자체, 어린이집) ⇨ 현장 평가 (현장 관찰자) ⇨ 종합평가, 결과통보 (종합평가 위원회)
	• 참여수수료 어린이집 납부	• 참여수수료 전액 국가 부담
	• 기본사항: 필수항목 9개, 기본항목 – 필수항목 미준수는 참여 제외, 기본항목 미준수는 차하위 등급 부여	• 기본사항: 사전점검사항 5개, 위반이력사항 – 사전점검사항 미준수는 D등급 부여, 위반이력사항 발생 시 차하위 등급 부여
	• 소위원회와 종합평가위원회에서 심의, 등급 결정	• 소위원회와 종합평가위원회에서 심의, 등급 결정 * 필수지표 및 요소 미충족 시 A등급 불가
	• 재참여, 재평가 과정 운영	• 재참여, 재평가 과정 폐지
평가 결과	• 4등급(A, B, C, D), D등급 불인증	• 4등급(A, B, C, D)
평가 주기	• (유효기간) 3년(A등급 1년 연장 가능)	• A, B등급 3년 / C, D등급 2년
결과 공표	• 평가받은 어린이집의 결과 공시 – 평가인증 결과, 인증이력 등 공개	• 전체 어린이집의 결과 공시 – 평가결과, 평가이력 등 공개
사후 관리 및 등급 조정	• 인증 어린이집 사후관리 – 연차별 자체점검보고서 제출 – 확인점검(무작위, 월 단위 시기 안내) – 확인방문(배우자 및 직계존비속 또는 1년 이상 재직교사로 대표자변경, 주소변경) – 인증유효기간 종료 • 법 위반 및 행정처분 발생 시 인증취소	• 평가 등급별 사후관리 – 연차별 자체점검보고서 제출(A, B등급) – 사후방문지원(C, D등급 의무 실시) – 확인점검(평가 관련 민원발생, 법 위반 및 행정처분, 정보공시 부실어린이집 등에 대하여 불시점검) – 평가등급 조정 및 관리 – 법 위반 및 행정처분 발생 시 최하위 등급 조정
결과 활용	• 인증어린이집에 대한 행·재정적 지원	• 평가 등급별 행·재정적 지원 등 • 지도점검 연계(2회 연속 D등급 어린이집)

출처: 한국보육진흥원(2020).

(2) 어린이집 평가제 운영체계

어린이집 평가는 정해진 주기에 따라 대상을 선정하여 통보함으로써 시작된다. 대상 통보는 총 2회에 걸쳐 진행되는데, 선정 통보(1차)는 현장평가 6개월 이전에, 확정 통보(2차)는 현장평가 2개월 전에 통보된다. 확정 통보를 받은 어린이집에 대해서는 통보 익월부터 기본사항 확인 및 자체점검, 현장평가, 종합평가 등의 과정이 3개월간 진행된다.

각 어린이집의 평가시기는 평가주기와 연계하여 정해지는데, 정해진 평가주기 외 신규개원, 대표자 변경, 행정처분 등의 사유 발생 시에는 평가 참여 수수료를 국가가 전액 부담한다.

2020년에는 품질변동 요인별로 다르게 적용하였던 평가대상 선정시기를 일관되게 적용하도록 하였으며, 종전 운영자 변동 없이 국공립어린이집으로 전환한 신규개원 어린이집은 기존의 평가결과와 유효기간을 유지하되, 확인점검을 통하여 보육 서비스 품질 유지 여부를 모니터링 하도록 개선하였다. 또한, 기본사항 확인의 위한 이력사항 및 평가과정 중 변동사항 확인의 적용 기준일을 선정 통보 월로 변경하였다. 어린이집 평가제에 내용을 자세히 살펴보면 다음과 같다(한국보육진흥원, 2020).

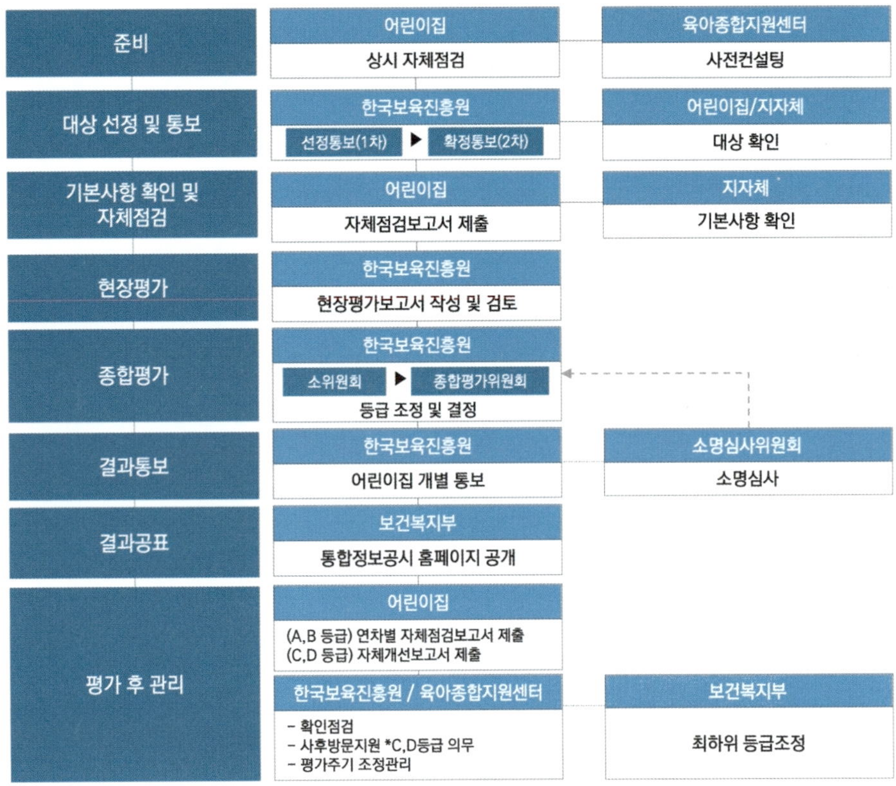

그림 10-3 어린이집 평가 운영체계

① 기본사항 확인

지자체(시 · 군 · 구)는 평가 대상 확정 통보된 어린이집의 기본사항 준수 여부에 대해 확인한 후, 그 결과를 정해진 기한 내 시 · 도 및 한국보육진흥원에 통보한다.

- (확인대상) 평가대상 어린이집
- (확인주체) 평가대상 확정 어린이집이 소재한 지자체(시 · 군 · 구)
- (확인내용) 사전점검사항(5항목), 위반이력사항

- (사전점검사항) 어린이집 법적사항(5항목) 준수 여부 확인 → 최종 미개선 시 최하위 등급 부여
  ※ 사전점검사항 미준수 시에도 현장평가는 진행하되, 종합평가 전까지 개선완료 여부를 확인하여 반영
- (위반이력사항) 선정통보 직전월 말일로부터 최근 3년 이내 위반이력사항 확인 → 발생한 경우 종합평가 시 차하위 등급으로 조정

표 10-11 사전점검사항

항목	평정	평정기준
영유아 및 보육교직원 관련 보험 가입	준수	• 모든 영유아에 대한 상해보험과 어린이집에 대한 화재 및 배상보험에 가입되어 있는 경우 • 임용된 모든 보육교직원에 대한 4대 보험에 가입되어 있는 경우
	미준수	• 영유아 상해보험에 가입되지 않은 경우 • 화재보험 또는 배상보험에 가입되지 않은 경우 • 임용된 모든 보육교직원에 대한 4대 보험에 가입되지 않은 경우
어린이집의 설치기준	준수	• 어린이집 내 영유아용 화장실, 목욕실, 조리실이 설치되어 있고, 폐쇄회로 텔레비전이 보육실, 공동놀이실 등에 설치되어 있는 경우 ※ 폐쇄회로 텔레비전의 경우 보호자 전원이 서면으로 동의하여 시 · 군 · 구 청장에게 설치하지 않을 것으로 신고하거나, 네트워크 카메라를 설치한 경우 설치 면제 –「영유아보육법」 시행규칙 제9조 [별표 1] 참조 • 정원 50인 이상 어린이집에 놀이터가 설치되어 있는 경우
	미준수	• 어린이집 내 영유아용 화장실, 목욕실, 조리실이 설치되어 있지 않거나, 폐쇄회로 텔레비전이 보육실, 공동놀이실 등에 설치되어 있지 않은 경우 • 인가공간을 무단 전용하는 경우 –「영유아보육법」 시행규칙 제9조 [별표 1] 참조 • 정원 50인 이상 어린이집에 놀이터가 설치되어 있지 않는 경우
보육실의 설치기준	준수	• 인가정원 대비 보육실의 면적이 설치기준을 충족한 경우 * 「영유아보육법」 시행규칙 제9조 [별표 1] 참조 * 기존 어린이집('05. 1. 29 이전 설치된 어린이집)은 구(舊)법 적용
	미준수	• 인가정원 대비 보육실의 면적이 설치기준 미만인 경우 • 인가공간을 무단 전용하는 경우 * 「영유아보육법」 시행규칙 제9조 [별표 1] 참조

항목	평정	평정기준
보육교직원 배치기준	준수	• 보육교직원 배치기준 중 일반기준을 모두 충족한 경우 * 「영유아보육법」 시행규칙 제10조 [별표 2] 참조
	미준수	• 보육교직원 배치기준 중 일반기준을 충족하지 못한 경우 * 「영유아보육법」 시행규칙 제10조 [별표 2] 참조
비상재해 대비시설 설치기준	준수	• 비상재해대비시설 설치기준을 충족한 경우(「보육사업안내」 I -11참조) * 「영유아보육법」 시행규칙 제9조 [별표 1] 참조
	미준수	• 비상재해대비시설 설치기준을 충족하지 못한 경우(「보육사업안내」 I -11참조) * 「영유아보육법」 시행규칙 제9조 [별표 1] 참조

※ 사전점검사항 미준수 항목이 종합평가 때까지 개선되지 않는 경우 종합평가에서 최하위 등급(D등급)을 부여함

표 10-12 위반이력사항

구분	확인내용
운영정지	• 「영유아보육법」 제45조제1항제1호에 따라 3백만원 이상 보조금을 거짓이나 그 밖의 부정한 방법으로 교부받거나 유용하여 6개월 이상의 운영정지 행정처분을 받은 경우
	• 「영유아보육법」 제45조제1항제2호에 따라 3백만원 이상 비용 또는 보조금 반환 명령을 받고 반환하지 않는 경우
	• 「영유아보육법」 제45조제1항제3호에 따라 제44조에 따른 시정 또는 변경명령을 위반하여 6개월 이상의 운영정지 행정처분을 받은 경우
	• 「영유아보육법」 제45조제1항제4호에 따라 운영정지 이상의 행정처분을 받은 경우
	• 「영유아보육법」 제45조제1항제5호에 따라 6개월 이상의 운영정지 행정처분을 받은 경우
과징금처분	• 「영유아보육법」 제45조의2에 따라 제45조제1항제1호, 제2호, 제3호, 제5호의 6개월 이상의 운영정지 행정처분에 갈음한 과징금을 부과받는 경우
	• 「영유아보육법」 제45조의2에 따라 제45조제1항제4호의 운영정지 이상의 행정처분에 갈음한 과징금을 부과받은 경우
보조금 반환명령	• 「영유아보육법」 제40조제2호 또는 제3호에 따라 3백만원 이상 보조금의 반환명령을 받은 경우
원장 자격정지 또는 자격취소	• 「영유아보육법」 제46조에 따른 자격정지 6개월 이상인 경우
	• 「영유아보육법」 제48조에 따른 자격취소

구분	확인내용
보육교사 자격정지 또는 자격취소	•「영유아보육법」 제47조에 따른 자격정지 6개월 이상인 경우
	•「영유아보육법」 제48조에 따른 자격취소
금고 이상의 형	• 어린이집의 설치 · 운영자가 「영유아보육법」을 위반하여 금고 이상의 형을 선고받고 그 형이 확정된 경우
아동복지법 등 위반	•「아동복지법」 제17조를 위반하거나, 「아동 · 청소년의 성보호에 관한 법률」 제2조제2호의 아동 · 청소년대상 성범죄 또는 제2조제3호의 아동 · 청소년대상 성폭력범죄를 저지른 경우(수사, 재판 계류 중에 있는 경우 포함)
식품위생법 위반	•「식품위생법」 제94조제1항제1호 또는 제2호, 제95조제1호 또는 제4호, 제97조제1호 또는 제2호를 위반하여 징역 또는 벌금형을 받은 경우

※ 선정통보 직전월 말일로부터 최근 3년 이내 위반이력사항 확인

※ 선정통보 직전월 말일로부터 최근 3년 이내에 위반이력사항이 발생한 경우 종합평가 시 차하위 등급으로 조정

② 자체점검보고서 제출

평가대상으로 확정 통보된 어린이집은 자체검검을 실시하고, 통보된 기한 내 자체점검보고서를 작성하여 제출한다.

- (자체점검위원회) 원장은 보육교사, 원아 부모 각 1인 이상 포함하여 구성, 평가지표 기준으로 어린이집 운영 전반을 점검(3~7인 이내, 어린이집 운영위원회에서 수행 가능
- (제출내용) 평가항목별 점검 결과(Y/N), 총평, 법 위반 및 행정처분 이력 사항 등을 작성
  ※ 법 위반(아동학대 포함) 및 행정처분은 대표자 변경 및 보육교직원 면직여부와 관계없이 사유 발생 사실을 확인하여 제출(수사, 재판, 계류 중에 있는 경우 포함)
- (제출방법) 어린이집지원시스템을 통해 자체점검 보고서 전산 입력, 제출
  ※ 자체점검보고서 작성 시 법 위반 및 행정처분 이력 사항이 거짓으로 확인될 경우 최하위 등급(D)으로 조정할 수 있음

③ 현장평가

현장평가는 기본사항 확인 및 자체점검보고서 제출을 완료한 어린이집을 대상으로 평가지표에 따라 어린이집의 질적 수준에 대한 현장평가를 실시한다. 현장평가 주간통보는 어린이집별로 현장평가 직전 월말에 1주간의 현장평가 주간을 지정하여 통보하고 해당 평가 주간 중 현장평가일을 정하여 사전에 고지 없이 현장평가자를 어린이집에 파견한다.

- 현장평가월 1주일 전 어린이집지원시스템을 통하여 현장평가 주간 확인 가능
- 어린이집의 정상적인 운영 또는 보육교직원의 정상적인 근무가 어려운 경우(예: 보수교육, 상(喪) 등)에 한하여 한국보육진흥원에서 정하는 기준에 따라 어린이집별로 조정 가능
- 현장평가월 이전 6개월 이상 지속적으로 운영(영유아 재원)하고 있는 경우에 한하여 현장평가 진행 가능, 평가과정 중 '현원 0명'으로 확인될 경우 과정 중단

현장평가는 어린이집 1개소당 2인(정원 99인 이하 어린이집) 또는 3인(정원 100인 이상 어린이집)의 현장 평가자가 방문하여 1일간 평가를 실시한다. 현장평가자가 어린이집 도착 예정시간은 9시~9시 30분이며, 종료 예정 시간은 16시 30분~17시 30분이다(필요시 연장하여 진행 가능). 현장평가자는 평가대상 어린이집의 보육교직원 근무 및 영유아 재원상황, 어린이집에서 제시한 하루일과표와 실내 · 외 배치도를 확인한 후 현장평가를 시작한다.

- 현장평가 당일 영유아 출석인원(현원의 2/3 이상) 미달 시 평가 중단, 사유 확인 후 현장평가자 재파견
- 등원 거부 등 거짓이나 그 밖의 부정한 방법으로 평가 또는 점검을 받은 경우, 최하위 등급(D등급) 부여하고 시정 또는 변경명령(「영유아보육법」 제44조 제4의 6호)가능

현장평가는 무작위로 선정된 보육실 2개 반을 중심으로 어린이집의 실내외 전체(인가 공간)를 관찰한다(100인 이상 어린이집의 경우, 현장평가자 3인 중 1인은 기록(문서) 검토). 현장평가는 하루 일과 전반에 걸쳐 관찰, 기록(문서), 검토, 면담 등의 방법을 통해 진행한다.

- 기록 확인 기간
  ※ 보육일지: 현장평가월 이전 1개월부터
  ※ 그 외의 기록(문서): 현장평가월 이전 3개월부터
- 현장평가일에는 미임용 보육교직원 여부 확인
  ※ 타 어린이집 임용 중인 보육교직원(원장포함)은 평가대상 어린이집에 근무 또는 지원활동 불가

현장평가 시 어린이집에서 준비해야 할 사항

① 일상적 일과 진행 및 출석 기준 충족
- 현장평가 주간에는 어린이집에 견학 등 행사 없이 일상적 일과가 진행되어야 함
- 현장평가 당일에는 현원의 2/3 이상이 출석해야 함

※ 현장평가일에 출석기준이 충족되지 않아 진행이 불가능한 경우 현장평가가 중단되며, 사유 확인 후 현장평가자를 재파견함

② 현장평가 시 필요한 서류 준비
- 원아명단, 어린이집 실내 · 외 배치도, 하루일과표(활동에 따른 시간 명시), 보육교직원 자격증 사본, 임면사항 관련 서류, 보육교직원 경력 관련 서류(경력증명서, 직무 및 승급교육 수료증 등), 평가지표 관련 문서(보육계획안, 보육일지, 식단표 등)

④ 종합평가

평가결과 등급은 현장평가 결과(100%)를 바탕으로 하되, 아래 등급 조정 사유 해당 여부에 따라 이를 반영하여 결정한다.

- 대상: 평가등급 결정(조정)이 필요한 어린이집
- 절차: (1단계)소위원회와 → 종합평가위원회

구분	확인 내용
(1단계) 소위원회	• 기본사항확인서, 자체점검보고서, 현장평가보고서 등을 검토한 후, 등급 및 평가결과에 영향을 미치는 사안 등에 대해 심의하여 종합평가위원회에 안건 상정 ※ 자체점검보고서 작성 시 심각하게 허위로 작성한 경우 등급조정 가능 – 선정통보 직전월 말일로부터 최근 3년 이내에 위반이력사항이 발생한 경우 차하위 등급으로 조정 – 평가과정에서 아래 사항 중 하나 이상 해당되면 "최하위 등급(D등급)"으로 조정 • 「영유아보육법」 제30조제4항 및 동법 시행규칙 제32조의 평가등급을 최하위로 조정해야 하는 사유가 발생한 경우 • 평가 진행 일정을 준수하지 않은 경우 • 평가와 관련하여 허위 사실이 발견된 경우 • 현장평가 시 발견한 어린이집 운영기준 개선필요사항이 종합평가 전까지 개선되지 않은 경우 • 사전점검사항 미준수 항목이 종합평가 전까지 개선되지 않은 경우
(2단계) 종합평가위원회	• 소위원회를 거쳐 상정된 안건 및 기타 등급조정이 필요하다고 판단되는 건에 대해 심의 후 전체 종합평가 대상 어린이집의 최종등급 및 평가주기를 확정

- 선정 통보월 이후 「영유아보육법」 제30조 제4항에 따라 최하위 등급 조정 사유, 기타 개선이 필요한 사항에 대한 개선 여부 등을 검토하여 종합평가위원회에서 최하위 등급(D등급)으로 조정함

- 선정통보 직전 월 말일로부터 최근 3년 이내 중대한 법 위반 이력 사항(기본사항－위반이력사항)이 발생한 경우 최하위 등급으로 조정함
  ※ 다만, 법 위반 · 행정처분으로 인해 최하위 등급(등급)조정 처분을 받은 어린이집은 차기 평가 시 차하위 등급으로 조정하지 않음
- 이 외 종합평가위원회에서 등급조정이 필요하다고 판단하는 경우 심의하여 어린이집의 평가등급 및 평가주기를 조정함

최하위 등급 조정 사유

① 거짓이나 그 밖의 부정한 방법으로 평가를 받은 경우
② 어린이집의 설치 · 운영자가 「영유아보육법」을 위반하여 금고 이상의 형을 선고받고 그 형이 확정된 경우
③ 「영유아보육법」 제40조제2호 또는 제3호에 따라 보조금의 반환명령을 받았거나 제45조, 제45조의2 또는 제46조부터 제48조까지의 규정에 따른 행정처분을 받아 아래의 기준에 해당하는 경우

- 3백만 원 이상 비용 및 보조금 반환명령을 받은 어린이집
- 6개월 이상 운영정지 또는 그에 상응하는 과징금 처분을 받은 어린이집
- 원장 또는 보육교사 자격정지 6개월 이상 또는 자격취소 처분을 받은 어린이집

④ 어린이집의 대표자 또는 보육교직원이 「아동복지법」 제17조를 위반하거나 「아동 · 청소년의 성보호에 관한 법률」 제2조제2호의 아동 · 청소년대상 성범죄를 저지른 경우
⑤ 평가 진행 일정을 준수하지 않은 경우
⑥ 평가와 관련하여 허위 사실이 발견된 경우
⑦ 현장평가 시 발견한 어린이집 운영기준 개선필요사항이 종합평가 전까지 개선되지 않은 경우
⑧ 사전점검사항 미준수 항목이 종합평가 전까지 개선되지 않은 경우

변동사항 확인

- 평가과정 중인 어린이집에서 선정통보월 이후 법 위반 및 행정처분, 인가변동 사항 등이 발생할 경우, 해당 어린이집 및 시 · 군 · 구에서는 보건복지부(한국보육진흥원)에 변동사항 발생사실을 통보
- 어린이집 또는 시 · 군 · 구에서 통보한 상기 변동사항 확인결과를 종합평가 시 반영 및 평가주기 조정

- 법 위반 및 행정처분: 최하위 등급(D등급) 조정 또는 확인점검
  - 어린이집의 설치 · 운영자가 「영유아보육법」을 위반하여 금고 이상의 형을 선고받고 그 형이 확정된 경우
  - 행정처분(「영유아보육법」 제40조제2호 또는 제3호, 제45조, 제45조의2, 제46조, 제47조, 제48조)을 받은 경우
  - 어린이집에서 발생한 성폭력, 아동학대, 운영 부조리 등으로 인하여 대표자 및 보육교직원이 고발 또는 고소되거나 수사, 재판 계류 중에 있는 경우

- 인가변동사항: 과정중단 및 평가주기 조정
  - 어린이집의 소재지나 대표자가 변경된 경우, 어린이집이 휴지 또는 폐지된 경우

  ※ 단, 현장평가가 완료된 어린이집 또는 직전 현장평가월 이후 4년이 경과한 어린이집은 과정중단 없이 평가 진행

등급결정 및 평가주기

- 등급 결정: 어린이집 평가등급은 4등급(A, B, C, D)으로 구분

등급구분(정의)		등급 부여기준	평가주기
A	국가 평가에서 제시하고 있는 기준을 모든 영역에서 충족함	4개 영역 모두 '우수'인 경우 (필수지표 및 요소 충족)	3년
B	국가 평가에서 제시하고 있는 기준을 대부분 충족함	'우수' 영역이 3개 이하이며 '개선필요' 영역이 없는 경우	
C	국가 평가에서 제시하고 있는 기준 대비 부분적으로 개선이 필요함	'개선필요' 영역이 1개 있는 경우	2년
D	국가 평가에서 제시하고 있는 기준 대비 상당한 개선이 필요함	'개선필요' 영역이 2개 이상인 경우	

※ 2회 연속 D등급 어린이집은 지도점검 대상 우선 선정

⑤ 결과공표

평가결과 통보 전 어린이집지원시스템의 어린이집 정보는 어린이집 관리 및 결과통보, 평가 후 관리에 활용되므로 변동사항이 있는 경우 수정해야 한다. 평가결과 통보 전 어린이집에서는 변동사항 확인서 및 어린이집용 설문지를 작성한다.

평가결과 확인은 어린이집 및 영역별 등급을 매월 15일 전·후에 어린이집지원시스템 내 어린이집 평가 메뉴를 통해 확인할 수 있다.

소명

- 평가받은 어린이집은 평가결과에 대한 소명신청 가능
  - 평가결과 통보월의 말일까지 어린이집지원시스템을 통해 소명신청 가능 (소명신청서와 관련 증빙자료 제출)
- 소명 절차

- 소명 결과
  - 소명 결과는 어린이집지원시스템을 통해 개별 통보함
  - 소명 결과 통보 후 최종 평가 결과를 공표함

결과공표

- 전체 어린이집에 대한 평가 이력정보를 통합정보공시 홈페이지(www.childinfo.go.kr)를 통해 공개
  - (공표 시기) 결과통보 후 익월 1일

  ※ (인증유지 어린이집은 기존 공표내용 유지)

구분		결과공표 내용
평가제 시행 이후 평가 정보	평가결과 A~D등급	A등급 / B등급 / C등급 / D등급
	평가 이후 법 위반 · 행정처분 발생	D등급(등급조정)*
	신규개원	–
평가제 시행 이전 인증정보	미인증(평가참여 이력 없음)	–
	인증유지	(평가제 결과 확정 이전까지 기존 공표내용 유지)
	인증취소 · 인증종료 · 인증유효 기간 만료	인증취소 / 인증종료 / 인증유효 기간 만료

* 'D등급(등급조정)'은 통합정보공시 홈페이지에 최하위 등급 조정에 포함되는 사유 안내

⑥ 평가 후 관리

평가 후 관리는 평가 이후 어린이집의 질적 수준을 지속적으로 유지 · 향상하고자 지원하고 관리하는 과정이다.

그림 10-4 어린이집 평가 후 관리

가. 연차별 자체 점검 및 보고서 제출

평가결과 A, B등급 어린이집은 평가주기 동안 자체점검위원회를 구성하고, 연차별 자체점검보고서를 작성하여 결과통보 후 익년도부터 매년 1회 정해진 기간 내에 어린이집지원시스템으로 제출한다.

- 원장, 보육교사, 원아 부모 각 1인 이상을 포함하여 자체점검위원회 구성 (3~7인 이내, 어린이집 운영위원회에서 수행 가능)
- 평가지표를 기준으로 어린이집이 운영 전반 점검

※ 연차별 자체점검보고서를 기한 내 미제출 시 확인점검 실시하여 결과에 따라 후속조치

구분	상반기	하반기*
제출대상 (평가결과 A, B등급)	평가결과 통보시기가 1~6월인 어린이집	평가결과 통보시기가 7~12월인 어린이집
보고서 제출 시기	5. 1.~5. 31.	11. 1.~11. 30.

나. 사후 방문지원

평가결과를 바탕으로 사후 방문지원을 실시하여 어린이집 운영 전반에 대한 질 향상 지원을 한다.

- **대상:** 평가결과 C, D등급 어린이집은 의무 참여

※ 평가결과 A, B등급 어린이집에서 희망하는 경우 사후 방문지원 신청 가능

- **내용:** 평가결과 개선이 필요한 지표, 보육과정 운영 등 어린이집 운영 전반에 대한 방문지원, 교육 및 정보제공 등 지원

※ (사후지원가) 어린이집에 방문하여 평가결과에 대한 개선사항 피드백, 향후 질 유지 방안 수립 및 실행과정 등 지원

※ (어린이집) 향후 질 유지 · 관리를 위한 자체 개선보고서를 제출하고, 한국보육진흥원은 평가지표 및 어린이집 운영과 관련된 교육 및 정보 제공

다. 확인 점검

확인내용은 평가지표 전체 영역(4영역 18지표 59항목), 어린이집 운영기준(영유아 재원사항, 보육교직원의 근무상황)에 대한 내용으로 어린이집 운영기준 개선 필요사항이 확인된 경우, 해당 지자체에 통보하여 개선 여부 확인, 미개선 시 후속 조치가 있다.

확인 점검을 거부, 방해, 기피하는 경우 시정 또는 변경 명령(「영유아보육법」 제44조 제4의 6호), 거짓이나 그 밖의 부정한 방법으로 평가 또는 점검을 받은 경우, 최하위 등급(D등급) 부여, 시정 또는 변경 명령(「영유아보육법」 제44조 제4의 6호)이 가능하다.

결과활용은 확인점검 결과에 따라 평가등급 조정(기존 인증어린이집은 유효기간 감축)이 가능하다.

- 확인점검 결과 1개 이상 영역이 '개선필요'이거나 확인점검을 거부한 경우 지자체로 통보, 지역사회와 연계하여 질적 수준 향상 지원
- 2회 이상 연속해서 확인점검 결과 1개 이상 영역이 '개선필요'인 경우 평가등급 및 평가주기를 조정할 수 있으며, 사후방문지원 연계
  ※ 기존 인증유지 중인 어린이집의 경우, 확인점검 결과 2회 연속 1개 이상 영역이 '개선필요'이거나 거부 등으로 확인점검이 진행되지 않았을 경우 당호 인증유효기간을 6개월 감축할 수 있음

최하위 등급(D등급) 조정

- 평가받은 어린이집에서 법 위반 및 행정처분 등이 발생한 경우 기존 평가등급을 최하위 등급(D등급)으로 조정
  ※ 기존 인증유지 어린이집은 평가인증 취소 및 유효기간 종료 사유 발생 시, 구(舊)법을 적용하여 인증위소 및 인증유효기간 종료 처리

- 법적근거: 「영유아보육법」 제30조제4항 및 동법 시행규칙 제32조

- 평가주기: 최하위 등급 조정 통보월로부터 2년
  ※ 보건복지부(한국보육진흥원)는 해당 어린이집의 최하위 등급 처분의 내용을 사전 통지, 의견제출 기한 경과 후 최하위 등급 처분 확장 및 관련 조치

(3) 평가지표

평가지표는 제3차 평가인증에서 적용하였던 통합지표를 기반으로 하되, 어린이집의 고유한 특성을 반영하였다. 또한, 2020년에는 개정 누리과정 및 제4차 표준보육과정의 시행, 보육지원체계 개편 등 보육정책의 변화를 반영하여 평가항목을 일부 개선하였다.

평가제 지표의 주요 특징은 다음과 같다.

첫째, 기존 지표 간 항목 수 차이로 나타났던 등급 산정의 불합리성을 해소하고자 지표를 21지표에서 18지표로, 79항목에서 59항목으로 축소하였고, 지표 평가항목 수를 평균 3~4개로 균형 배치하였다.

둘째, '영유아 권리 존중', '놀이', '안전' 가치 강조를 통해 영유아 중심의 안심 보육환경을 조성하고자, 영유아 권리 존중(1-1) 지표를 필수지표로 지정하여 그 의미를 강조하고 놀이중심의 보육과정 운영을 강화하였다. 또한 급·간식 위생 및 안전 항목 중 영유아의 등원부터 하원까지 안전하게 생활하는 데 반드시 필요한 필수요소(8개)를 지정하여, 필수지표 또는 필수요소 충족이 최상위 등급을

받을 수 있는 필수조건이 되도록 하였다.

셋째, 보육 교직원의 근무 여건 개선과 보육에 집중할 수 있는 보육환경 마련을 위하여 보육 교직원의 처우, 스트레스 관리 지표를 강조하고 직무역량 제고를 위한 항목을 강화하였다.

표 10-13 어린이집 등급 평정방식

<table>
<tr><th rowspan="2">구분</th><th colspan="4">지표 평정</th><th colspan="4">영역 평정</th></tr>
<tr><th>항목수</th><th>우수</th><th>보통</th><th>개선필요</th><th>지표수</th><th>우수</th><th>보통</th><th>개선필요</th></tr>
<tr><td>1-1. 영유아 권리 존중(필수)</td><td>2개</td><td>2개</td><td>1개</td><td>0</td><td rowspan="5">5개</td><td rowspan="5">‘우수’ 지표 4개 이상 (필수 포함)</td><td rowspan="5">우수 및 개선필요 등급에 해당하지 않는 경우</td><td rowspan="5">‘개선필요’ 지표 1개 이상</td></tr>
<tr><td>1-2. 보육계획 수립 및 실행*</td><td>6개</td><td>5개</td><td>3~4개</td><td>2개 이하</td></tr>
<tr><td>1-3. 놀이 및 활동 지원</td><td>3개</td><td>3개</td><td>2개</td><td>1개 이하</td></tr>
<tr><td>1-4. 영유아 간 상호작용 지원</td><td>4개</td><td>4개</td><td>2~3개</td><td>1개 이하</td></tr>
<tr><td>1-5. 보육 과정 평가</td><td>3개</td><td>3개</td><td>2개</td><td>1개 이하</td></tr>
<tr><td>2-1. 실내 공간 구성 및 운영</td><td>4개</td><td>4개</td><td>2~3개</td><td>1개 이하</td><td rowspan="4">4개</td><td rowspan="4">‘우수’ 지표 3개 이상</td><td rowspan="4">우수 및 개선필요 등급에 해당하지 않는 경우</td><td rowspan="4">‘개선필요’ 지표 1개 이상</td></tr>
<tr><td>2-2. 실외공간 구성 및 운영</td><td>3개</td><td>3개</td><td>2개</td><td>1개 이하</td></tr>
<tr><td>2-3. 기관 운영</td><td>4개</td><td>4개</td><td>2~3개</td><td>1개 이하</td></tr>
<tr><td>2-4. 가정 및 지역사회와의 연계</td><td>3개</td><td>3개</td><td>2개</td><td>1개 이하</td></tr>
</table>

<table>
<tr><th rowspan="2">구분</th><th colspan="4">지표 평정</th><th colspan="4">영역 평정</th></tr>
<tr><th>항목수</th><th>우수</th><th>보통</th><th>개선 필요</th><th>지표 수</th><th>우수</th><th>보통</th><th>개선필요</th></tr>
<tr><td>3-1. 실내외 공간의 청결 및 안전</td><td>3개</td><td>3개</td><td>2개</td><td>1개 이하</td><td rowspan="5">5개</td><td rowspan="5">'우수' 지표 4개 이상 (필수 포함)</td><td rowspan="5">우수 및 개선 필요 등급에 해당하지 않는 경우</td><td rowspan="5">'개선필요' 지표 1개 이상</td></tr>
<tr><td>3-2. 급 · 간식</td><td>3개</td><td>3개</td><td>2개</td><td>1개 이하</td></tr>
<tr><td>3-3. 건강증진을 위한 교육 및 관리</td><td>3개</td><td>3개</td><td>2개</td><td>1개 이하</td></tr>
<tr><td>3-4. 등 · 하원 안전</td><td>3개</td><td>3개</td><td>2개</td><td>1개 이하</td></tr>
<tr><td>3-5. 안전교육 및 사고 예방</td><td>3개</td><td>3개</td><td>2개</td><td>1개 이하</td></tr>
<tr><td>4-1. 원장의 리더십</td><td>3개</td><td>3개</td><td>2개</td><td>1개 이하</td><td rowspan="4">4개</td><td rowspan="4">'우수' 지표 3개 이상</td><td rowspan="4">우수 및 개선 필요 등급에 해당하지 않는 경우</td><td rowspan="4">'개선필요' 지표 1개 이상</td></tr>
<tr><td>4-2. 보육교직원의 근무 환경</td><td>3개</td><td>3개</td><td>2개</td><td>1개 이하</td></tr>
<tr><td>4-3. 보육교직원의 처우와 복지</td><td>3개</td><td>3개</td><td>2개</td><td>1개 이하</td></tr>
<tr><td>4-4. 보육교직원의 전문성 제고</td><td>3개</td><td>3개</td><td>2개</td><td>1개 이하</td></tr>
<tr><td>계</td><td>59개</td><td></td><td></td><td></td><td>18개</td><td></td><td></td><td></td></tr>
</table>

* 1-2. 보육계획 수립 및 실행 지표에서 장애영유아는 1항목 추가

※ 1, 3영역의 경우, 해당영역이 '우수' 등급으로 평정되기 위해서는 필수지표 및 필수요소를 반드시 충족하여야 함

출처: 한국보육진흥원(2020).

참고문헌

강경민, 강혜경, 김영명, 김이영, 김익균, 김진아, 노성향, 박만호, 변정순, 서예석, 이선영, 이지수, 정영희, 정정옥, 최경숙, 최경환, 최명희, 최순자, 현정희, 황해익(2020). 보육교수승급교육 1급. 경기: 양성원.

강란혜, 곽미영(2011). 영유아프로그램 개발과 평가. 서울: 창지사.

교육과학기술부(2009). 개별화교육계획 수립 · 운영자료.

교육과학기술부(2009). 유아교육 선진화 추진계획.

교육과학기술부, 보건복지부(2019). 3~5세 연령별 누리과정 해설서.

교육부(2019). 교육기본통계.

교육부(2020). 2020 특수교육통계.

교육부, 보건복지부(2020). 2019 개정누리과정 해설서.

국가인권위원회(2016). 다문화 가정자녀 학교생활 차별 실태조사.

권은주(2019). 일반어린이집 장애위험영유아 보육에 대한 보육교직원의 인식과 요구. 대구한의대학교 대학원 석사학위논문.

김경철, 김광자, 김의향, 김진아, 노희연, 문성숙, 손원경, 신지현, 윤란호, 이영애, 임경옥, 임현숙, 정정옥, 조진형, 최순자, 최현정, 한혜경(2020). 보육교사일반직무교육. 경기: 양성원.

김삼섭, 이명희, 노진아, 김기룡(2015). 장애 영유아 교육권 보장 실태 및 증진 방안. 서울: 국가인권위원회.

김성미(2007). 레지오에밀리아 접근의 공간 구성적 특성에 관한 연구. 영남대학교 교육대학원석사학위논문.

김송석, 마주리, 황정남(2008). 특수아동지도. 서울: 형설출판사.

김영옥(2007). 다문화사회의 유아 교육과정 방향탐색. 미래유아교육학회지, 14(3). 44-67.

김영옥(2008). 유아를 위한 다문화교육. 서울: 정민사

김영옥, 서현, 박형신, 정상녀, 윤경선, 박미자, 이나영(2011). 유아 다문화교육의 이론과 실제.

서울: 학지사.

김은주, 신주연, 이주영, 류주연(2019). 이것이 진짜 아이들 놀이다: 생태유아교육기관 아이들이 펼쳐내는 놀이세상. 경기: 공동체.

김은희(2000). 레지오에밀리아 접근법의 이해와 현장 적용. 서울: 창지사.

김은희(2007). 자연과 빛이 있는 생각하는 공간 만들기(레지오 환경 원리의 적용). 서울: 창지사.

김은희(2011). 레지오에밀리아 접근법 만나기와 적용하기. 서울: 창지사.

김이영, 김선영, 김지영, 성연승, 안도연, 정희선(2015). 특수교육학개론. 경기: 양서원.

김이영, 김지영, 김태강, 김현정, 성연승, 정순주, 정종화(2017). 특수교육학개론. 경기: 양성원.

김이영, 오성숙, 이시진, 이우언, 김정은, 한현지, 홍성희(2020). 영유아발달. 경기: 양성원.

김정원, 남규, 이정아(2010). 유아 다문화 프로그램. 경기: 공동체.

김정원, 김유정, 남규, 이정아(2014). 그림책을 활용한 다문화 교육 실시과정에서 나타난 유아의 변화에 대한 질적 탐구. 유아교육학 논집, 18(6), 425-452.

김지혜(2020). 레지오교육에서 유아교사가 경험한 '협력'의 의미. 중앙대교육대학원 석사학위청구논문.

김혜숙(2013). 유아다문화교육의 통합적 적용. 경기: 공동체.

나혜선, 황소영, 조선희(2020). 영유아 프로그램 개발과 평가. 파주: 정민사

도미향, 남연희, 이무영, 변미희(2015). 아동복지론. 경기: 공동체.

문연심(2019). 영유아프로그램 개발과 평가. 경기: 공동체.

문혁준, 서소정, 신혜원, 최혜영, 한유미, 박복매(2016). 영유아프로그램 개발과 평가. 서울: 창지사.

박병희, 박선희 공역(2016). 기록작업을 통한 학습의 가시화: 개인과 집단 학습자로서의 어린이. 경기: 양서원.

박은혜, 김희진, 이지현(2002). 레지오 에밀리아 접근법에서 시간과 공간의 의미. 교육학연구, 40(1), 311-328.

박재옥(2013). 통합적 다문화 교육 프로그램의 개발과 유아의 다문화 수용성 및 창의적 놀이활동. 인하대학교 대학원 박사학위청구논문.

박찬옥, 김낙홍, 구수연, 이옥임, 노희연, 이선영(2018). 영유아 프로그램 개발과 평가. 경기: 정민사.

백정이, 임재택, 이주희, 이선화(2020). 자연 · 놀이 · 아이중심 유아교육과정. 경기: 공동체.

변지혜(2015). 레지오 에밀리아의 교육환경 이론을 적용한 심리치유 공간에 대한 연구. 인하대학교 대학원 석사학위논문.

보건복지부(2020). 2019년 보육통계.

서미경(2010). 장애영유아통합보육프로그램의 운영 만족도에 영향을 미치는 요인에 관한 연구. 대구대학교 사회복지대학원 석사학위논문.

서영숙, 서지영(2002). **레지오 에밀리아 접근법**. 서울: 학지사.

서영숙, 안소영, 안지혜, 김영명(2019). **영유아프로그램 개발과 평가**. 경기: 정민사.

서울특별시 유아교육진흥원(2020). **제5주기 유치원 평가 매뉴얼**. 서울: 교육부.

신재한(2010). **교육평가의 이해**. 경기: 양서원.

신희의, 이옥임, 황인주, 황지선(2016). **영유아프로그램 개발과 평가**. 경기: 정민사.

심성경, 조순옥, 이정숙, 이춘자, 이선경, 이효숙(2009). **유아교육개론**. 서울: 창지사.

안영주(1997). '레지오에밀리아접근법' 고찰. 이화여자대학교 대학원 석사학위논문.

양옥승(1997). 유아교육과정 연구의 재개념화. 다문화주의의 적용. **덕성여대교육연구**, 21(1), 11-30.

여성가족부(2018). 한국건강가정진흥원 다문화 이해 교육자료.

오문자(2010/2013/2018). **레지오 알아가기: 한국에서 레지오 교육의 재구성**. 서울: 정민사.

유네스코 아시아·태평양 국제이해 교육원(2009). **다문화 사회의 이해**. 서울: 동녘.

이교은(2002). 유아교육 기관에서 레지오 에밀리아 적용현황 및 해결방안 모색에 관한 연구. 한국외국어대학교 교육대학원 석사학위논문.

이기숙, 강숙현(2018). **영유아프로그램 개발과 평가**. 경기: 정민사.

이명환, 김은숙(2011). **녹색교육 숲유치원**. 서울: 교육아카데미.

이미화, 김은설, 강은진, 김아름, 김동훈, 최지은(2015). **보수교육 프로그램 운영 매뉴얼 연구**. 세종: 보건복지부·육아정책연구소.

이순형, 이성옥, 이완정, 권혜진, 황혜신, 이혜승, 이영미, 정윤주, 성미영, 권기남(2005). **영유아 보육·교육 프로그램의 이해**. 서울: 학지사.

이영자, 박미라, 정주원, 최경애, 오애순(2017). **영유아프로그램 개발과 평가**. 경기: 양서원.

이은미(2017). 통합적 표상 접근의 유아 다문화 프로그램 개발 및 적용. 중앙대학교 대학원 박사학위청구논문.

이정아(2018). **유아주도활동자료집 프로젝트접근법**. 경기: 공동체.

이종일(1999). 사회적 구성주의. 초등교육연구논총, 13, 1-18.

임양미, 송정, 김혜금, 최명희, 이혜선(2011). 경기도 다문화 보육프로그램 개발 및 적용방안. 경기: 경기도가족여성연구원.

임재택(2005/2008). 생태유아교육개론. 경기: 양서원.

임종헌, 유경훈, 김병찬(2017). 4차 산업혁명사회에서 교육의 방향과 교원의 역량에 관한 탐색적 연구. 한국교육, 44(2), 28-55.

임희옥(2011). 기독교 세계관에 기초한 유아 다문화 교육 프로그램의 개발 및 효과. 서울여자대학교 박사학위청구논문.

전경화, 라정숙, 김영주, 홍은경, 엄정례, 한은숙(2009). 예비유아교사를 위한 유아교육과정. 경기: 교육과학사.

전남련, 김재환, 이애련, 황연옥, 이혜배, 강은숙, 김기선, 권경미, 심순애, 엄은옥, 이경선(2008). 영유아프로그램 개발과 평가. 경기: 학현사.

전헌선, 윤치연, 공나영, 김성화, 도명애, 박순길, 서석진, 서영란, 송호준, 양경애, 이수진, 이정남, 최성욱(2012). 특수교육학개론. 경기: 양서원.

정대영(2011). 특수교육학. 서울: 창지사.

정대영, 김영익, 박은미(2012). 특수아동지도. 경기: 양서원.

정윤경(2004). 발도르프 교육학. 서울: 학지사.

조윤경, 강지현, 이경아(2014). 특수아상담 및 가족지원. 경기: 공동체.

최미숙, 김경숙, 윤현숙(2008). 유아의 반편견 인식 및 다른 문화에 대한 태도에 미치는 영향. 아동교육, 17(2). 67-79.

최유미, 정상우(2018). 유아 다문화교육을 위한 그림책 선정 기준과 내용 분석: 누리과정(교사용 지도서) 추천도서를 중심으로. 교육문화연구, 24(1), 625-648.

통계청(2019). 연도별 출생아 수 및 합계출산율 현황.

하정연, 노진형, 전재선, 황현숙, 허우정(2017). 영유아프로그램 개발과 평가. 경기: 양서원.

하정연, 노진형, 전재선, 황현숙, 허우정(2021). 영유아 프로그램 개발과 평가. 파주:양서원.

한국보육교사 교육연합회편(2016). 보육교사 일반 직무교육. 경기: 양성원.

한국보육진흥원(2011). 다문화 보육의 이해와 적용.

한국특수교육연구회(2009). 최신 특수아동의 이해. 경기: 양서원.

홍길회(2014). 일과를 통한 다문화교육 프로그램이 유아의 다문화 수용성과 친사회적 행동에 미치는 영향. 한국보육지원학회지, 10(6), 313-332.

홍길희, 박재옥(2013). 유아 다문화교육의 실제. 서울 창지사.

홍순옥, 안영혜, 이종길(2011). 레지오 에밀리아 교육에 대한 교사의 내러티브. 미래유아교육학회지, 18(4), 107-138.

황정미, 김이선, 이명진, 최현, 이동주(2007). 한국사회의 다민족 · 다문화 지향성에 대한 조사연구. 서울: 한국여성정책연구원.

황해익, 송연숙, 최혜진, 손원경, 남미경, 고은미, 정명숙(2008). 영유아 프로그램 개발과 평가. 경기: 공동체.

황해익, 송연숙, 최혜진, 손원경, 남미경, 고은미, 정명숙(2018). 영유아프로그램 개발과 평가. 경기: 공동체.

Edwards, C. P., Gandini, L., & Forman, G. E. (1996). 레지오 에밀리아의 유아교육. [The hundred languages of children: The Reggio Emilia approach to early childhood education] (김희진, 오문자 역). 경기: 정민사(원저출판: 1993).

Edwards, C. P., Gandini, L., & Forman, G. (Eds.). (2012). 어린이들의 수많은 언어(2판). [The hundred languages of children](2nd ed.). (김희진, 오문자 역). 경기: 정민사(원저출판: 1999).

Firlik, R. (1996). Can We Adapt the Philosophies ans Practices of Reggio Emailia Italy, for Use in American Schools? *Early Childhood Education Journal, 23*(4), 217-20.

Malaguzzi, L. (1993b). For an education based on relationships. *Young Children, 49*(1), 9-12.

Malaguzzi, L. (1998/2012). History, ideas and basic philosophy. In C. Edwards, L. Gandini. & G. Forman(eds.), *The hundred languages of children*(2nd ed.). Norwood, N.J.: Ablex.

New, R. (2000). Reggio Emilia: An approach or an attitude. In J. l. Roopnarine & J. E. Johnson(Eds.), *Approaches to Early Childhood Education*(3rd ed). Upper Saddle River, N.J.: Prentice-Hall.

Rinaldi, C. (2006). In *dialogue with Reggio Emilia: listening, researching and learning*. Oxon: Routledge.

Roopnarine, J. L., & Johnson, J. E. (2010). *Approachers to early childhood education*. Upper Saddle River, NJ: Prentice-Hall.

Tarini, E (1993). Reflections, innovations in early education. *The International Reggio Exchange,* 1, 3, 4-5.

Vecchi, V. (1998/1999). The role of the Atelierista: An interview with Lella Gandini. In Edwards, C., Gandini, L., & Forman, G.(Eds.), *The hundred languages of children*(2nd ed.). NJ: Ablex.

장애인 등에 대한 특수교육법. 법률 제17494호 일부개정 2020. 10. 20.

장애인복지법. 법률 제17791호 일부개정 2020. 12. 29.

장애인복지법 시행령. 대통령령 제31128호 일부개정 2020. 10. 27.

윤빛어린이집 http://www.yunbit.co.kr

찾아보기

인명

내용

ㄱ

저/자/소/개

■ **이신주**

신라대학교 대학원 교육학박사
현, 수성대학교 유아교육과 교수
〈저서〉 영유아 언어교육, 놀이지도 외 다수

■ **김대라**

중앙대학교 교육대학원 교육학석사
현, 이랜드코코몽어린이집원장

■ **김민경**

강릉원주대학교 대학원 문학박사
현, 강동대학교 유아교육과 교수
〈저서〉 유아교육과정, 유아교육에서의 스마트 기기 로봇활용과 과몰입 예방 외 다수

■ **김진희**

중앙대학교 대학원 아동복지전공 박사 수료
전, the KIDS 대방어린이집 원장

■ **김태경**

부산대학교 대학원 교육학박사
현, 수성대학교 유아교육과 교수
〈저서〉 유아과학교육, 놀이지도 외 다수

■ **이자현**

덕성여자대학교 일반대학원 박사 수료
현, 코닝정밀소재어린이집원장
〈저서〉 유아 & 상호작용의 실제 외 다수

■ **이정아**

건국대학교 일반대학원 교육학박사
현, 국제대학교 유아교육과 교수
〈저서〉 유아언어교육, 다문화교육 외 다수

영유아 프로그램 개발과 평가

1판 1쇄 인쇄 – 2021년 8월 23일
1판 1쇄 발행 – 2021년 8월 27일

저　　자 - 이신주 김대라 김민경 김진희 김태경 이자현 이정아
발 행 인 - 강철원
발 행 처 - 양성원
주　　소 - 경기도 파주시 검산로 173번길 29-20
전　　화 - 031-946-3861(代)
팩　　스 - 031-946-3864
이 메 일 - tnwpub@naver.com
홈페이지 - tnwpub.co.kr
출판등록 - 2015년 8월 31일 제 2015-000211 호

ISBN 979-11-6126-392-2

정가 20,000원

※ 저자와 협의하여 인지는 생략합니다.
※ 저작권법 제136조(벌칙)에 따라 위반자는 5년 이하의 징역 또는 5천만 원 이하의 벌금에 처하거나 이를 병과할 수 있습니다.